CW00469410

La Police Et L'enquête Judiciaire Scientifiques - Primary Source Edition

Alfredo Niceforo

Nabu Public Domain Reprints:

You are holding a reproduction of an original work published before 1923 that is in the public domain in the United States of America, and possibly other countries. You may freely copy and distribute this work as no entity (individual or corporate) has a copyright on the body of the work. This book may contain prior copyright references, and library stamps (as most of these works were scanned from library copies). These have been scanned and retained as part of the historical artifact.

This book may have occasional imperfections such as missing or blurred pages, poor pictures, errant marks, etc. that were either part of the original artifact, or were introduced by the scanning process. We believe this work is culturally important, and despite the imperfections, have elected to bring it back into print as part of our continuing commitment to the preservation of printed works worldwide. We appreciate your understanding of the imperfections in the preservation process, and hope you enjoy this valuable book.

LA POLICE

ET

L'ENQUÊTE JUDICIAIRE

SCIENTIFIQUES

DU MÊME AUTEUR·

La Criminalité en Sardaigne (en italien). Palerme, Sandron, éd., 1897 . . . . **2** fr. »

L'Argot chez les criminels, les dégénérés, etc. (en italien). Turin, Bocca, éd., 1897 . . . . . . **4** fr. »

Les Criminels et les dégénérés de l'Enfer du Dante (en italien). Turin, Bocca, éd., 1898 . . **3** fr. »

L'Italie barbare contemporaine (en italien). Milan-Palerme, Sandron, éd., 1898. . . . . . **2** fr. **50**

La Criminalité à Rome (en collaboration avec Scipio SIGHELE, — en italien et en espagnol). Turin, Roux, éd., 1899 ; Madrid, Serra, éd., 1901 . . **2** fr. **50**

Les Italiens du Nord et les Italiens du Sud (en italien). Turin, Bocca, éd., 1901 . . . . **5** fr. »

Les Transformations de la criminalité dans la société moderne (en espagnol). Madrid, Suárez, éd., 1902 . . . . **2** fr. **50**

Guide pour l'étude et l'enseignement de la criminologie (en espagnol). Madrid, Serra, éd., 1903 **2** fr. »

Les Classes pauvres. Recherches anthropologiques et sociales. Paris, Giard et Brière, éd., 1905 **8** fr. »

Force et Richesse. Études sur la vie physique et économique des classes sociales (en italien). Turin, Bocca, éd., 1906 (et en espagnol); Barcelone, Henrich, éd., 1907. . . . . **3** fr. »

Recherches anthropologiques et économiques sur les paysans (en italien). Milan-Palerme, Saudron, éd., 1907. . . . . **2** fr. **50**

POUR PARAITRE PROCHAINEMENT :

Biologische und oekonomische Untersuchungen über den Pauperismus, 1 volume in-8º. Leipzig, Maas et von Suchtelen, éd.

Tous droits de traduction et de reproduction réservés pour tous pays, y compris la Suède, la Norvège, le Danemark et les Pays-Bas.

Published the 6 april 1907 Privilege of copyright in the United States reserved under the Act approved the 3 march 1905, by Alfredo Niceforo.

LA POLICE

ET

l'Enquête Judiciaire

scientifiques

PAR

ALFREDO NICEFORO

PROFESSEUR A L'UNIVERSITÉ NOUVELLE DE BRUXELLES
AGRÉGÉ A LA FACULTÉ DE DROIT DE NAPLES

AVEC

PRÉFACE du Docteur LACASSAGNE

PROFESSEUR A LA FACULTÉ DE MÉDECINE DE LYON

ET

Nombreux Documents photographiques des Services d'identité judiciaire
de Paris, Berlin, Dresde et Lausanne

L'INSPECTION DU LIEU DU CRIME ET DU CADAVRE. — ÉTUDE
DES TRACES. — RÉVÉLATION DES TRACES INVISIBLES. — LES
MARQUES RÉVÉLATRICES DE L'IDENTITÉ. — LE SIGNALEMENT
SCIENTIFIQUE. — LA MÉTHODE DANS L'INVESTIGATION JUDI-
CIAIRE.—LA CRIMINOLOGIE ET L'INVESTIGATION SCIENTIFIQUE

PARIS

LIBRAIRIE UNIVERSELLE

33, RUE DE PROVENCE, 33

—

1907

A

MM. A. Bertillon, A. Lacassagne
R.-A. Reiss

Hommage de l'Auteur

PRÉFACE

Le titre de ce volume est d'un modernisme accentué. Il y a vingt-cinq ans, on n'aurait pas pu croire à la possibilité de faire intervenir des notions scientifiques ou des procédés exacts dans les recherches de police ou les enquêtes judiciaires. C'étaient les temps héroïques de Gaboriau et de Conan Doyle.

Certes, l'article 43 du Code d'instruction criminelle disait que le procureur de la République se fera accompagner, au besoin, d'une ou de deux personnes présumées, par leur art ou profession, capables d'apprécier la nature et les circonstances du crime ou délit. En réalité, « l'homme de l'art » était le plus souvent un médecin, parfois un pharmacien ou chimiste. Leur mission consistait à visiter un blessé, à pratiquer une autopsie, ou bien à examiner des plantes, des liquides suspects, à chercher des poisons dans les organes. Parfois, on relevait des empreintes de mains ensanglantées, de pas. Il fallait un crime sensationnel, pour demander le concours d'un architecte ou d'un géomètre, afin d'avoir un plan de l'état des lieux.

Les travaux d'Alphonse Bertillon ont montré, dès 1882, avec une précision mathématique, les résultats de l'identification judiciaire. C'est grâce à cette méthode que les lois sur la récidive et sur la relégation ont pu être appliquées.

655999

Aussi, les magistrats, après quelques hésitations, ont accepté les résultats du bertillonnage. L'identification anthropométrique des prévenus, employée dans toutes les prisons, a peu à peu substitué à l'ancienne feuille grotesque du registre d'écrou, la fiche d'une certitude irréprochable.

Bertillon a jeté les bases de la photographie judiciaire dont Reiss, à Lausanne, s'est si bien servi. N'oublions pas de mentionner les travaux faits en Allemagne par Dennstedt, F. Paul, Popp. Puis se sont montrés successivement le portrait parlé, l'album D K V, la dactyloscopie dont Galton avait montré l'importance dès 1888. Les médecins, de leur côté, étudièrent les tatouages, les cicatrices, les signes professionnels, la taille et la mensuration des os longs, les taches diverses et les empreintes. Il n'y a pas, en médecine légale, de chapitre qui ait plus progressé que celui de l'Identité.

M. A. Niceforo a voulu montrer aux hommes de loi de notre époque qu'il ne suffisait pas d'être « livresques » pour bien diriger une instruction, mais qu'il fallait surtout connaître les criminels, leurs procédés, rechercher dans toute affaire, par une investigation judiciaire scientifique, les signes révélateurs de la présence, de l'intervention de tel ou tel individu. Il y a, dans une descente de justice, des constatations de traces révélatrices ou même de traces invisibles, mais que la photographie ou une réaction peut révéler et dont la découverte est souvent décisive. Tous ces témoins muets deviennent éloquents et démonstratifs quand on sait les faire parler.

Il est donc indispensable que les magistrats attachés au parquet ou chargés de l'instruction sachent d'avance ce qu'ils peuvent trouver.

M. Niceforo leur indique avec netteté et précision les remarques qu'ils doivent relever sur le lieu du crime, les traces de pas ou les empreintes de mains, tout ce qui peut révéler et permettre d'affirmer l'identité d'une personne.

Le signalement scientifique précisé par l'anthropométrie judiciaire et la dactyloscopie sont, comme le portrait parlé, indiqués par un très grand nombre de figures que ne pourrait pas remplacer la plus simple des descriptions.

M. A. Niceforo était préparé à ces recherches par ses études sur l'anthropologie des classes pauvres et sur la vie physique et économique de l'Italie méridionale. Il connaît mieux que beaucoup d'experts la mentalité des magistrats, leur manière d'apprendre et de raisonner. De là, une étude spéciale sur la méthode à employer pour bien conduire une instruction, rassembler et classer les faits, faire des hypothèses et se servir tour à tour de l'analyse ou de la synthèse. Cabanis disait qu'il fallait créer une chaire de logique à la Faculté de médecine : nous n'aurions jamais cru que semblable besoin se fît sentir dans les Facultés de droit.

Le livre de M. A. Niceforo paraît au moment opportun. Il sera une invite à apprendre ou un remords d'ignorer pour beaucoup d'hommes de loi, qui, sérieux et travailleurs, s'étonneront que toutes ces questions soient si tardivement venues à leur connaissance.

L'ensemble des problèmes criminels constitue la criminologie, ce que Beccaria appelait « la science des crimes et des peines ». Il faut la bien posséder si l'on veut lutter contre la criminalité.

A ce point de vue, les politiques et les hommes d'Etat, presque tous d'éducation essentiellement juridique, se sont peu préoccupés de l'importance sociale de la Police scientifique.

A Paris, au service de l'identification judiciaire, dirigé par notre savant ami A. Bertillon, un enseignement spécial est donné aux attachés du parquet ; d'autres cours pratiques sont faits pour les agents de la sûreté.

Dès 1892, à Graz, Hans Gross a fait un cours de police et d'investigations scientifiques : son ouvrage en deux volumes, traduit en français, est une mine d'informations et de renseignements.

A l'université de Lausanne, il y a une chaire de police scientifique qu'occupe depuis quelques mois le professeur Reiss.

Un enseignement semblable est fait à Rome par notre collègue Ottolenghi, professeur de médecine légale.

Mais pourquoi cet enseignement n'est-il pas organisé dans toutes les Facultés de droit avec la collaboration de quelques médecins? Il serait très simple et peu onéreux d'instituer de tels cours dans les centres universitaires. Pourrait-on affirmer que l'enseignement fait à Paris ne serait pas aussi utile à Lyon, Bordeaux, Toulouse, Lille, Montpellier et Nancy?

Les attachés du parquet, juges suppléants, commissaires de police, agents de la sûreté, n'ont-ils pas, partout, besoin d'être instruits et au courant de toutes les difficultés de l'investigation judiciaire, telle qu'il faut la faire, à notre époque.

Le livre de M. A. Niceforo doit être lu et médité de tous ceux qui collaborent aux recherches de la justice.

Les magistrats et les experts, tous les criminalistes, doivent se pénétrer de la nécessité pour eux de cette éducation scientifique spéciale.

Dans l'amphithéâtre où Bertillon fait ses leçons, on lit sur le mur cette inscription :

L'œil ne voit dans les choses que ce qu'il y regarde
Et il ne regarde que ce qui est déjà dans l'esprit.

Cet aphorisme renferme plus qu'un conseil : il contient une méthode, un guide pour la carrière de magistrat, pour la pratique des médecins-experts.

A. LACASSAGNE.

Lyon, le 19 janvier 1907.

INTRODUCTION

On croyait jusqu'à hier — et beaucoup de gens le croient encore — qu'il suffisait de connaître par cœur les trois ou quatre cents articles qui composent un code pénal et d'en avoir fait l'analyse logique et grammaticale pour être un parfait criminaliste. On avait effectivement réussi, à l'aide de ce système, à former d'excellents « mandarins » d'une souplesse enviable dans le maniement des formules pénales et de la procédure, mais aussi étrangers à la vie réelle et palpitante des hommes et des faits criminels qu'une magnifique collection d'outils préhistoriques peut l'être à la vie industrielle du XXᵉ siècle. Ce respectable monde de criminalistes savants n'avait jamais pensé, — les idées les plus simples sont souvent les dernières qui se présentent à l'esprit, — qu'on ne peut pas être bon criminaliste sans s'être donné la peine d'étudier, à côté des formules pénales abstraites, le criminel lui-même et sans connaître la large contribution que les sciences modernes de tout genre ont apportée à l'étude de la criminalité et de la personnalité du criminel. L'anthropologie générale, l'anthropologie criminelle, la psychologie générale et criminelle, la psychiatrie ayant éclairé d'un jour nouveau les problèmes du crime, on ne pourrait pas certainement se expérimentale sont remarquables, et la photographie devient, chaque jour davantage, un auxiliaire très puissant dans les recherches scientifiques de tout genre. L'astronomie s'en sert pour explorer le ciel et les astres; la psychiatrie pour étudier l'aspect général des malades, leurs lésions et les modifications de leur facies; la chirurgie et la physiologie pour cinématographier les détails d'une opération ou la succession des mouvements de l'organisme; la géométrie pour lever les plans; la physique pour étudier la pesanteur des corps, le mouvement des projectiles, la chute des gouttes et les mouvements des ondes liquides (hydrodynamique), les vibrations des cordes, les ondes sonores, l'étincelle électrique; la météorologie pour l'étude de la hauteur et de la vitesse des nuages et des phénomènes magnétiques de l'atmosphère; la géologie pour faire des relevés ou des reproductions de terrains; l'anthropologie générale pour fixer le type d'une famille, d'une tribu, d'une race; les recherches histologiques pour prendre la microphotographie d'une préparation microscopique, et la microphotographie constitue aujourd'hui une partie de la technique du microscope. La photographie a acquis, en même temps, droit de cité dans la science de l'investigation judiciaire où elle rend, et où elle rendra toujours davantage, de grands services.

*
* *

Il y a plusieurs séries de photographies à prendre du lieu du crime.

Si le crime a été commis dans l'intérieur d'une maison, d'une cabane, d'une boutique, etc., la *première série* de photographies à prendre est celle de l'extérieur.

Ces photographies de l'extérieur sont surtout très utiles dans les cas d'incendie dû à la malveillance. Quelquefois une seule photographie est suffisante; d'autres fois il est nécessaire d'en faire plusieurs. Si un crime, par exemple, a été commis dans une maison isolée, on commence par photographier l'extérieur de la maison, dans son ensemble, mais il est aussi plus que nécessaire de faire plusieurs photographies partielles des endroits extérieurs de la maison, là où le passage du criminel est évident : s'il y a des cordes qui ont servi au coupable pour grimper jusqu'à la fenêtre, s'il y a des portes d'entrée fracturées, des vitres brisées, etc.

La *seconde série* de photographies à prendre est celle qui concerne l'intérieur, ou plus précisément la pièce ou les pièces où le crime a été commis. Qu'il s'agisse d'un cambriolage ou d'un assassinat, ces photographies ont toujours une importance de premier ordre. Elles sont faites dès que les magistrats et les officiers judiciaires arrivent sur les lieux et avant qu'on ait dérangé quoi que ce soit. La photographie doit s'efforcer de reproduire l'aspect du lieu du crime tel que le criminel l'a laissé après sa fuite ou son éloignement.

Pour la reproduction photographique de l'intérieur, très rarement une seule photographie suffit. Il est presque toujours nécessaire de prendre plusieurs photographies, car il est utile de conserver l'aspect de la pièce dans ses différents points de vue (deux, trois et même davantage). Cela, par exemple, lorsque le désordre de la pièce accuse d'une façon évidente qu'il y a eu lutte, ou dans le cas où le cadavre de la victime est presque caché derrière un lit ou un meuble. C'est le cas d'une série de photographies que nous avons sous les yeux (service de l'identité judiciaire de M. Bertillon, à Paris). Il s'agit d'une affaire d'assassinat. Une seule photographie n'aurait pas suffi à conserver indéfiniment la vision de tous les côtés de la pièce, également intéressants : en effet, tandis que la photographie d'un côté de la pièce montre de quelle façon la victime a été trouvée, près de son lit, et à côté des chaises renversées, son linge et ses pieds tachés de sang, — la photographie de l'autre partie de la même pièce met en évidence les larges taches de sang qui couvrent gigantesque échafaudage ayant causé un certain nombre de morts et de blessés (figures 13, 14).

Voici, en outre, la photographie de l'intérieur d'une fabrique de tricots après un incendie, pris de deux côtés différents : on découvrit plus tard qu'il s'agissait d'un incendie dû à une main criminelle, et les photographies judiciaires des lieux, avec celles de l'extérieur et des détails, furent d'une grande utilité à l'instruction (figures 15 et 16).

* *

Nous avons ainsi indiqué les différentes phases à travers lesquelles est passée la méthode adoptée pour conserver indéfiniment l'aspect du lieu du crime : la méthode du procès-verbal d'abord, puis la méthode des plans et de la photographie ordinaire. Mais là ne se sont pas arrêtés les progrès, et la photographie ordinaire du crime ne marque pas la dernière étape.

Certes, jusqu'à aujourd'hui, tous les pays qui possèdent une photographie judiciaire, même des plus complètes, n'ont pas dépassé la phase de la photographie ordinaire du lieu du crime, mais à Paris on a adopté, depuis quelques mois, une méthode nouvelle bien plus précise et bien plus scientifique que les méthodes précédentes : la méthode de la *photographie métrique*.

C'est M. Alphonse Bertillon, directeur du service de l'identité judiciaire, à Paris, qui, ayant observé que la photographie ordinaire du lieu du crime n'était pas suffisante pour permettre aux juges, aux experts, etc., d'évaluer les distances réelles, a eu l'heureuse idée de la *photographie judiciaire métrique*. La méthode qu'il a adoptée, après une longue série de recherches et d'essais et que nous allons brièvement exposer, est la méthode définitive et c'est aujourd'hui toujours des *photographies métriques* que prend la photographie judiciaire de Paris lorsqu'elle fait la photographie des lieux.

FIG. 14. — PHOTOGRAPHIE JUDICIAIRE D'UN DÉSASTRE. (Dresde.) (*Voir aussi la fig. 13.*)

Qu'est-ce que la *photographie judiciaire métrique* ?

Jusqu'en ces derniers temps, les photographies relatives à l'instruction des affaires criminelles étaient laissées à l'arbitraire de l'opérateur qui n'avait d'autre préoccupation que d'obtenir des épreuves aussi satisfaisantes que possible au point de vue technique, sans s'inquiéter de fournir aucun renseignement sur leur échelle de réduction métrique. C'est là le grave défaut qu'on peut reprocher aux images photographiques ordinaires, qui dénaturent parfois d'une manière invraisemblable les grandeurs réelles des objets, par les illusions de raccourci ou d'amplification qu'elles causent trop souvent, même aux yeux les plus exercés.

Le souci légitime d'apporter, en tout ce qui concerne la documentation judiciaire, le plus de méthode et de précision possibles demande pour la prise de ces photographies une réglementation technique permettant de donner aux reproductions photographiques judiciaires le caractère métrique qui leur fait généralement défaut ; aussi l'ensemble des méthodes et appareils institués dans ce but a reçu la dénomination générale de « photographie métrique ».

Le mot métrique vise une photographie dont l'échelle de réduction est uniforme et connue, et qui permet, par cela même, de se rendre compte à première vue des dimensions réelles des objets représentés, qu'il s'agisse de vues d'intérieur, de cadavres, d'empreintes ou de traces quelconques, ou de vues extérieures, maisons, monuments, etc.

On sait que, depuis longtemps, grâce aux travaux de M. Laussedat, les perspectives si correctes et si étendues données par les objectifs grands angulaires sont utilisées pour le relevé des plans topographiques et l'établissement des cartes géographiques. Une application de ce genre a également été faite en Allemagne, sous le nom d'iconométrie, pour la réunion en un musée documentaire des clichés de monu-

FIG. 15. — PHOTOGRAPHIE JUDICIAIRE D'UNE FABRIQUE INCENDIÉE. (Dresde.) *(Voir aussi la fig. 16.)*

ments portant les éléments nécessaires à la reconstitution du plan architectural complet. La photographie métrique judiciaire, nouvellement inaugurée à Paris par le service de l'identité judiciaire, dérive des mêmes principes fondamentaux de la perspective dont elle représente une adaptation particulière.

Les enquêtes judiciaires demandent la reproduction aussi exacte et aussi détaillée que possible de l'état des lieux au moment de la découverte du crime. L'idéal serait de construire une maquette représentative telle qu'on a l'habitude de la faire pour les décors de théâtre. Il va de soi qu'une telle solution est pratiquement impossible ; de même ne peut-on penser à déterminer par des mesures directes les emplacements et dimensions des meubles ou autres objets garnissant la chambre, ainsi que la disposition du cadavre, etc. D'ailleurs, au début de l'instruction, on ignore la plupart du temps quels sont les points importants dont il serait nécessaire de conserver le souvenir et on ne pourrait faire de choix utile dans les mesures à prendre.

La photographie au contraire est une vue éminemment impersonnelle, enregistrant automatiquement jusqu'aux plus menus détails et ne laissant rien échapper du champ qu'elle embrasse. Mais, pour lui donner toute sa valeur, il est nécessaire que les épreuves fournissent d'elles-mêmes des renseignements précis sur les grandeurs réelles des objets qu'elles représentent : profondeurs, hauteurs, largeurs, espacements, orientation, formes et positions relatives, etc., et c'est précisément là le résultat obtenu par la technique spéciale de la photographie métrique.

La méthode imaginée par M. A. Bertillon se distingue par la simplicité des moyens mis en œuvre. Tout calcul trigonométrique en est exclu. De simples agents exercés au maniement de l'appareil spécial obtiennent en un temps très court des images dont tous les éléments sont aisément et immédiatement mesu-

FIG. 16. — PHOTOGRAPHIE JUDICIAIRE D'UNE FABRIQUE INCENDIÉE. (Dresde.) *(Voir aussi la fig. 15.)*

THÉORIE GÉOMÉTRIQUE

DE LA

PHOTOGRAPHIE MÉTRIQUE

✢ ✢ ✢
✢ ✢

Coupe schématique par un plan vertical mené suivant l'axe de l'objectif pour montrer la relation entre l'échelle de réduction photographique et la distance sur le sol des plans correspondants.

Echelle : $\frac{1}{20}$

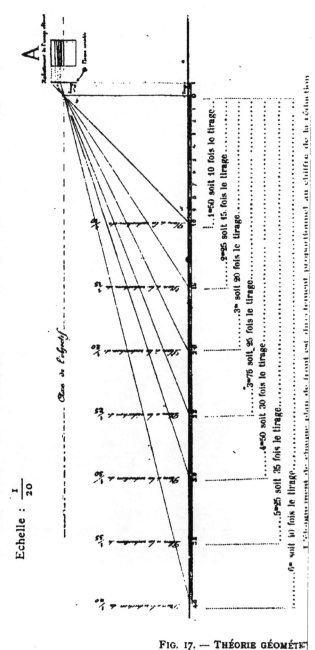

FIG. 17. — THÉORIE GÉOMÉTRI

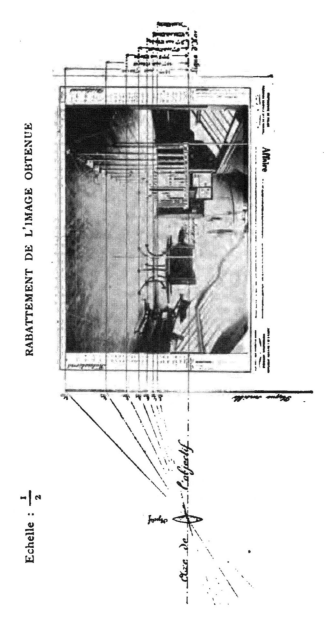

Partie **A** de la coupe ci-dessus agrandie 10 fois pour montrer les emplacements sur l'épreuve des différents plans de réduction.

RABATTEMENT DE L'IMAGE OBTENUE

Echelle : $\dfrac{1}{2}$

PHOTOGRAPHIE MÉTRIQUE

Détermination arithmétique des échelles

La distance de la trace de chacun de ces plans à la ligne d'horizon s'obtient en divisant 1^{m}50 (*hauteur de l'objectif au-dessus du sol*) par le coefficient de réduction correspondant. — *Exemple* : le plan du 1/10 se trouve à 1^{m}50 : 10 au-dessous de la ligne d'horizon soit 15 centimètres, le plan du 1/20 à 1^{m}50 : 20 soit 7^{cm}5, etc.

L'échelle des distances se déduit de celle des réductions en multipliant le chiffre de la réduction par le tirage.

rables. L'uniformité de la réduction perspective est réalisée par l'emploi d'une chambre noire admettant une plaque de format carré 31ᶜᵐ×31ᶜᵐ, ce qui, en comptant 1/2 centimètre de marge supprimée, donne un format d'image utile de 30ᶜᵐ×30ᶜᵐ. Cette chambre, qui a la forme d'une boîte à peu près cubique, ne présente ni soufflet ni crémaillère de mise au point. Son pied de construction spéciale permet de la placer bien horizontalement, toujours à la même hauteur, de telle sorte que l'axe de l'objectif se trouve invariablement situé à 1ᵐ50 de hauteur au-dessus du sol.

La plaque sensible se place automatiquement à une distance fixe de l'objectif. Cette distance, comptée du centre optique, et qui constitue ce qu'on appelle le « tirage » de la chambre noire, est égale, dans tous les cas, à 15 centimètres, c'est-à-dire à 1/10ᵉ de la hauteur de l'objectif au-dessus du sol.

Au point de vue géométrique (et en style de dessinateur), les deux conditions ci-dessus indiquées : fixité dans l'espace du « point de vue », invariabilité de la « distance » (représentée ici par le tirage), suffisent pour assurer aux images ainsi recueillies une réduction perspective identique.

Les photographies ainsi recueillies dans des conditions géométriquement invariables restent en conséquence toujours semblables au point de vue métrique. Il devient donc possible d'encadrer latéralement les épreuves positives d'échelles fixes de réduction et de distance.

Nous donnons ici, à titre d'exemple, la reproduction d'une photographie métrique pour montrer comment on se sert de ces échelles latérales (figure 18).

1° *Emploi de l'échelle des réductions.* — Soit à déterminer la hauteur A B, au-dessus du sol, du porte-manteau B C, situé à droite de l'armoire à glace. Nous mènerons par le point A (qui se trouve sur le sol) une parallèle (A X) à la base de l'épreuve. Cette parallèle coupe la graduation latérale de droite des

FIG. 18. — COMMENT ON CALCULE LES DISTANCES ET LES HAU-
TEURS SUR UNE PHOTOGRAPHIE METRIQUE. (Service de l'identité
judiciaire de Paris.) L'échelle des distances, à gauche, sert à
calculer les distances entre les objets placés sur le sol ; l'échelle
des réductions, à droite, sert à calculer la hauteur des objets
au-dessus du sol.

réductions au trait marqué 34 ; ce chiffre indique la réduction photographique de la hauteur A B du point B au-dessus du sol. Il suffira donc·de mesurer directement sur la photographie la distance A B (soit 48 $^{m/m}$) et de la multiplier par le coefficient de réduction 34 pour avoir la hauteur réelle du porte-manteau au-dessus du sol, comme si on l'avait mesurée sur les lieux ; on trouve ainsi 48 $^{m/m}$ $\times$ 34 = 1^{m}632 environ.

2° *Echelle des distances.* — Supposons qu'il devienne, au cours de l'instruction judiciaire, intéressant de connaître la distance qui séparait au moment de l'affaire le pied M de la chaise du premier plan du pied N de l'armoire et à quelle distance se trouvait également une·chaussette gisant sur le sol qu'on aperçoit en R.

Nous traçons les parallèles à la base M X, R X, N X, en les prolongeant vers la gauche. Les points de rencontre de ces parallèles avec la graduation indiqueront les distances respectives des objets de l'objectif ou, plus exactement, des plans de front les contenant.

Par une simple différence, on aura les espacements réels de ces objets. On trouve ainsi : distance de M à l'objectif : 1^{m}95 ; distance de R, 3^{m}20 ; distance de N, 4^{m}50. Donc, entre M et R, il y a 1^{m}25; entre R et N, il y a 1^{m}30, et entre M et N, 2^{m}55. Ainsi, sans calculs et immédiatement, à première vue pourrait-on dire, il est aisé de se rendre compte de l'étendue de la pièce, des dimensions des objets, de leur espacement, etc.

Pour la reconstitution des crimes, cette méthode rendra de grands services. Un témoin, par exemple, déclare avoir aperçu telle scène de tel emplacement. La photographie métrique ou, au besoin, sa transformation en plan géométral montrera si le fait est matériellement possible. Une fenêtre est-elle assez basse pour être facilement atteinte par escalade ? Les dimensions d'un orifice donné sont-elles suffisantes pour livrer passage

à tel individu? Ces questions et tant d'autres seront immédiatement résolues par un coup d'œil sur les échelles.

Le procédé pourra, du reste, s'étendre à toutes les enquêtes
documentaires où la photographie intervient: recherches, expertises, ventes de terrains, exploitation agricole ou minière, etc.,
où la constatation des dimensions est l'élément primordial à
mettre en évidence (1).

(1) V. le *Rapport sur le budget, etc., de la Préfecture de police pour l'exercice 1905*. Conseil municipal de Paris, 1904.

CHAPITRE II

Le Cadavre

Ayant ainsi fixé, de la façon la plus exacte possible, l'aspect du lieu du crime dans tous ses détails, il s'agit de répéter le même procédé en ce qui concerne le cadavre de la victime.

La position du cadavre, ses blessures, ses meurtrissures, l'état de ses habits, l'emplacement des objets qui l'entourent immédiatement, la manière dont il serre tel objet dans ses mains ou ses bras, tous ces détails sont très importants pour l'instruction et pour l'expertise, et il faut que la photographie les fixe pour toujours sur la plaque sensible.

M. Londe, auteur d'un remarquable travail sur la *Photographie médicale,* écrit à ce propos : « L'aspect des plaies et des blessures devra être conservé par le médecin, qu'il y ait guérison ou décès, car dans le premier cas la justice ne doit pas ignorer l'état dans lequel a été relevée la victime, et dans le second l'autopsie, qui sera indispensable pour reconnaître l'étendue des lésions qui ont amené la mort, fera disparaître forcément ces marques extérieures que l'on doit nécessairement mettre sous les yeux des juges. » L'utilité qu'il y a, pour l'instruction et l'expertise, de conserver la notion exacte de la position du cadavre et des blessures, est aussi mise en relief par ces paroles du Dr Vibert : « Chaque fois que le médecin-légiste le juge utile, il doit décrire dans son procès-verbal la position qu'occupe le cadavre, l'arrangement des vêtements, la disposition des lieux et toutes les circonstances (telles que présence de taches de sang sur les objets voisins, situation d'une arme trouvée près du corps, etc.), qui se rapportent à l'expertise médicale. Comme ces premières constatations ne peuvent plus être renouvelées et qu'elles servent souvent de base à la discussion ultérieure, elles doivent être faites avec grand soin et relatées minutieusement dans le rapport. »

Pour arriver à ce but, on s'est servi de toutes les méthodes que nous avons énumérées à propos du lieu du crime. Le procès-verbal d'abord, et c'est encore le seul moyen employé dans les pays qui n'ont pas un service de photographie judiciaire; ensuite le relevé d'un plan de la pièce avec indication de l'endroit où le cadavre a été trouvé et de sa position, et enfin la photographie ordinaire.

Cependant, comme une photographie faite à l'aide d'un pied photographique ordinaire pouvait ne pas donner de bons résultats, on pensa à créer un type de pied photographique qui permît de braquer sur le cadavre l'objectif de l'appareil de haut en bas, afin d'obtenir des photographies du cadavre vu comme si l'œil de l'observateur regardait du plafond. Il y a plusieurs modèles, tous très pratiques, de ces pieds; nous donnons ici celui dont se sert le service de l'identité judiciaire de Paris (figure 19). C'est à l'aide d'appareils du même genre qu'on peut braquer l'objectif de bas en haut, de façon que l'objectif soit parallèle au plafond et qu'on peut ainsi prendre la photographie du plafond. (Voir le cas de trépanation opérée par des voleurs, figure 5.)

Ainsi que pour le lieu du crime, il est nécessaire de faire différentes photographies du cadavre, ayant chacune sa valeur et son importance particulière.

La *première série* concerne la photographie du cadavre tout entier. C'est une photographie qui donne, plus que toute

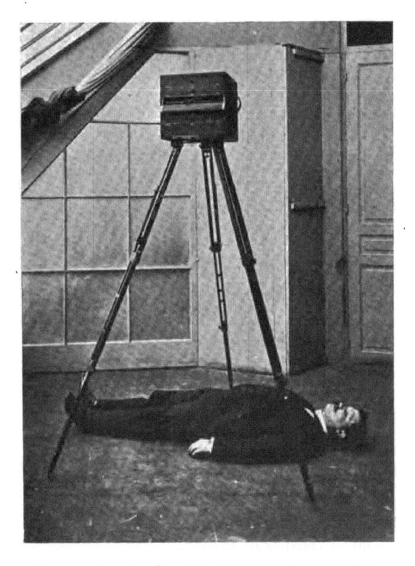

FIG. 19. — APPAREIL SPÉCIAL POUR LA PHOTOGRAPHIE DES CADAVRES SUR LES LIEUX. (Service de l'identité judiciaire de Paris.)

autre, la notion de la position du cadavre lorsqu'il a été découvert, comme l'on peut voir à la figure 20 du service de l'identité de Dresde. C'est une jeune fille de 18 ans qui a eu la gorge tranchée par un jeune homme qui s'est suicidé ensuite à côté d'elle.

La *deuxième série* de photographies à faire est, non pas toujours, mais assez souvent, celle qui concerne la position du cadavre vu de différents côtés. On a recours à cette deuxième série lorsque chaque vue du cadavre (par devant, de côté, etc.) peut avoir son importance pour l'instruction. C'est le cas de nos photographies 21, 22 et 23, du service de l'identité judiciaire de Berlin. Le cadavre d'un ouvrier trouvé assassiné sur un pré a été d'abord photographié à droite et à gauche, de manière que sa position, surtout la position des bras, restât à jamais fixée sur la plaque. Une troisième photographie a été faite aussi, sur le lieu même du crime, sans toucher le cadavre, mais en approchant l'appareil afin d'avoir une photographie suffisamment claire de la blessure.

* * *

Un exemple de photographie judiciaire du même cadavre pris de différents points de vue, afin de montrer tous les côtés les plus importants de la scène, est donné par nos photographies 24 et 25 du service de l'identité judiciaire de Berlin. On avait trouvé le cadavre d'une vieille femme dans la position indiquée par nos figures et on en fit deux photographies de deux différents points de vue pour montrer exactement tous les détails. On découvrit pendant l'instruction que la vieille femme — une ivrognesse — s'était affaissée sur le lit frappée de mort subite. Il ne s'agissait donc que d'une mort naturelle.

La photographie conserve ainsi pour toujours, aux yeux des investigateurs, la position du cadavre : et la position dans laquelle un cadavre a été trouvé peut assez souvent jouer un

FIG. 20. — PHOTOGRAPHIE DU CADAVRE. LE CADAVRE EN ENTIER,
VU D'EN HAUT. (Service de l'identité judiciaire de Dresde.)

rôle de première importance dans la découverte des coupables.
L'examen direct du corps pourra aussi contribuer largement à
l'étude de la position du cadavre; ce sont les « lividités cadavériques » qu'on pourra examiner dans ce cas, car elles constituent
un signe précieux de l'attitude qu'avait le cadavre lorsqu'il s'est
refroidi. C'est en raison de cette particularité que les Allemands

FIG. 21. — ASSASSINAT. POSITION DU CADAVRE
(Service de l'identité judiciaire de Berlin.) *(Voir aussi les fig. 22 et 23.)*

les appellent « taches de position ». Dès que les phénomènes
vitaux se sont arrêtés, les liquides de l'organisme, obéissant aux
lois de la pesanteur, et le sérum se séparant de la partie solide
du sang, viennent s'accumuler dans les parties déclives de l'organisme. Il se forme ainsi des *hypostases* extérieures qui indiquent la position du cadavre au moment de leur formation.
Si le corps se trouve dans le décubitus dorsal (c'est le cas le plus

FIG. 22. — ASSASSINAT. POSITION DU CADAVRE ET BLESSURES
(Service de l'identité judiciaire de Berlin.)

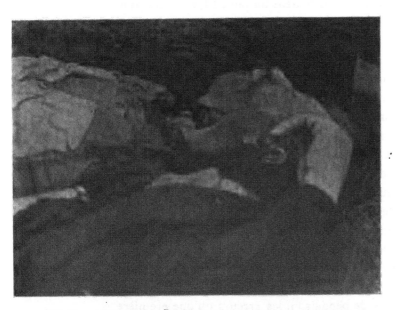

FIG. 23. — ASSASSINAT. POSITION DU CADAVRE ET BLESSURES
(Service de l'identité judiciaire de Berlin.)

fréquent) on rencontre les lividités au dos et à la partie postérieure et inférieure des membres. Si le corps a été placé sur le
ventre, les lividités se trouveront à la face en avant. Quand le
corps a été assis, ou a été appuyé à un mur ou un meuble, les
lividités se montreront à la partie inférieure de l'abdomen, aux
fesses et à la partie supérieure des cuisses. Chez les pendus,
chez ceux qui sont restés longtemps suspendus, on les remarque
principalement aux membres inférieurs. Sur le cadavre d'un
individu encore chaud, que M. Lacassagne a maintenu toute
une nuit debout, lié à un pilier, ces lividités se sont produites
au ventre et aux membres inférieurs.

En 1882, à Bruxelles, dans l'affaire Peltzer, il y avait à faire
le diagnostic entre le suicide et l'homicide. Les experts se pro-
noncèrent d'après la situation des lividités cadavériques ; la
victime, en effet, tuée d'un coup de revolver, fut découverte quelques jours après la mort, assise dans un fauteuil, et il fut établi,
par la constatation des lividités, que cette position assise avait
été donnée au cadavre.

M. Lacassagne s'est également servi des indications fournies
par les lividités cadavériques dans une de ses expertises les plus
intéressantes. Un homme est trouvé mort dans une malle; il
a succombé à la strangulation : M. Lacassagne démontra que le
cadavre avait été retourné et qu'il était mort dans une position
différente de celle qui avait été indiquée par la femme inculpée
de l'homicide (*Arch. de l'anthr. crim., 1897*). Il faut bien remarquer cependant que, si le corps est déplacé au bout de quatre ou
de cinq heures, les lividités s'effacent et elles apparaissent dans
les points devenus déclives par cette nouvelle position. Après
vingt-quatre heures, il ne s'en forme plus de nouvelles.

Il faudra aussi — toujours à propos de la position où le
cadavre est trouvé — que les officiers de police judiciaire sachent
éviter, dans les cas de pendaison, les erreurs qu'une première
inspection du cadavre pourrait faire naître. Il arrive quelquefois,

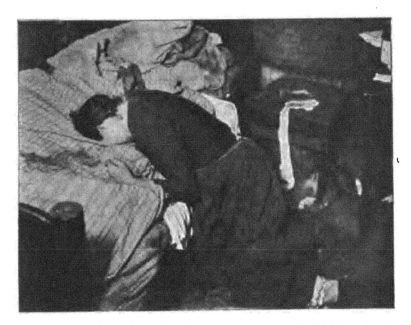

FIG. 24. — POSITION DU CADAVRE (détail). (Service de l'identité judiciaire de Berlin.)

FIG. 25. — POSITION DU CADAVRE. (Service de l'identité judiciaire de Berlin.)

dans ces cas, qu'on trouve le cadavre dans une position de pendaison incomplète : il touche terre avec les pieds, ou il est assis
sur le parquet, ou même il est presque complètement couché,
dans une position horizontale, la tête et le cou seulement étant
soulevés par le lien suspenseur. Il semble alors tout à fait
naturel de penser, non pas à un suicide, mais à un assassinat :
cependant on risquerait bien souvent de se tromper en dirigeant
immédiatement dans ce sens les premières recherches, car il ne
faut pas ignorer que la suspension complète n'est nullement
nécessaire pour que le sujet succombe. Tout criminaliste se
rappelle le cas retentissant du suicide du prince de Condé (1830)
qui s'était pendu à l'espagnolette de sa fenêtre, à l'aide d'un
mouchoir attaché à celle-ci, et d'un autre mouchoir passé dans
le premier et faisant le tour du cou. L'un des arguments
invoqués pour appuyer le soupçon d'un crime était que le
cadavre du prince avait été trouvé les pieds touchant le sol : les
avocats de la défense attribuaient le fait au relâchement graduel
des mouchoirs ; mais tous semblaient ignorer que la mort, dans
les cas de suicide, peut se produire même après une suspension
incomplète.

C'est que dans la pendaison la perte de connaissance, par
suite de la compression que le lien exerce sur les carotides et
les jugulaires, survient très rapidement, et le sujet n'a pas le
temps d'exécuter le faible mouvement qui suffirait à le mettre
debout : de là ces étranges et paradoxales positions du cadavre
qui font croire, au premier abord, à un meurtre, tandis qu'il
s'agit d'un suicide (1).

* *
*

La *troisième série* de photographies du cadavre a pour but de
reproduire, dans de plus grandes proportions, une seule partie

(1) On cite plusieurs exemples d'individus qui, ayant voulu étudier sur eux-
mêmes les effets de la suspension, ont été sur le point de succomber ne pouvant pas reprendre leur point d'appui : ils n'ont dû leur salut qu'à l'interven-

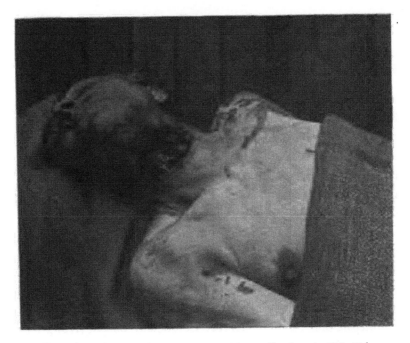

FIG. 26. — PHOTOGRAPHIE DES BLESSURES. (Service de l'identité
judiciaire de Paris.)

du cadavre et précisément celle qui peut intéresser le plus l'instruction ou les experts, celle où se relèvent des traces de coups, des
blessures et des traces de strangulation. La photographie des
blessures tient une des places principales dans la photographie
médicale, et M. Londe, dans l'ouvrage déjà cité, émet le vœu
qu'elle soit appliquée bien plus largement qu'aujourd'hui. Ce
sont des exemples de cette troisième série que nous donnons aux
figures 26 et 27.

tion d'une autre personne. Foderé a vu un de ses compagnons d'études qui,
après une conversation sur les effets de la pendaison, avait voulu se rendre
compte sur lui-même de ce qui venait d'être dit ; il perdit complètement connaissance et ne dut la vie qu'à l'intervention fortuite d'un ami. Voyez, à ce
sujet, l'important travail sur la *Pendaison* du Dr N. Minovici, qui a expérimenté
sur lui-même (Paris, 1905).

La première photographie (figure 26) a été exécutée à la Morgue : elle a une certaine valeur, tant comme document médico-légal que pour l'étude de la psychologie du criminel lui-même. En effet, la gravité, le nombre et la place des blessures contribuent assez souvent à mettre en lumière l'état mental et moral de l'assassin, ainsi que l'ont démontré les différentes écoles d'anthropologie criminelle. Les blessures les plus horribles peuvent démontrer, à elles seules, par leur forme, leur atrocité, leur étendue, que celui qui les a produites se trouvait dans un état mental voisin de la folie; elles sont faites aussi par certains suicidés sur eux-mêmes et par les criminels qui commettent leur crime dans un accès d'épilepsie plus ou moins larvée. Le docteur Szigeti (Hongrie) a observé le cas d'une femme qui a pris de la main droite un couteau de table, a penché la tête en arrière et s'est porté plusieurs coups de gauche à droite, allant tout près de la colonne vertébrale et passant entre l'os hyoïde et le cartilage thyroïde; puis, introduisant la main gauche dans la blessure, elle a accroché, avec le médius, le larynx, qu'elle a tranché, se coupant en même temps les doigts. Cet horrible suicide a été commis dans un accès de folie.

Chez les aliénés, en effet, on rencontre les mutilations les plus extraordinaires. Au Congrès de médecine légale de Paris, en 1900, on exposa des cas suggestifs. Celui d'un aliéné, d'abord, qui s'était coupé le cou avec un rasoir et avait ensuite enfoncé le rasoir dans la terre. Cependant il avait la carotide ouverte. Un autre s'était sectionné un morceau de langue avec ses dents et l'avait craché.

Ces cas sont dus à des suicidés affligés de dépression mélancolique et présentant une profonde insensibilité physique; quelquefois la simple description de la blessure peut suffire pour mettre sur la voie du diagnostic, de même que la quantité et les qualités des blessures trouvées sur la victime

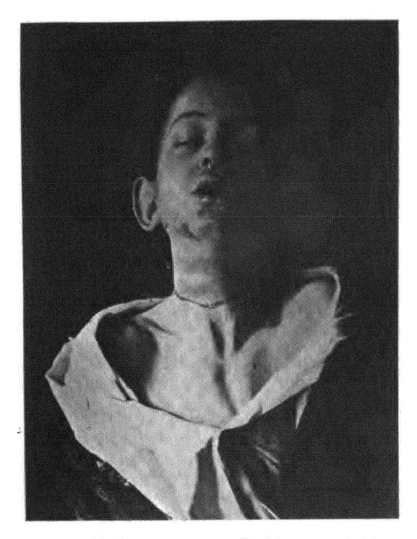

FIG. 27. — PHOTOGRAPHIE DU CADAVRE..PHOTOGRAPHIE DES MARQUES DE LA STRANGULATION. (Service de l'identité judiciaire de Dresde.)

ont, plus d'une fois, fourni aux médecins légistes une documentation pour établir l'état mental de l'assassin.

La seconde photographie (figure 27) tend à mettre en relief

et, par conséquent, à conserver pour toujours les traces très évidentes de strangulation sur le cou d'un enfant, victime — avec ses frères — d'un accès de folie de la mère. L'examen du cou montre très clairement les traces laissées par la pression de la main, par les ongles et la corde.

C'est ici le cas de rappeler la grande supériorité de la plaque sensible sur l'œil humain comme instrument de vision et de découverte.

Certaines marques sur l'épiderme, certaines taches sur un tapis, une étoffe, un habit, et plus spécialement les traces d'une pression exercée par la main ou par un corps étranger sur la peau humaine, ne se voient pas bien à l'œil nu, mais se révèlent sur la plaque photographique. La plaque sensible, ainsi, fonctionne quelquefois comme révélatrice d'une trace, d'une marque, d'une empreinte qui avait échappé à une première inspection sur les lieux, ou du moins elle attire l'attention de celui qui examine, à travers une loupe, l'épreuve photographique.

Nous reviendrons, d'ailleurs, sur ce sujet lorsque nous parlerons de la recherche des traces.

* *

Mais nous n'oublierons pas de dire que la mise en évidence des ecchymoses qu'on trouve sur le cadavre a une très grande importance à cause des renseignements qu'elles peuvent fournir sur les circonstances dans lesquelles les coups ont été portés et sur la nature de l'instrument qui les a produits.

Des ecchymoses arrondies sont produites par l'extrémité des doigts d'une main fortement appliquée; situées autour de la bouche et sur le menton, elles peuvent indiquer que le meurtrier a fortement appliqué sa main sur la bouche de la victime pour étouffer ses cris; lorsqu'elles sont bien circon-

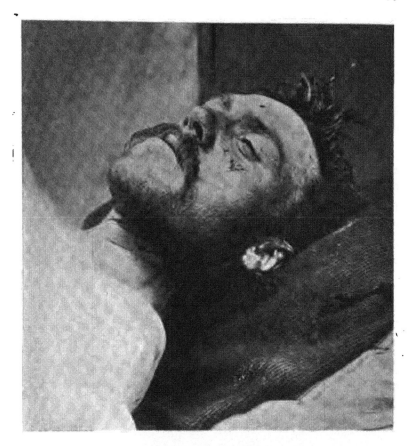

FIG. 28. — PHOTOGRAPHIE DES BLESSURES. (Service de l'identité
judiciaire de Lausanne.)(*Voir aussi la fig. 29.*)

scrites, peu étendues, présentant au-dessous d'elles des lésions
profondes, elles indiquent l'action d'un marteau ou d'un
maillet; les roues de voiture ou de wagon laissent des empreintes typiques; dans les cas de sévices sur les enfants, on
constate sur les fesses le double sillon bleuâtre produit par
des verges; la corde à nœuds laisse les marques de ceux-ci;
sur la figure, on peut constater les traces laissées par la cra-

vache ou une canne flexible; les coups de bâton laissent sur le dos leurs empreintes sous forme de raies; on a vu plusieurs fois, sur différentes parties du corps, les marques des clous de semelle de souliers.

Ces constatations sont intéressantes non seulement dans le cas d'examen du cadavre, mais aussi dans les cas de sévices sur les enfants.

Il faut remarquer que la succession des teintes dans l'ecchymose peut fixer, d'une manière générale, sur l'époque où le coup a été donné. L'ecchymose est d'un rouge livide ou bronzé au début; elle devient noire ou d'un rouge sombre

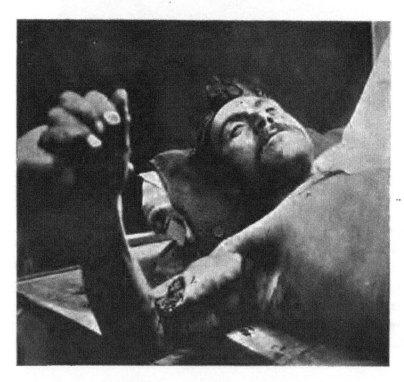

FIG. 29. — PHOTOGRAPHIE DES BLESSURES. (Service de l'identité judiciaire de Lausanne). (*Voir aussi la fig. 28.*)

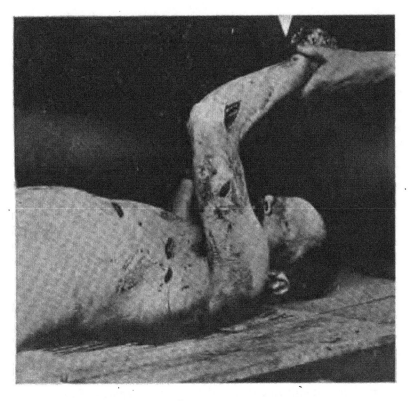

FIG. 30. — ASSASSINAT. PHOTOGRAPHIE DES BLESSURES DE
LA VICTIME. (Service de l'identité judiciaire de Berlin.) *(Voir aussi la fig. 31.)*

pendant le deuxième et le troisième jour; elle prend une coloration bleue du troisième au sixième jour, pour devenir verte
ou verdâtre du septième au douzième jour, et d'un jaune
clair au delà du treizième jour.

.

Il n'est pas nécessaire de faire remarquer que, lorsque le
cadavre présente plusieurs blessures importantes, il est utile de
faire la photographie de chacune des blessures, comme dans le

cas des figures 28 et 29 reproduisant deux photographies du même cadavre prises par le service de l'identité judiciaire de Lausanne : la première, montrant les blessures du cou; l'autre, la blessure à l'avant-bras.

C'est aussi le cas concernant les photographies d'un cadavre trouvé dans un chariot de campagne, à Berlin : un marchand qui le montait avait été assassiné par un compagnon de voyage; les photographies montrent les blessures au bras, à la poitrine et à la figure de la victime (figures 30 et 31).

Bien souvent une seule photographie de la même blessure n'est pas suffisante et il est utile d'en faire plusieurs de différents points de vue : de face et de profil, par exemple. C'est ce qu'on a fait lors de l'assassinat de Mlle P..., à Paris. Dans ce cas, outre les différentes séries de photographies dont il vient d'être parlé, on prit la photographie de face et de profil de la blessure. On a ainsi une vision vraiment complète de la blessure, et il serait désirable que ce genre de photographies multiples se généralisât : il y aurait là des éléments très importants pour des collections de documents photographiques médico-légaux (figures 32 et 33).

En regardant attentivement ces deux photographies, dont l'une est si bien complétée par l'autre (on en pourrait faire, le cas échéant, des agrandissements, mais dans notre cas il suffit de regarder avec une loupe), on voit assez bien que le meurtrier a tranché la gorge de la victime avec, au moins, cinq coups de couteau : on en voit exactement les traces, qui restent ainsi fixées pour toujours sur l'épreuve photographique.

* *

Dans ces recherches et dans ces premières inspections destinées à constater la présence et la quantité de blessures, il ne faudra jamais oublier que maintes fois les blessures, même

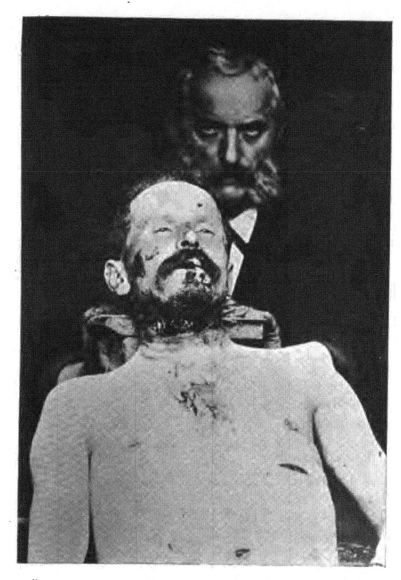

FIG. 31. — ASSASSINAT. PHOTOGRAPHIE DES BLESSURES DE LA VICTIME
(Berlin.) *(Voir aussi la fig. 30.)*

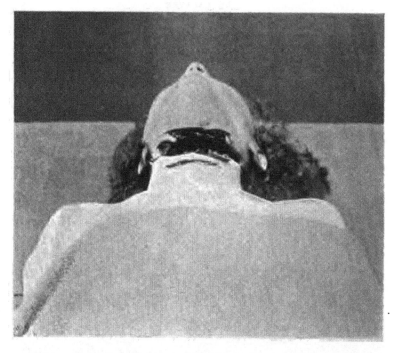

FIG. 32. — PHOTOGRAPHIE DE LA BLESSURE, DE FACE ET DE PROFIL.
(Voir aussi la fig. 33.) (Service de l'identité judiciaire de Paris.)

les plus graves, sont tellement cachées qu'elles n'apparaissent pas à première vue. Il faut savoir les découvrir : on évitera ainsi de croire à une mort naturelle lorsqu'il s'agit, au contraire, d'un assassinat.

Bouchut rapporte un cas où l'on avait déclaré que rien ne pouvait donner le plus petit soupçon d'une mort violente, alors qu'il s'agissait d'un assassinat et que la victime portait au cou cinq plaies par instrument tranchant. Elles étaient cachées par le faux-col et un foulard.

Certaines blessures peuvent rester cachées en raison de leur siège : au-dessous du sein de la femme, dans l'aisselle et surtout sur le cuir chevelu.

Dans un cas rapporté par le Dr Vibert, on n'avait pas

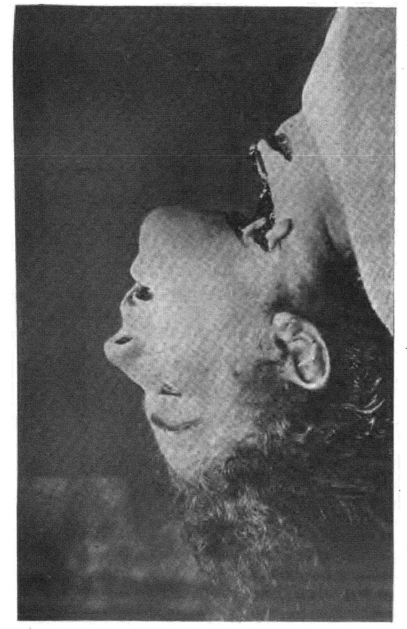

FIG. 33. — PHOTOGRAPHIE DE LA BLESSURE, DE FACE ET DE PROFIL. (*Voir aussi la figure 32.*)
(Service de l'identité judiciaire de Paris.)

aperçu sur le cadavre une petite plaie cachée par les cheveux, produite par une arme à feu ; on crut à une congestion cérébrale, suite d'ivresse. Cependant, quelque temps après, l'autopsie fut ordonnée parce que les parents du mort protestèrent en affirmant que la victime était incapable de se griser. On trouva une balle dans le cerveau.

Lorsque la découverte d'un cadavre se fait dans des conditions spéciales (dans une malle, dans une voiture, dépeçage par morceaux, etc.), il ne faut pas oublier de prendre un nombre de photographies tel, que l'on puisse avoir constamment sous les yeux chaque détail de la découverte.

M. Lacassagne, dans ses *Archives de l'anthropologie criminelle*, a publié de magnifiques épreuves photographiques de cadavres trouvés dans des malles ou réduits en morceaux par le dépeçage criminel : l'utilité de ces photographies est de premier ordre, soit pour l'instruction, soit pour l'expertise, soit pour les débats. Nous renvoyons aux *Archives* de M. Lacassagne les lecteurs qui désirent examiner les documents publiés par l'illustre professeur de Lyon.

A ce sujet, une des photographies les plus curieuses de notre collection est celle qui nous a été offerte par le Dr Becker, directeur du service de l'identité à Dresde. Il s'agit d'un cadavre trouvé dans une malle. La photographie judiciaire de la ville a exécuté, à ce sujet, un triptyque macabre, extrêmement intéressant pour l'instruction et l'expertise. La malheureuse victime, une fillette de 8 ans, a été étranglée, puis poignardée au sein droit et à l'épaule droite ; le meurtrier l'a ensuite repliée sur elle-même, l'a ligotée et l'a serrée dans une caisse afin de la cacher et de la faire disparaître. Or, en regardant à l'aide d'une loupe les trois photographies qui concernent cette affaire (l'usage de la loupe est indispensable dans l'examen des photographies judiciaires, comme d'ailleurs dans l'examen des corps du délit) on remarque d'une façon

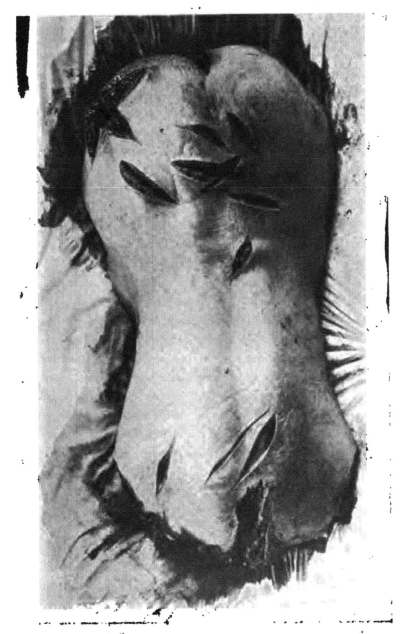

FIG. 34. — DÉPEÇAGE CRIMINEL. (Service de l'identité judiciaire de Berlin.) *(Voir aussi la fig. 35.)*

évidente les traces que les ongles et les doigts du meurtrier ont laissées sur le cou de la victime : par la simple photographie on apprend exactement comment l'assassin s'y est pris pour étrangler sa victime. Il a opéré avec la main droite; la trace d'un seul doigt et d'un seul ongle est en effet sur la partie droite du cou de la victime; c'est le pouce, — et les empreintes des quatre autres doigts de la main sont sur la partie gauche du cou. La conservation de ces empreintes est du plus grand intérêt; nous aurons l'occasion de revenir sur ce sujet en parlant des traces et des empreintes laissées par le criminel.

Le cas où le cadavre de la victime est trouvé dépecé en morceaux (dépeçage criminel) est assez fréquent. L'assassin, pour se défaire du cadavre, l'a coupé en morceaux, qu'il a fait ensuite disparaître, soit en les jetant à l'eau, soit en les abandonnant dans la rue, soit en les brûlant. Le dépeçage criminel forme une des pages les plus intéressantes de la littérature de médecine légale : toutes les questions d'identification y sont rattachées, — et la photographie des différents débris du cadavre, en permettant de conserver pour toujours ces seuls indices de la personnalité de la victime, devient un élément précieux dans les recherches de tout genre qu'on peut faire à ce sujet.

Nos photographies 34 et 35 — du service de l'identité de Berlin — montrent un de ces cas de dépeçage criminel. La tête, les bras et les jambes, après avoir été détachés du tronc, ont été en partie jetés à l'eau et en partie brûlés. On ne découvrit que le tronc, tel que la photographie 34 le représente, et les débris calcinés de quelques membres brûlés, ainsi que l'indique la photographie 35.

* *
*

Ce ne sont là que des photographies ordinaires du cadavre. Elles présentent les mêmes inconvénients que présentait la photographie du lieu du crime avant que M. A. Bertillon

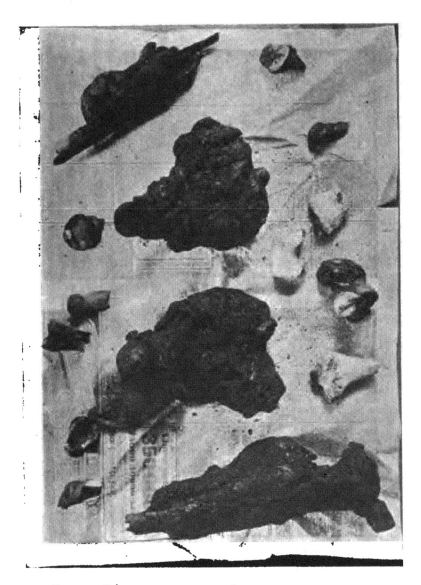

FIG. 35. — DÉPEÇAGE CRIMINEL ET RÉSIDUS DE QUELQUES MEMBRES
DÉPECÉS ET BRULÉS. (Berlin.) (*Voir aussi la fig. 34.*)

pensât à la photographie métrique. C'est pour éviter ces inconvénients que M. A. Bertillon a transformé la photographie ordinaire du cadavre en une véritable *photographie stéréométrique*.

La manière de garder la représentation du cadavre de la victime, après avoir franchi les étapes successives du procès-verbal, du plan et de la photographie ordinaire, touche ainsi à une phase nouvelle : la *photographie stéréométrique*. On prend — toujours dans les mêmes conditions qui sont rigoureusement déterminées — deux photographies du même cadavre : une d'en haut, l'autre de profil, côté gauche ou côté droit; on place ensuite les épreuves sur une fiche, telle qu'on la voit à la

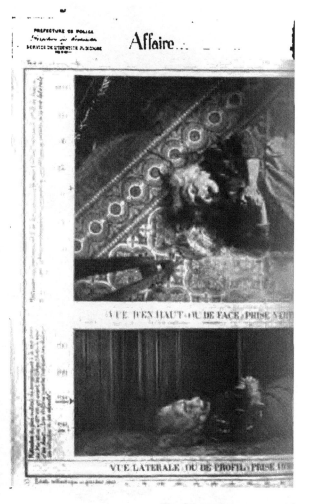

FIG. 36. — LA PHOTOGRAPH

figure 36, sur les bords de laquelle sont marquées des échelles qui permettent de mesurer la longueur réelle des objets photographiés et des différentes parties du cadavre.

La photographie stéréométrique du cadavre est exécutée en amenant l'appareil dans la position verticale et en prenant ainsi

RÉOMÉTRIQUE DU CADAVRE.

d'abord une vue d'en haut à la réduction de 1/10 comptée sur le sol. Le champ embrassé par l'objectif atteint 3 mètres et est largement suffisant pour ce genre d'opération. La vue ou les vues latérales de ce même cadavre sont prises, toujours à la même réduction de 1/10, au ras de terre. Ces vues à la même réduction, prises la première verticalement et les autres horizontalement, se complètent les unes les autres.

Pour connaître la valeur d'une longueur réelle, on la mesure sur la photographie en millimètres et on multiplie la mesure en question par un coefficient qui est d'autant plus petit que l'objet en question est plus élevé du sol. Cette élévation est calculée, toujours à l'aide du millimètre, sur les photographies prises de côté. Les tableaux latéraux, en chiffres, donnent les éléments pour ces opérations.

.˙.

Lorsque la photographie du cadavre est exécutée à la Morgue, on peut se servir — afin de pouvoir déterminer les mesures réelles d'après la photographie — d'une simple photographie métrique, comme celle qui est représentée par la figure 37. La photographie que nous présentons est prise verticalement au-dessus d'un fond quadrillé de 10 cent. de côté; la hauteur de l'objectif est de 1^m385; le tirage de 0^m692. Lorsqu'on désire connaître la distance réelle qui sépare deux points de la photographie, on mesure cette largeur sur la photographie et on multiplie par un des coefficients marqués à gauche en haut.

*
* *

Nous nous sommes, jusqu'à présent, arrêté de préférence sur les différentes mesures à prendre pour conserver indéfiniment l'aspect des lieux du crime ou du cadavre et de ses blessures, de manière qu'on puisse, pour ainsi dire, répéter à chaque instant l'inspection, même après l'enlèvement du cadavre, en se servant des documents photographiques. Ce n'est là que la première partie, ou, pour mieux dire, la partie initiale des recherches judiciaires sur les lieux et sur le cadavre. Après avoir conservé sur la plaque photographique l'aspect du lieu du crime, de la position du cadavre et de ses blessures, il faut inspecter le plus minutieusement possible le lieu et le cadavre lui-même.

Certes, un examen scientifique complet du cadavre ne peut être fait que par le médecin légiste, à l'autopsie, mais il est nécessaire que le magistrat et les officiers de police judiciaire procèdent eux-mêmes à une première inspection qui sert à donner à leurs recherches la première orientation : c'est dans cette première inspection strictement judiciaire qu'il faut tenir présente plus d'une notion scientifique, d'ordre général, qui facilitera beaucoup la tâche des investigateurs, tout en lui donnant une base solide et rigoureuse. On trouvera les détails de cette nouvelle partie de l'inspection du cadavre et du lieu du crime aux chapitres consacrés aux traces.

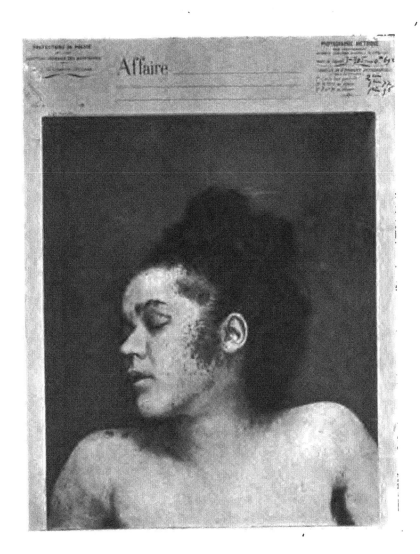

FIG. 37. — Photographie métrique du cadavre. (Service
de l'identité judiciaire de Paris.)

CHAPITRE III

Les Traces révélatrices

TRACES DE PAS

La recherche, la découverte, la conservation, l'interprétation et la comparaison des traces constituent un des chapitres les plus délicats et les plus intéressants de l'investigation judiciaire scientifique.

Au point de vue de l'investigation judiciaire, la *trace* peut être ainsi définie : *Tout vestige, laissé par un homme ou par un animal, qui peut servir soit à découvrir son auteur, soit à établir quelques-unes de ses particularités individuelles.*

C'est par l'examen des *empreintes* que nous commencerons notre étude des traces. Nous examinerons ensuite les *taches* et, après, les *vestiges* d'autre genre.

·Tous ceux qui ont étudié la question des empreintes sont d'accord pour proclamer l'importance et l'étendue d'une telle étude et pour se plaindre de l'oubli trop grand dans lequel la justice laisse les empreintes, malgré les réels services qu'elles sont capables de rendre.

« Nous ne cesserons jamais — écrivent les docteurs Coutagne et Florence — d'insister en toute occasion sur la nécessité d'introduire les règles scientifiques dans les opérations de la justice criminelle. Les magistrats et les officiers de police judiciaire devraient procéder dans leurs constatations méthodiquement et d'après des points de repère certains : dans les opérations premières, qui pèsent d'une façon si décisive sur l'issue de l'instruction, nous voudrions qu'ils eussent toujours présente à l'esprit la recherche des empreintes et prissent toutes mesures nécessaires pour en empêcher la détérioration. » *(Arch. de l'anthropologie criminelle,* 1889.)

Au point de vue de l'investigation judiciaire scientifique, l'empreinte est toute figure produite sur une surface par *application* soit d'une partie du corps, soit d'un objet quelconque, imprégné ou non d'une matière colorante; figure qui indique la forme ou tout au moins les contours de la partie du corps ou de l'objet qui l'a déterminée, et dont l'étude minutieuse peut conduire à établir l'identité d'une personne, le rôle ou l'intervention d'un objet dans une affaire criminelle. (Dr Frécon.) On peut trouver ainsi, sur le lieu du crime ou ailleurs, des empreintes produites par l'application du pied, soit nu, soit chaussé, des doigts, de la main tout entière, des dents, des ongles, et il suffit souvent de fixer et d'analyser avec une méthode rigoureusement scientifique une de ces empreintes et de la comparer avec d'autres pour pouvoir nettement établir l'identité du coupable. C'est de la manière la plus rapide et, autant que possible, la plus complète que nous allons passer en revue toutes ces différentes empreintes.

Empreintes de pieds nus. — Nous croyons ne pas nous tromper en disant que la première affaire criminelle dans laquelle l'empreinte des pieds nus ait joué le rôle d'empreinte révélatrice et accusatrice remonte à 1846. Dans la nuit du 27 au 28 novembre 1846, deux filles, à Albi, avaient été assassinées; le docteur Caussé, s'étant rendu sur les lieux, trouva sur le carreau, près de la porte de communication entre les deux chambres occupées par ces filles, deux empreintes d'un pied droit et nu, qui devait avoir trempé dans le sang. Ce pied se dirigeait d'une chambre vers l'autre. Sur le seuil même de la porte étaient deux autres empreintes dont l'une avait la même direction que celle déjà signalée, tandis que l'autre, dont le talon seul avait porté, avait une direction inverse. La justice ne savait, au premier moment, où diriger ses investigations. Un sous-officier fut mis en état d'arrestation et examiné par le docteur qui avait observé les empreintes sanglantes. Il résulta tout de suite que le pied du militaire, d'une longueur peu commune, ne pouvait avoir fait les empreintes trouvées sur le lieu du crime. Il fut immédiatement relaxé. Une chemise d'homme ensanglantée ayant été trouvée dans la chambre d'une des victimes, fut montrée aux marchandes lingères de la ville : son propriétaire fut retrouvé, et les empreintes de son pied coïncidaient à la perfection avec les empreintes sanglantes relevées sur le lieu du crime.

Dans une autre affaire du même genre, les traces de pieds ont innocenté des accusés. L'enquête avait été également conduite par le docteur Caussé sur des empreintes sanglantes de pieds nus. Dans la nuit du 8 août 1847, deux vieillards, le mari et la femme, furent horriblement mutilés, au lieu de la Salle (Carmaux). On trouva, sur un balcon, tout près de la porte d'entrée d'une cuisine, des empreintes d'un pied gauche et nu, qui avait baigné dans le sang. Les unes indiquaient la sortie de l'individu de la cuisine ; une seule témoignait qu'il avait dû y rentrer. Ces empreintes eurent dans l'affaire une haute signification, car de graves soupçons pesaient sur huit individus qui furent arrêtés. Il s'agissait de découvrir si parmi ces individus il s'en trouvait un auquel se rapportassent les empreintes. Il fut démontré, d'après un long examen, conduit par le docteur Caussé, qu'aucun des pieds des accusés n'avait pu produire les empreintes en question.

On retrouve plus souvent qu'on ne le croit des empreintes, sanglantes ou non, de pieds nus laissées par les assassins. Il n'est pas rare, en effet, que les criminels commettent leur forfait en ayant les pieds nus. C'est le cas des affaires déjà citées, de l'affaire Courvoisier en Angleterre, de l'assassinat de Marie Aguettant par Prado à Paris, de l'affaire de Thizy et du double parricide de Bessenay.

* *
*

Evidemment, il ne suffit pas de découvrir une empreinte, sanglante ou non, de pied nu pour découvrir, en même temps, celui qui l'a produite. Il faut savoir *lire* l'empreinte comme on lit dans un livre, et ce n'est pas chose tout à fait facile.

Il faut d'abord conserver l'empreinte, et, lorsqu'elle est extrêmement faible, il faut commencer par la faire bien ressortir. Si l'empreinte est bien marquée, on en conserve pour toujours l'image la plus exacte, soit au moyen d'un décalque, soit en la recopiant, à l'aide de différentes méthodes, au dessin, soit en se servant de la photographie.

Pour le décalque, on applique sur l'empreinte un papier ou une toile à décalquer de grande transparence, ou bien on fabrique soi-même, sur le lieu du crime, un papier à décalquer en frottant légèrement du papier blanc et mince avec un corps gras, de l'huile par exemple, ou, et cela fait mieux encore, avec de l'essence de térébenthine : on décalque et on obtient une image identique à l'original. On peut aussi environner l'empreinte d'une ceinture faite de gros carton, poser sur cette espèce de forteresse une vitre et, à l'aide d'une plume, suivre, à l'encre noire, sur la vitre, tous les contours et les détails de l'empreinte. M. le professeur Florence conseille la méthode suivante : on étend au moyen d'un tampon de coton, sur une plaque de verre, de la couleur préparée à la céruse, qu'on trouve partout, de façon à simuler une glace dépolie ; la vitre reste suffisamment transparente pour permettre de décalquer très facilement. En traçant avec une pointe le dessin à reproduire on met le verre à nu, et, si après on met sous le verre de l'étoffe ou du papier noir, le dessin ressort en noir. On trempe ensuite la plaque dans un bain de sulfure de potassium : le plomb de la céruse se

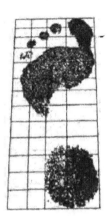

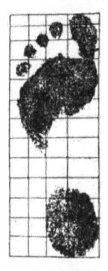

Fig. 38. — Photographie d'une empreinte de pied nu. Reproduction fausse.

Fig. 39. — Photographie d'une empreinte de pied nu. Reproduction exacte.

(D'après Coutagne et Florence.)

noircit et on obtient un magnifique cliché de l'empreinte dont on peut tirer des épreuves sur papier par la méthode ordinaire. Il sera bon de vernir le cliché pour le conserver.

Une autre méthode plus délicate, mais qui donne des résultats plus exacts, consiste à reproduire l'empreinte en la dessinant au moyen du *pantographe*. Il faut toutefois avoir soin de ne pas gâter l'empreinte avec la pointe de l'instrument et tenir autant que possible cette pointe légèrement soulevée. On peut aussi se servir d'un instrument que chacun a pu voir entre les mains des enfants et qui est la vitre verticale. On place à côté de l'empreinte une vitre verticale, on pose par terre, à angle droit avec la vitre, un papier blanc ; l'empreinte se reflétera très clairement sur le papier et on pourra ainsi la dessiner facilement. Il faut que l'empreinte soit bien éclairée.

Mais de toutes les méthodes, une des meilleures, est certainement la photographie. L'appareil doit être placé de manière que la glace dépolie soit parallèle au plan de l'empreinte : on aura ainsi une reproduction exacte de l'empreinte (figure 39). En commettant la grave erreur d'oublier cette précaution, au lieu d'obtenir une reproduction exacte de l'empreinte, on en obtient une qui est complètement fausse (fig. 38).

* *

Lorsque — d'une manière ou d'une autre — on aura obtenu la reproduction exacte de l'empreinte ou des empreintes de pieds nus, on n'est qu'au commencement de l'investigation. Après avoir conservé l'empreinte, il

FIG. 40. — EMPREINTE DU PIED NU PENDANT LA STATION.

faut d'abord en comprendre
la signification, puis la comparer avec les pieds de
l'homme incriminé.

Quelle est la signification
d'une empreinte ou de plusieurs empreintes de pieds
nus ? Quelles particularités
l'empreinte révèle-t-elle chez
l'homme qui l'a laissée ?
Quels actes ont été accomplis
au moment où le sol rece-
vait les empreintes ? Telles
sont les questions qu'il faut
tout d'abord se poser.

L'examen d'une empreinte
de pied peut d'abord révéler
si elle a été faite pendant la
marche ou pendant la station.

Nous avons obtenu une
centaine d'empreintes de
pieds nus, mais dans des
conditions différentes, sur
des feuilles de papier blanc
étendues et fixées sur le parquet. Les pieds des sujets
avaient été préalablement
saupoudrés, à la plante, de
mine de plomb.

Les figures 40 et 41 mon-
trent deux exemples typiques
de ces expériences : la figure
40 représente l'empreinte

FIG. 41. — EMPREINTE DU PIED NU
PENDANT LA MARCHE.

d'un pied nu pendant la station ; la figure 41 représente l'empreinte du même pied pendant la marche.

En examinant ces deux empreintes et en les comparant entre elles on observe :

1º Que la longueur de l'empreinte (A B) est de 26 ᶜᵐ o pen-

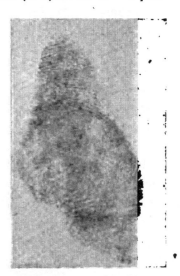

A   B

FIG. 42. — EMPREINTE DU MÊME ORTEIL A L'ÉTAT DE REPOS (A)
ET PENDANT LA MARCHE (B).

dant l'arrêt et de 27ᶜᵐ3 pendant la marche ; — donc la longueur est plus grande pendant la marche ;

2º Que c'est spécialement l'empreinte de l'orteil (A C) qui s'allonge pendant la marche. Elle a en effet, pendant la station, une longueur de 4 ᶜᵐ 2 et elle prend pendant la marche une longueur de 5 ᶜᵐ 5. L'empreinte de cet orteil s'allonge ainsi pendant la marche de 1 ᶜᵐ 3 ;

3º Que cet allongement de l'empreinte de l'orteil est produit de la façon suivante : l'empreinte de l'orteil en marche présente le même dessin papillaire que l'empreinte de l'orteil à l'état de station (regarder à la loupe), mais à son extrémité il se dessine comme une seconde empreinte formée par la pression de cette partie de l'orteil qui est immédiatement au-dessous de l'ongle et qui ne touchait pas terre pendant la station ;

4° Que, tandis que la largeur de l'empreinte est de 8 ^{cm} 3 pen-

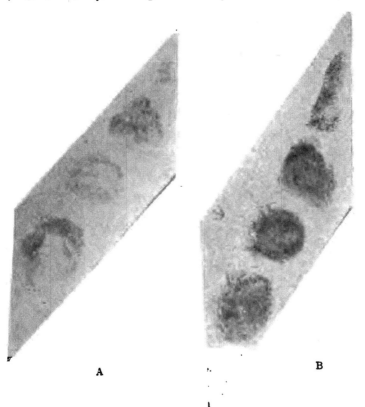

A   B

FIG. 43. — EMPREINTE DES MÊMES DOIGTS DE PIED PENDANT LE
REPOS (A) ET PENDANT LA MARCHE (B).

dant la station, elle est de 7 ^{cm} 7 pendant la marche ; elle est donc moins grande lorsqu'on marche.

On peut donc affirmer que les empreintes les plus longues et les plus minces sont les empreintes produites en marchant, —

les plus courtes et les plus larges, celles où il y a eu stationnement. On arrivera à différencier sûrement ces deux sortes d'empreintes en analysant l'empreinte de l'orteil. Notre figure 42 montre en effet l'empreinte de l'orteil à l'état de repos et celle du même orteil pendant la marche. La différence est tellement caractéristique qu'il est impossible de se tromper.

Il arrive quelque chose de semblable aux empreintes des autres doigts (voir figure 43). Tandis que, à l'état de repos, les empreintes des doigts sont rondes, à l'état de marche elles deviennent plus allongées, comme si le pied avait glissé en avant.

Si l'on marche en portant un fardeau très lourd (25 kilos), il semble que l'empreinte s'élargisse ; la largeur de l'empreinte, dans ce cas, oscille, dans nos expériences, autour de 8 ᶜᵐ 7 ; ce qui indiquerait que l'empreinte, lorsqu'on transporte des poids, s'élargit, sans toutefois atteindre la largeur qu'elle prend à l'état de repos, pendant la station.

* *

Outre ces renseignements l'empreinte du pied nu peut donner des explications extrêmement utiles sur quelques particularités de l'individu qui l'a produite.

Il existe trois variétés de pieds : le pied plat, le pied cambré et le pied intermédiaire, — qui est aussi le plus fréquent. Notre figure 44 représente l'empreinte d'un pied fortement cambré et celle d'un pied plat. On comprend assez facilement de quelle utilité dans l'instruction d'un procès peut être la découverte d'une empreinte de ce genre, qui puisse s'attribuer à l'assassin. Comme le pied plat et le pied fortement cambré sont relativement rares, il ne sera pas difficile de les retrouver parmi les individus qui ont été soupçonnés.

C'est d'ailleurs ce qui est arrivé plus d'une fois. Dans Tylor : *Les principes et la pratique de la médecine judiciaire*, tome Iᵉʳ, page 517, on lit qu'un homme ayant été trouvé mort à la suite de blessures produites par un instrument tranchant l'instruction constata sur le plancher de la pièce trois empreintes sanglantes, dont une surtout était bien marquée. Leur examen fit comprendre qu'il s'agissait d'une empreinte provenant d'un pied gauche, fortement cambré, de femme. Au moment du crime il n'y avait dans la maison que trois personnes : la

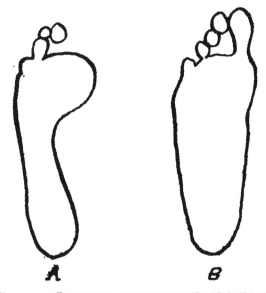

FIG. 44. — EMPREINTES CARACTERISTIQUES DE PIEDS NUS.
(A) PIED FORTEMENT CAMBRÉ. (B) PIED PLAT.

victime, un vieillard de 87 ans et la femme Macpherson, sur laquelle pesaient des soupçons. Le pied gauche de la victime n'avait pas de sang à la plante ; plus large et plus long que l'empreinte, il était, en outre, déformé. Il était certain que ce n'était pas de la victime que provenait l'empreinte en question. Le vieillard de 87 ans avait un pied plat dont les caractères étaient tous de nature à le mettre, avec certitude, hors de cause. Quant à la femme, elle présentait un pied fortement cambré.

On lui fit produire artificiellement des empreintes de pied, et de
la comparaison de ces empreintes avec l'empreinte sanglante
l'identité complète se révéla dans tous ses détails. La femme
Macpherson fut condamnée aux assises de Glasgow.

Quelquefois la particularité de l'empreinte du pied est encore
plus caractéristique : sans provenir d'un pied absolument
difforme (ce qui rendrait encore plus facile l'établissement de
l'identité du coupable), elle provient d'un pied qui présente
quelques caractères spéciaux à l'individu : doigts chevauchés,
verrues, marques particulières sous la plante, etc. De toutes ces
particularités on retrouve la trace d'une façon très nette dans
l'empreinte : nous ne rappellerons que quelques cas.

En 1882, un Arabe, Seliman ben Larbi, avait cambriolé,
pendant la nuit, une maison de campagne. L'instruction, le
lendemain, trouva sur le sol détrempé par la pluie l'empreinte
très nette d'un pied nu, indiquant que celui qui l'avait laissée
ne posait à terre, en marchant, que quatre orteils. L'empreinte
était donc caractéristique. On ne procéda pas, cependant, d'une
façon scientifique et l'on oublia de conserver l'empreinte (1),
mais on eut le soin d'en faire une description détaillée. Seliman
ben Larbi, sur qui pesaient les soupçons, refusa d'abord de
reproduire dans du sable l'empreinte de son pied, mais finalement le juge d'instruction réussit, dans son cabinet, à
Constantine, à obtenir de l'Arabe qu'il marchât sur une plan-
chette en bois recouverte d'une couche de terre glaise.
L'empreinte ainsi obtenue fut jugée par les témoins absolument
identique à celle qu'ils avaient constatée sur le lieu du crime.
Dans l'empreinte obtenue chez le juge d'instruction on remarquait — comme dans celle examinée sur les lieux — cette particularité assez rare que le second orteil ne posait pas du tout

_____

(1) Voir plus loin quelles sont les meilleures méthodes pour conserver une
empreinte enfoncée dans le sol.

à terre, par suite de chevauchement sur le premier et le troisième. D'autres preuves vinrent encore confirmer la culpabilité de Seliman qui fut condamné par la cour d'assises de Constantine. (*Gazette des Tribunaux*, 19 avril 1882).

D'autres fois c'est une simple verrue qui, dans l'empreinte, a laissé sa trace révélatrice. Un incendiaire du nom de Petit niait énergiquement son crime. Il eût probablement été acquitté et il aurait même recommencé, lorsqu'un des témoins fit observer à la cour une particularité bizarre dans l'empreinte qu'on avait prise des pas de l'incendiaire. On avait, en effet, trouvé des empreintes de pieds nus, dans la terre molle, sur le lieu du crime, et comme on avait la certitude qu'elles appartenaient à l'incendiaire, on en avait fait le moulage. Le témoin fit remarquer que le moulage présentait un petit creux à la plante du pied. L'accusé fut immédiatement déchaussé et on lui fit appliquer le pied sur le moulage. Petit avait sous le pied une verrue qui s'adaptait exactement au petit creux que présentait le moulage. L'incendiaire fut condamné. (Dr Frécon.)

D'autres indications importantes peuvent être fournies par l'empreinte du pied nu, mais comme elles sont communes à celles qu'on peut tirer des empreintes d'un pied chaussé (sexe, âge, taille, particularités de la démarche et même profession) nous en reparlerons lorsque nous traiterons des empreintes de pieds chaussés.

⁎

Nous avons montré de quelle manière on peut conserver l'empreinte d'un pied nu et comment on arrive à en pénétrer la signification. Nous allons voir comment on compare l'empreinte qu'on a conservée et analysée, avec celle du pied d'un criminel présumé. Cette dernière opération est une des plus difficiles ; elle réclame les plus grands soins et la plus vive attention.

On ne peut pas se borner à comparer une empreinte de pied

nu directement avec le pied de l'accusé. On tomberait dans les erreurs les plus grossières, les éléments exacts de comparaison faisant complètement défaut. Il faut obtenir de l'accusé une empreinte ou plusieurs empreintes de son pied afin de les comparer ensuite à celles relevées sur les lieux. Ce n'est qu'entre des empreintes, et non pas entre des empreintes et un pied, que doit porter la comparaison.

Pour obtenir l'empreinte du pied d'un accusé, on peut recourir à une foule de méthodes. L'empreinte trouvée sur les lieux est-elle faite avec du sang : on prendra du sang défibriné, on en frottera la plante du pied de l'accusé et on l'invitera à marcher sur une feuille de papier blanc. Si l'empreinte trouvée sur les lieux est produite par le contact du pied couvert de sueur et de poussière (affaire du vol à Saint-Etienne racontée par le docteur Frécon), on fera marcher l'accusé, pieds nus, sur un papier couvert de noir de fumée. La méthode de saupoudrer la plante des pieds — comme nous avons fait dans le cas de nos expériences — avec de la mine de plomb, et de faire marcher ensuite le sujet, soit au pas, soit à la course, sur une feuille de papier blanc, donne aussi des résultats excellents. On peut aussi faire un mélange d'eau, de glycérine et d'aniline rouge ; un épais morceau de drap est plongé dans ce mélange, il est ensuite étendu sur le parquet et le sujet à examiner y frotte avec énergie les plantes de ses pieds : elles s'imprègnent de la couleur d'aniline et laisseront des empreintes extrêmement précises (méthode du docteur Florence).

Il ne faut pas oublier non plus la méthode du docteur Corre et celle de Galton. Le premier fait marcher l'individu sur du papier noirci au fusain : le pied apparaît en blanc sur le papier et le dessin est ensuite fixé pour toujours avec du lait tiédi ou du blanc d'œuf. Le second étend sur une planche bien plane, — par exemple, la surface d'une lame de zinc, — de l'encre de typographie, puis il fait appliquer le pied sur cette surface : la plante du pied se couvre alors d'encre et, si on la fait poser ensuite sur un papier glacé, elle y laissera son empreinte très exactement et avec les moindres détails.

Le docteur Frécon donne, au sujet de ces opérations, des conseils qu'on ne saurait assez tenir présents. Dans tous les cas, dit-il, il est important de surveiller l'opération de très près et de se mettre en garde contre la mauvaise volonté de l'accusé. On s'assurera que le pied ou la main sont posés dans de bonnes conditions, que le contact est parfait, on pèsera soi-même avec les mains sur la face dorsale de la partie dont on veut reproduire l'empreinte et le lever de la main ou du pied s'effectuera en évitant tout mouvement de latéralité ou de torsion. On aura soin de faire plusieurs épreuves et de ne s'arrêter que lorsqu'on en aura obtenu une dizaine présentant les mêmes caractères.

.*.

Ayant ainsi obtenu de bonnes empreintes des pieds nus de l'accusé, il faut commencer le véritable travail : la comparaison entre les empreintes trouvées sur les lieux et celles obtenues de l'accusé. Ce n'est pas toujours chose facile. Contrairement à ce que suggèrent certains auteurs sur la préférence à accorder à telle ou telle méthode, nous sommes convaincu que, pour comparer les empreintes entre elles de la façon la plus rigoureuse, il faut recourir successivement à des méthodes différentes. Comme une empreinte — en dehors des particularités qu'elle peut présenter — se compose essentiellement de caractères qui sont dus à sa *dimension* et à sa *forme*, il sera bon de comparer successivement les deux empreintes d'après le *criterium* de la dimension d'abord et celui de la forme ensuite. En d'autres termes, on verra non seulement si toutes les longueurs et largeurs de l'empreinte trouvée correspondent aux mensurations de l'empreinte de l'accusé (méthode des mensurations), mais aussi si la forme des empreintes est la même (méthode de l'examen des contours).

Pour comparer les différentes grandeurs, il suffira de tracer autour des empreintes et au-dessus d'elles les lignes qu'on voit à la figure 45.

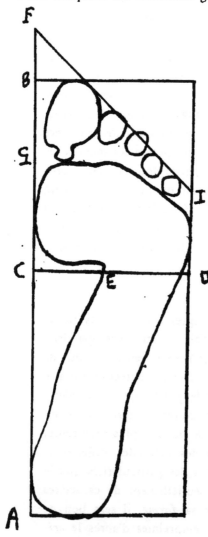

FIG. 45. — MÉTHODE POUR PRENDRE LES DIFFÉRENTES MENSURATIONS D'UNE EMPREINTE.

La ligne A B donne la longueur totale du pied, la ligne A G donne la longueur du pied sans le gros orteil, et cette longueur est la plus importante à examiner parce qu'elle ne change presque pas, ni pendant la marche, ni pendant le repos, tandis que l'empreinte de l'orteil s'allonge pendant la course, comme nous avons eu l'occasion de le constater plus haut. La ligne C D représente la largeur, la ligne C E la hauteur maxima de l'arc plantaire interne. C'est cette hauteur qui varie énormément suivant que le pied est plus ou moins cambré. La ligne B F, enfin, représente la hauteur de l'angle antérieur. La hauteur de cet angle étant avec la longueur des orteils en rapport très variable chez les différents sujets, il est très important d'en bien fixer la valeur.

Lorsque deux empreintes présentent leurs mensurations sensiblement égales, on n'a que des présomptions de leur identité. Nous avons, d'autre part, fait remarquer, à propos des expériences que nous avons faites, que la longueur et la largeur du pied changent suivant qu'il est en marche ou qu'il est arrêté; aussi se pourrait-il que deux empreintes présentent des mensurations quelque peu différentes appartinssent cependant à la même personne. Le docteur Masson a mesuré les dimensions des empreintes produites par le même pied dans les différentes attitudes et il a trouvé que les différences maxima varient fréquemment : pour la longueur, de 9 à 23 millimètres; pour la largeur, de o à 8 millimètres; pour la hauteur de l'arc plantaire, de o à 5 millimètres ; pour la hauteur de l'angle, de o à 21 millimètres. Un même pied peut donc donner des dimensions bien différentes. Ces différences sont d'ailleurs d'autant plus marquées que l'on compare les empreintes du pied dans la

FIG. 46. — MÉTHODE POUR LA COMPARAISON DE LA FORME DES EMPREINTES.

marche à celles du même pied arrêté. En outre, deux empreintes qui présentent les mêmes mensurations peuvent — bien que cela arrive très rarement — appartenir à deux personnes différentes.

Il faut donc procéder aussi à la comparaison des *formes*. C'est le docteur Caussé qui a imaginé une méthode très simple et très exacte pour la comparaison de la forme des empreintes (voir figure 46).

Sur l'empreinte à identifier on tire la ligne A B. On divise cette ligne en autant de parties égales que l'on veut, suivant le degré d'approximation qu'on désire, et sur chacune des divisions on élève des perpendiculaires. On répète le même dessin sur l'empreinte obtenue de l'accusé et qu'il s'agit de comparer à l'empreinte trouvée sur les lieux. En examinant sur une empreinte la forme du fragment de contour compris entre une perpendiculaire et l'autre, et en la comparant sur l'autre empreinte au fragment de contour compris entre les perpendiculaires correspondantes, on apprécie facilement les différences qui échapperaient à une première inspection ; les moindres particularités de forme et de contour sont mises ainsi en évidence. L'usage du compas dans la comparaison des fragments compris entre les perpendiculaires pourra être adopté avec de bons résultats.

Nous avons suggéré une troisième méthode de comparaison : c'est d'obtenir les deux empreintes à comparer sur deux feuilles transparentes, de les appliquer l'une sur l'autre et de regarder ensuite par transparence pour découvrir s'il y a identité.

Il ne faut pas oublier enfin que l'empreinte du pied nu trouvée sur les lieux peut assez souvent montrer d'une façon très évidente les dessins formés par les lignes papillaires de la plante du pied (voir figure 47). Dans ce cas, l'instruction possède une marque révélatrice des plus importantes. Tandis que la comparaison de deux empreintes de pieds nus, faite à l'aide des mensurations ou des réseaux, ou de la transparence, ne peut donner, dans certains cas, une certitude absolue, la comparaison faite à l'aide de l'examen des dessins présentés par les lignes papillaires ne pourra jamais laisser aucun doute. Mais comme il faudra nous étendre sur ce sujet lorsque nous parlerons des traces constituées par les empreintes des doigts, nous ne faisons ici que rappeler la méthode en question, et le lecteur trouvera plus avant tout ce qui concerne les traces laissées par les lignes papillaires.

Empreintes de pieds chaussés. — Pour l'étude des empreintes de pieds chaussés — de même que pour celle des empreintes de pieds nus, — il faut suivre trois opérations successives : la conservation de l'empreinte d'abord ; — l'étude de la signification que l'empreinte ou les empreintes peuvent avoir ; — et enfin la comparaison entre l'empreinte trouvée sur les lieux et conservée par l'investigateur et celle que laissent les souliers de l'accusé.

FIG. 47. — LIGNES PAPILLAIRES
DE LA PLANTE DU PIED.

Les cas d'empreintes de pieds chaussés sont les plus fréquents dans les affaires criminelles, et c'est probablement à cause de cela que tous ou presque tous les romanciers judiciaires ont fait jouer, dans leurs récits, un rôle plus ou moins merveilleux aux empreintes de pieds chaussés. Depuis M. Lecoq, de Gaboriau, jusqu'à Sherlock Holmes, de Conan Doyle, combien de fois la scène du drame criminel a été reconstruite — dans la littérature d'imagination — d'après l'examen, l'analyse et l'interprétation de la trace des pieds ! M. Lecoq, dont M. Gaboriau avait voulu faire un type de policier « scientifique », connaissait déjà la manière scientifique de conserver une empreinte laissée dans la terre ou dans la neige par les pas d'un individu. Il faut dire que M. Gaboriau s'était inspiré d'une communication faite dans les *Annales de l'hygiène publique*, mais il n'est pas moins vrai que la méthode devait être absolument ignorée par les policiers de l'époque. La conservation de l'empreinte faite par M. Lecoq était une nouveauté hardie, et M. Gaboriau y tenait beaucoup : quel type de policier devait être l'homme qui, mieux que tout autre de son époque, pouvait se servir de cette faculté si rare qu'est la faculté de raisonner logiquement, et mettre à contribution des connaissances scientifiques pour les investigations sur le lieu du crime !

La scène où M. Lecoq, le policier idéal pour son temps, ayant découvert dans la neige les empreintes des acteurs d'un drame criminel, réussit à conserver pour toujours ces traces auxquelles il attachait une grande importance, est pour nous une des plus intéressantes parmi celles dont M. Gaboriau a enrichi ses romans judiciaires. M. Lecoq a retrouvé dans la neige les empreintes, mais il va bientôt pleuvoir et il craint que la pluie n'efface les traces révélatrices :

« — Vingt minutes d'une petite pluie douce, dit-il à l'agent qui l'accompagne, et nous aurons perdu notre temps et nos peines. Qu'il pleuve ; la neige fond, et adieu nos preuves ! Ah ! c'est une fatalité ! Marchons, marchons plus vite !... En êtes-vous à savoir qu'une enquête doit apporter autre chose que des paroles ?... Quand nous affirmerons au juge d'instruction que nous avons vu des traces de pas, il nous répondra : « Où ? » Et que dire ?... Quand nous jurerons sur nos grands dieux que nous avons reconnu et relevé le pied d'un homme et de deux femmes, on nous dira : « Faites un peu voir ! » Et alors ?... « Haut-de-pied ! commanda M. Lecoq à son camarade, procurez-vous une terrine, un plat, un vase quelconque ; donnez-moi de l'eau, réunissez tout ce qu'il y a de planches, de caisses, de vieilles boîtes dans cette cambuse. »

« Lui-même, pendant que son compagnon obéissait, il s'arma d'un tesson de bouteille et se mit à racler furieusement l'enduit de la cloison qui séparait en deux les pièces du rez-de-chaussée de la Poivrière.

« Son intelligence, déconcertée d'abord par l'imminence d'une catastrophe imprévue, avait repris son équilibre. Il avait réfléchi, il s'était ingénié à chercher un moyen de conjurer l'accident... et il espérait.

« Quand il eut à ses pieds sept ou huit poignées de poussière de plâtre, il en délaya la moitié dans de l'eau, de façon à former une pâte extrêmement peu consistante, et il mit le reste de côté, dans l'assiette.

« — Maintenant, dit-il, venez m'éclairer.

« Une fois dans le jardin, le jeune policier chercha la plus profonde des empreintes, s'agenouilla devant et commença son expérience, palpitant d'anxiété.

« Il répandit d'abord sur l'empreinte une fine couche de plâtre sec, et sur cette couche, avec des précautions infinies, il versa petit à petit son délayage, qu'il saupoudrait à mesure de poussière sèche.

« O bonheur !... La tentative réussissait !... Le tout formait un bloc homogène et se moulait. Et, après une heure de travail, il possédait une demi-douzaine de clichés, qui manquaient peut-être de netteté, mais fort suffisants encore comme pièces à conviction.

« Lecoq avait eu raison de craindre ; la pluie commençait.

« Il eut encore néanmoins le temps de couvrir avec les caisses et les planches réunies un certain nombre de traces qu'il mettait ainsi, pour quelques heures, à l'abri du dégel...

« Enfin, il respira. Le juge d'instruction pouvait venir. »

.*.

Le moulage de l'empreinte est encore aujourd'hui la meilleure méthode dont on puisse se servir pour conserver les empreintes

7

trouvées sur le sol. Seulement, cette question a été largement étudiée et la question technique du moulage d'une empreinte a fait beaucoup de progrès depuis les temps, fort peu reculés d'ailleurs, de M. Gaboriau.

L'empreinte est-elle imprimée dans un terrain bien sec et bien ferme ? On la couvre d'une tôle extrêmement chaude, possiblement chauffée au rouge de façon à réchauffer le creux de l'empreinte, puis on y verse lentement de l'acide stéarique. Il faut verser lentement, sans arrêt, jusqu'à ce que l'empreinte soit complètement recouverte. On aura eu le soin de huiler préalablement l'empreinte avec un pinceau ou du coton. On attend la complète solidification et on enlève le moulage. Ce moulage, qui est la plus exacte et la plus fidèle reproduction positive de l'empreinte, peut être conservé indéfiniment et servir ainsi pendant la période de l'instruction.

On peut aussi recourir, dans le même cas, au plâtre ordinaire convenablement gâché. Dans un vase rempli d'eau froide, on verse lentement le plâtre, pendant qu'avec la main ou un instrument quelconque, on agite l'eau par un mouvement circulaire, de manière à éviter les bulles d'air et afin d'obtenir un mélange uniforme. Lorsque le mélange a atteint la consistance d'un lait épais, on le verse doucement et sans arrêter dans l'empreinte. On attend la prise du plâtre et on retire le moulage.

L'empreinte est-elle dans la neige ? Les méthodes à suivre sont nombreuses. La plus ancienne est celle de Hugoulin : il conseille de faire gonfler dans l'eau de la gélatine dure pour photographe, en chauffant à douce température; de fondre ensuite cette gélatine en l'étendant, au besoin, d'eau, et de couler enfin dans l'empreinte, d'un seul coup et sans arrêt, lorsque la solution, déjà froide, est sur le point de se figer. La gélatine se durcit rapidement et le moulage peut être enlevé une heure après.

La méthode de Hodann est préférable. Il répand sur l'em-

preinte, à l'aide
d'un tamis, une
couche de trois
centimètres d'un
mélange intime,
en parties égales,
de plâtre, de sable
fin et de ciment;
puis il recouvre
l'empreinte d'un
linge mouillé, en
le pressant contre
les bords; ensuite
il arrose lente-
ment et unifor-
mément avec de
l'eau très froide,
mélangée à de la
neige, tant que le
linge boit. Après
un temps plus ou
moins long, le
moule s'est durci.

La méthode de
MM. Coutagne et
Florence donne
aussi d'excellents
résultats. Ils
essuient d'abord
l'empreinte avec
du papier buvard,
puis ils gâchent
du plâtre dans de

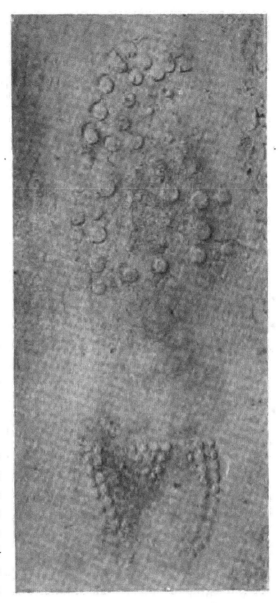

FIG. 48. — MOULAGE D'UNE EMPREINTE DE PIED CHAUSSÉ.
Expérience de l'auteur. (Photographie Nitram, Paris.)

l'eau, additionnée constamment de neige. Lorsque le liquide, assez pâteux et contenant de la neige facile à apercevoir, est prêt, on le verse dans l'empreinte : une heure après, le moulage est solide et présente une grande finesse de détails.

Si l'empreinte est dans le sable, on commence par la dessécher à l'aide de papier buvard, on la saupoudre ensuite avec de la poudre de talc ou de la mine de plomb et on verse enfin le plâtre gâché. Il faut avoir soin d'attendre quelque temps avant de retirer le moulage.

Les personnes non familiarisées avec ce genre d'opération seront tentées de croire que les officiers de police judiciaire trouveront de grandes difficultés pour se procurer tout ce qui est nécessaire au moulage de l'empreinte sur les lieux. Or il suffit que les services de photographie et de recherches judiciaires soient bien organisés pour que toute difficulté disparaisse ; lorsque les officiers de police judiciaire se rendront sur les lieux, accompagnés par le photographe judiciaire, il suffira qu'ils apportent toujours avec eux une petite caisse contenant tout ce qui est nécessaire pour toutes sortes de moulages. C'est précisément ce que fait le service de l'identité judiciaire à Paris, qui ne se rend jamais sur les lieux sans avoir tout ce qui est nécessaire pour relever ou mouler les empreintes.

La photographie peut aussi servir à conserver la reproduction d'une empreinte, quoique la méthode du moulage soit la meilleure. On opérera toujours de manière que le verre dépoli se trouve placé parallèlement à l'empreinte qu'on veut photographier. Notre figure 49 montre des empreintes de pas — parmi lesquelles une très nette — sur le lieu du crime (tentative d'incendie) conservées, à l'aide de la photographie, par le service de photographie judiciaire du parquet de Lausanne. L'opérateur (M. Reiss) a placé à côté de l'empreinte une bande de papier divisée en centimètres afin de pouvoir reconstituer les mesures réelles de l'empreinte d'après la photographie.

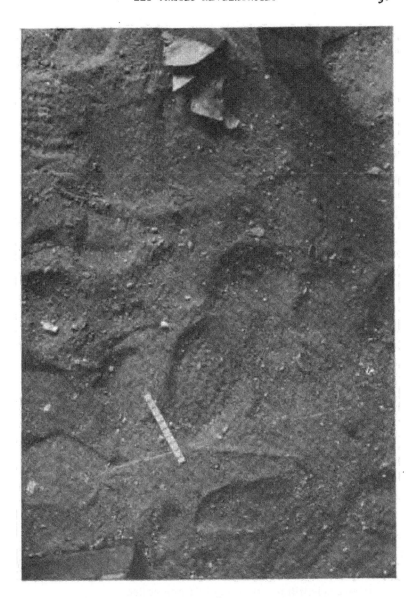

FIG. 49. — TRACES DE PAS CONSERVÉES PAR LA PHOTOGRAPHIE FAITE
SUR LE |LIEU DU CRIME (tentative d'incendie). (Photographie judiciaire
du parquet de Lausanne.)

* *
*

Quelles sont les indications qu'une empreinte ou une série d'empreintes de pieds chaussés — soient-elles dans la neige, la terre ou le sable — peuvent donner ?

Nous partageons en deux grandes catégories les révélations qu'on peut tirer d'une empreinte ou d'une série d'empreintes attribuées au criminel : celles qui permettent de reconstituer dans tous ses détails le genre de chaussure que le criminel portait et celles qui indiquent quelques caractères du criminel lui-même.

La reconstitution de la chaussure, d'après l'empreinte, joue souvent un rôle de premier ordre dans les affaires criminelles. Une empreinte peut révéler à l'œil attentif de l'opérateur la forme du bout de la chaussure et de son talon, l'usure plus ou moins caractéristique de la semelle et du talon, les raccommodages, et encore une foule d'autres particularités.

Si l'on marche ou si l'on fait marcher, avec des souliers de différentes formes, plus ou moins usagés ou plus ou moins raccommodés, dans la neige ou sur la terre molle, on arrivera très vite et avec une petite série d'expériences à s'exercer à découvrir les détails les plus minutieux d'une chaussure dans l'empreinte qu'elle a laissée. On pourra procéder aussi, quoique d'une façon moins complète, en frottant la semelle et le talon avec de la mine de plomb et en marchant après sur une feuille de papier blanc. Si l'on examine alors, à la loupe, les empreintes, on trouvera une grande quantité de détails révélateurs. Il serait absolument nécessaire que tous ceux qui sont appelés à procéder à des investigations judiciaires s'exerçassent à ce genre d'expériences et de recherches; il faudrait aussi que, dans les musées criminels des universités ou des instituts où l'on fait de l'investigation judiciaire scientifique, on recueillit une collection de moulages d'empreintes de tout genre, où les différentes particularités de la chaussure apparaîtraient en évidence.

Le bout peut être pointu, arrondi ou carré : il peut à lui seul donner une physionomie caractéristique à l'empreinte, comme cela est arrivé dans l'affaire Peltzer, à Bruxelles. Les assassins étaient revenus dans la chambre où la victime, Bernays, avait été tuée d'un coup de pistolet à la nuque et avaient relevé le cadavre tombé à terre, pour l'asseoir dans un fauteuil où il fut trouvé. L'instruction eut à étudier plusieurs taches de sang et notamment une tache plus grande que les autres sur le tapis de la pièce. Dans cette tache on découvrit une empreinte de soulier produite alors que le sang était à demi desséché. L'instruction et les experts démontrèrent qu'en raison de la marche de la dessiccation du sang l'empreinte n'avait pu être produite sur le caillot qu'au bout de 2 heures 1/2 et qu'elle avait été faite par une chaussure à bout arrondi. Or, parmi une série de bottines ayant appartenu à un des accusés, Armand et Léon Peltzer, la semelle droite de plusieurs et d'une en particulier s'adaptait très exactement à l'empreinte et en reproduisait tous les détails.

Si le talon est large et bas, ce qui pourra indiquer une forme anglaise, et la semelle effilée, à larges bords et sans cambrure, l'empreinte ressemblera à celle laissée par un pied plat. Le talon étroit, au contraire, peut indiquer une chaussure Louis XV. Le talon étant haut, la partie antérieure de la semelle pose seule à terre, et l'empreinte que donne une telle bottine offre des analogies avec celle donnée par un pied fortement cambré.

L'usure de la semelle et des talons peut être aussi révélée par l'examen de l'empreinte et jouer ainsi un rôle révélateur de quelque importance.

L'auteur de ces lignes a fait une série de recherches sur

l'usure de la semelle et des talons des chaussures, et il a constaté — comme il est facile de s'en apercevoir en examinant une série de chaussures usées — que chaque individu use toujours, soit la semelle, soit les talons, soit les deux à la fois, *à des endroits qui sont toujours les mêmes*. Chaque individu a donc une *usure personnelle* des souliers produite par la façon particulière de marcher. Cette usure ne constitue-t-elle pas une marque personnelle, un véritable sceau individuel, qui, soit constaté sur des chaussures laissées par le coupable, soit révélé par l'empreinte, peut servir à mettre sur la bonne trace l'investigation judiciaire ?

Il existe une très grande variété d'usures dans la semelle et le talon. Nous avons tâché de les classifier et de les désigner avec des noms bien précis afin de rendre plus facile la recherche de leur localisation et de pouvoir ensuite indiquer, avec une formule simple et abrégée (dans un signalement, par exemple) s'il y avait lieu, l'*usure personnelle* des chaussures d'un individu.

Prenons des chaussures, plaçons-les sur une table et regardons-les de manière que notre œil se trouve au niveau des semelles et des talons. Les chaussures, alors, regardées successivement de face et de profil, montreront à leur semelle, soit une usure latérale interne, soit une usure latérale externe, soit une usure uniforme sur tout le devant de la pointe. Pour indiquer exactement la localisation de ces différentes usures, cependant, il ne suffit pas d'affirmer qu'il s'agit d'une usure latérale interne ou externe : elle peut se trouver, en effet, soit sur la partie antérieure du bord de la semelle, soit sur la partie postérieure, soit sur la partie centrale du même bord.

L'indication : « usure latérale interne » a donc besoin, pour être précisée davantage, d'être spécifiée par un des mots : antérieure, centrale, postérieure. Et ainsi pour les autres. On aura donc, pour désigner les différentes usures de la semelle, les expressions suivantes, chacune desquelles répondant à une catégorie bien définie d'usures. (Voir notre figure 5o.)

Usures de la semelle :

1° Usure semi-lunaire du bout ;

2° Usure latérale interne antérieure ;

3° Usure latérale interne centrale ;

4° Usure latérale interne postérieure ;

5° Usure latérale externe antérieure ;

6° Usure latérale externe centrale ;

7° Usure latérale externe postérieure.

Si nous passons maintenant à l'examen du talon, nous découvrirons les trois mêmes variétés d'usures : soit l'usure du bord externe, soit l'usure du bord interne, soit l'usure uniforme de toute la partie postérieure. Pour le talon aussi, il y a lieu de diviser en trois chacune des deux catégories d'usures du bord latéral, comme nous l'avons fait pour la semelle, et de constater si l'usure se produit dans la partie antérieure, centrale ou postérieure, de chaque bord latéral du talon. On aura alors, exactement comme pour la semelle, les catégories suivantes d'usures du talon. (Voir notre figure 5o.)

Usures du talon :

1° Usure semi-lunaire de la partie postérieure ;

2° Usure latérale interne antérieure ;

3° Usure latérale interne centrale ;

4° Usure latérale interne postérieure ;

5° Usure latérale externe antérieure ;

6° Usure latérale externe centrale ;

7° Usure latérale externe postérieure.

On peut ainsi, en notant à l'aide des désignations qu'on vient d'exposer l'usure de chaque chaussure, faire un véritable *portrait parlé* de l'usure d'une chaussure. Chaque paire de souliers

peut présenter les combinaisons les plus variées dans la localisation des usures ; ces combinaisons sont tellement nombreuses
que la formule indiquant l'usure d'une paire déterminée de
souliers devient une véritable formule personnelle au propriétaire des souliers, formule que l'on confondra très difficilement
avec celle d'un autre individu. De là la grande utilité que, dans
l'investigation judiciaire, peut avoir l'examen méthodique des
usures du soulier.

Comme la notation de l'usure personnelle d'une paire de
souliers serait trop longue à écrire si l'on devait noter en entier
les mots de la nomenclature que nous venons de donner, on
pourra recourir aux abréviations et aux conventions suivantes :

1° Le mot « latérale », qu'on trouve dans toutes les notations,
excepté celles du bout de la semelle ou de la partie postérieure
du talon, ne s'écrit pas ;

2° De même pour le mot « usure », qu'on rencontre dans
toutes les formules ;

3° De tous les autres mots, on n'écrit que les initiales, c'est-
à-dire : *s. l.* pour usure semi-lunaire du bout de la semelle ou
du talon; *i. a.* pour interne antérieure; *i. c.* pour interne centrale; *i. p.* pour interne postérieure; *e. a.* pour externe antérieure; *e. c.* pour externe centrale; *e. p.* pour externe postérieure;

4° On écrit la formule comme on écrit une fraction. Au-dessus
de la ligne on écrit le soulier droit, au-dessous le soulier gauche;

5° On commencera toujours par l'inscription de la semelle;
on mettra ensuite l'inscription du talon, les deux inscriptions
étant séparées l'une de l'autre par le signe de la multipli-
cation ($\times$).

Ainsi la formule suivante :

Usure $= \dfrac{i.\ c. \times e.\ p.}{i.\ a. \times s.\ l.}$ signifie que le soulier droit (au-dessus

de la ligne) présente à sa semelle (avant le signe $\times$) une usure
interne centrale (*i. c.*) et à son talon (après le signe $\times$) une

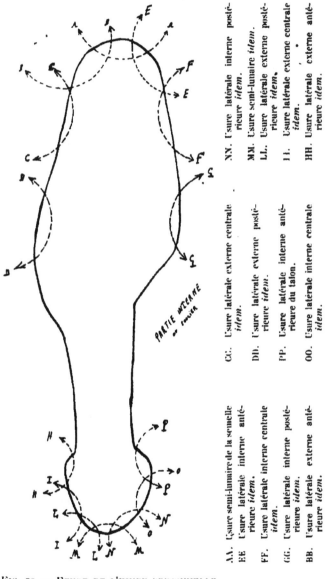

AA. Usure semi-lunaire de la semelle.
EE. Usure latérale interne antérieure *idem*.
FF. Usure latérale interne centrale *idem*.
GG. Usure latérale interne postérieure *idem*.
BB. Usure latérale externe antérieure *idem*.

GG. Usure latérale externe centrale *idem*.
DD. Usure latérale externe postérieure *idem*.
PP. Usure latérale interne antérieure du talon.
OO. Usure latérale interne centrale *idem*.

NN. Usure latérale interne postérieure *idem*.
MM. Usure semi-lunaire *idem*.
LL. Usure latérale externe postérieure *idem*.
II. Usure latérale externe centrale *idem*.
HH. Usure latérale externe antérieure *idem*.

FIG. 50. — ÉTUDE DE L'USURE PERSONNELLE DU SOULIER.

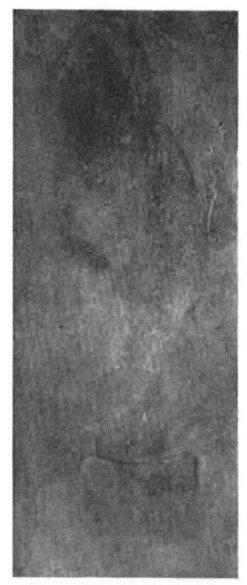

FIG. 51. — MOULAGE D'UNE EMPREINTE DE PIED CHAUSSÉ MONTRANT LE RACCOMMODAGE DE LA SEMELLE ET L'USURE DU TALON. *Expérience de l'auteur.*(Photographie Nitram,Paris.)

usure *externe postérieure* ; — le soulier gauche (au-dessous de la ligne) présente à sa semelle une usure *interne antérieure* (*i. a.*) et au talon une usure *semi-lunaire*.

Pour ces recherches, il est très facile de se faire l'œil en examinant une grande série de chaussures, et l'on arrive très vite à pouvoir définir immédiatement le genre d'usure de chaque chaussure.

Il n'est pas facile de retrouver, dans une empreinte, la trace de l'usure, mais on peut y parvenir lorsqu'on a l'habitude de ce genre de recherches : le contour de l'empreinte, là où il y a usure, est moins net ou, quelquefois, il manque complètement.

* .

Ce qui peut faciliter la recherche de l'auteur

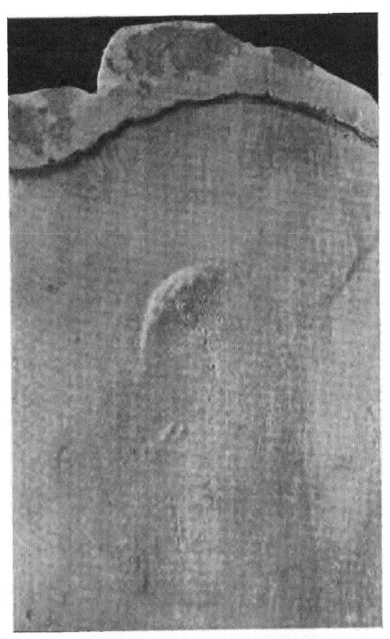

FIG. 52. — MOULAGE D'UNE EMPREINTE DE PIED CHAUSSÉ MONTRANT UN RACCOMMODAGE AU BOUT DE LA SEMELLE ET UNE DÉCHIRURE AU MILIEU. *Expérience de l'auteur.* (Photographie Nitram, Paris.)

de l'empreinte est la présence d'un raccommodage dans la semelle. Les raccommodages des semelles se révèlent d'une façon très précise dans l'empreinte; il est facile de s'en convaincre en regardant nos figures 51 et 52. Ce sont deux moulages en plâtre faits par nous sur des empreintes laissées dans la terre humide.

La première montre avec la plus grande évidence que la semelle a été rapiécée à son bout. Les petits clous qui consolident la pièce ressortent avec netteté. L'empreinte du talon, d'autre part, très marquée dans son bord antérieur et aux deux côtés, est presque effacée sur le derrière : ce qui indique la présence d'une usure uniforme s'étendant sur tout le bord postérieur du talon (*usure semi-lunaire*).

La seconde figure (figure 52) montre également un raccommodage du bout de la semelle et, au milieu de la semelle, une striure horizontale, de l'extrémité droite de laquelle s'élève une autre striure verticale terminée par un crochet ; c'est la trace d'un trou dans la semelle. Plus en haut, une dépression assez marquée dans le moulage montre les bords supérieurs de cette même déchirure, dont on peut ainsi très exactement, à l'aide du compas et du centimètre, reproduire la forme et la grandeur. Il s'agit dans notre cas d'une déchirure qui présente quatre côtés presque rectilignes d'une longueur respective de 4, — 3,5, — 4 et 3 centimètres.

* * *

La présence de clous dans la semelle — révélée par l'empreinte — peut aussi faciliter la recherche de celui qui a laissé la trace. La présence et la quantité de clous, leur disposition, etc., constituent autant d'indices révélateurs. Les clous, dans le moulage d'une empreinte, se dessinent avec une rigueur de détails étonnante, ainsi que l'on a déjà vu à la figure 48. Dans cette même figure, on voit d'une manière très nette l'usure du bord extérieur du talon.

L'affaire Bourdon repose sur une trace de chaussure à clous. Le 19 mars 1889, le jardinier Bourdon, gardien de la villa Chabaud, à Auteuil, fut assassiné et l'on découvrit la culpabilité d'Alorto, un des quatre meurtriers, en constatant en face de l'escalier qui conduit du rez-de-chaussée, où avait été commis le crime, au premier étage, l'empreinte d'un pas avec onze clous, au milieu d'une flaque d'eau. Les onze marques formées coïncidaient très exactement avec la chaussure d'Alorto. Celui-ci avoua son crime et ajouta que, le meurtre accompli, tandis que ses camarades gravissaient l'escalier, l'émotion l'avait obligé à s'arrêter un instant : c'est dans ce moment de station qu'il avait laissé la trace qui l'avait fait reconnaître. M. Frécon raconte que l'on dut à un cas semblable la découverte d'un criminel. On trouva, dit-il, dans une affaire d'assassinat, sur le bord d'un fossé une empreinte laissée par l'accusé au moment où il échappait aux agents qui le poursuivaient et qui ne le connaissaient pas. Le pied ayant glissé sur une certaine étendue de terrain, on apercevait, sur la terre molle, les striures produites sur le plan de glissement par les clous de la chaussure. L'empreinte fut relevée et les expériences qui furent faites, dans des conditions analogues, avec les souliers de l'accusé, amenèrent à établir son identité. (*Des Empreintes*. Lyon, 1889.)

Notre photographie 53 constitue la documentation d'une affaire criminelle du même genre. En faisant l'inspection des lieux, à Lausanne, on découvrit sur le couvercle d'une caisse, sur laquelle le criminel, chaussé de gros souliers à clous, avait posé son pied, la trace des clous ; le parquet conserva ces traces au moyen de la photographie et put avec leur aide découvrir l'identité du coupable.

* * *

Quelquefois l'empreinte présente un ensemble de particularités qui permettent de reconstruire de la façon la plus complète

la chaussure qui l'a produite : c'est quand elle présente des traces
de raccommodage, des clous, des usures et d'autres particularités tout à la fois. Il est alors absolument impossible de se
tromper. C'est ce qui arriva dans une affaire contée par MM. Coutagne et Florence : Dans la nuit du 26 au 27 juillet 1888, un
vol important fut commis à Lyon, à l'aide d'effraction, dans la
maison C... et Cⁱᵉ. Certains indices firent soupçonner un
employé de la maison, le nommé R..., qui fut arrêté quelque
temps après. On avait remarqué sur un coussin de moleskine
de couleur brune, mesurant 0,28 de longueur sur 0,36 de largeur et s'adaptant à la chaise de l'un des employés des bureaux
du rez-de-chaussée où était R... (chaise et coussin dont celui-ci a
dû se servir pour se hausser de façon à atteindre le timbre de
la sonnerie placée au-dessus de la porte ouvrant sur la rue), plusieurs empreintes de chaussures. Une seule, provenant de la
poussière adhérente à la semelle, était suffisamment distincte
pour en définir la forme et la dimension. C'était celle d'un pied
gauche chaussé d'un soulier brodequin ou bottine de forme
moderne, bout pointu et talon large. Mesurée avec soin, on
constata que sa longueur était de 250 millimètres et sa largeur
de 85 millimètres prise au centre de la semelle, et que le talon
avait 65 millimètres dans sa partie la plus large. Les traces de
six chevilles placées sur deux rangs étaient très évidentes sur le
bord arrondi du talon du côté droit ou antérieur, et en continuant à suivre le bord du talon toujours en dedans on distin-
guait encore le point formé par cinq autres chevilles sur un seul
rang. Immédiatement à côté du groupe des six chevilles à
gauche, il existait un vide semblant dénoter que l'individu qui
avait laissé les empreintes versait un peu le talon en dehors et
que sa chaussure, étant plus usée dans cette partie qu'ailleurs,
n'avait pas porté sur le coussin. Après ce vide et en suivant toujours le contour du talon, mais en dehors, c'est-à-dire à gauche,
on trouvait la continuation des traces des deux rangs de che-

FIG. 53. — TRACE DE PIED (FERRAGE DU SOULIER) TROUVÉE SUR LE COUVERCLE D'UNE CAISSE, SUR LE LIEU DU CRIME. (Photographie du parquet de Lausanne.)

villes dont cinq au premier rang et six au second. Enfin, tout à fait au-dessous du talon, sur le bord horizontal, apparaissaient les traces de deux chevilles distantes l'une de l'autre de 23 millimètres. Etant en possession d'une paire de bottines appartenant à R..., l'instruction constata que la bottine du pied gauche mesurait en longueur 250 millimètres et en largeur 85 millimètres et que le talon dans sa partie la plus large avait 65 millimètres. Ayant alors frotté avec la mine d'un crayon tendre sur les chevilles du talon et appuyé ensuite la bottine sur du papier, on trouva que la trace de la bottine, avec toutes ses chevilles, correspondait à celle trouvée sur le coussin. (Voir figure 54.)

Dans une affaire d'assassinat, bien plus ancienne, il a été également possible de retrouver l'assassin grâce à la reconstitution des détails de la chaussure d'après l'empreinte. L'assassin avait laissé les traces de ses pas dans la neige et dans la terre molle ; les souliers saisis chez l'homme sur lequel pesaient les soupçons offraient des signes particuliers empêchant une confusion quelconque. En premier lieu, des guêtres en cuir y étaient adaptées. Le sous-pied de la jambe gauche, lacéré en trois parties, retenait mal la guêtre qui, n'étant pas fixée, faisait une saillie dépassant la semelle de 3 centimètres ; au contraire, le sous-pied de la guêtre de la jambe droite étant intact, aucune saillie ne s'était formée. En second lieu les semelles offraient deux rangs de clous de diverses grosseurs, et quelques-uns manquant laissaient des vides. Tels étaient les signes qui donnaient à cette épreuve une grande importance, car tous étaient fidèlement reproduits dans l'empreinte : la saillie de la guêtre du pied gauche, les clous avec leurs dimensions diverses, les places vides, le sous-pied avec ses déchirures..... Les traces furent suivies sur plusieurs terrains. On les perdait, il est vrai, sur un espace de 100 mètres environ, dans un champ de chaume et dans un bois, mais on les retrouvait bientôt et elles conduisaient jusqu'à la maison de l'inculpé. *(Annales d'hygiène publique.)*

．＊．

Sur une série d'empreintes laissées par les deux pieds d'un individu on peut certainement trouver d'autres indications, qui ne se réfèrent pas comme les précédentes à la forme ou à la particularité de la chaussure, mais à la personne elle-même qui a produit les empreintes. Ainsi, en expérimentant sur la terre molle, on verra que, tandis que la *marche* ordinaire laisse des empreintes aux contours bien définis, soit de la semelle, soit du talon, l'empreinte laissée par un individu qui court change immédiatement de forme ; le terrain ne conserve dans ce cas que les traces, assez profondément imprimées, provenant de l'avant-pied. Le talon n'existe pas. C'est que pendant la course on se sert de la partie antérieure du pied et on ne touche presque pas la terre avec le talon. Si l'on porte la rapidité de la course à son maximum, en faisant de longs pas, le contraire se produit : le talon laisse des traces

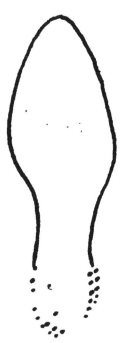

FIG. 54. — SCHÉMA D'UNE EMPREINTE RÉVÉLATRICE A CAUSE DE SES CHEVILLES ET DE L'USURE DU TALON.

très profondes, tandis que le bout de la semelle n'en laisse pas, et cela parce que, si pendant la course ordinaire l'avant-pied seul porte, pendant la course très rapide toute la plante touche terre, mais en faisant tomber d'abord, avec force, le talon.

En outre, pendant la course, la longueur du pas, c'est-à-dire l'espace qui sépare l'empreinte des deux talons, est très grande. Chez l'homme adulte, la longueur du pas ordinaire oscille autour de 70 centimètres ; si elle dépasse 90 centimètres, on peut assurer que l'homme marchait à la course.

Sur une série d'empreintes on pourra donc constater si l'individu marchait au pas ordinaire, ou à la course ordinaire, ou à la course très vive.

Le sexe et l'âge du sujet peuvent aussi ressortir de l'examen d'une série d'empreintes. La longueur du pas est plus grande chez l'homme que chez la femme : 70 à 75 centimètres chez l'homme et 50 centimètres chez la femme (selon les observations de Gilles de la Tourette). Elle est aussi beaucoup plus longue chez les hommes de 25 à 45 ans que chez les vieillards. L'empreinte de la femme est plus petite, et en outre les pointes des empreintes apparaissent moins écartées de la ligne de la marche que chez l'homme.

La figure 55 représente la série d'empreintes que laisse un homme normal, en marchant droit devant lui. On voit que « la ligne de la marche » est constituée par une ligne droite passant par tous les talons. L'empreinte de la plante du pied forme un angle avec la ligne de marche. C'est cet angle qui est plus ouvert chez l'homme que chez la femme (Zenker).

FIG. 55. — LIGNE NORMALE DE LA MARCHE.

Les empreintes laissées par les pieds d'enfants sont reconnaissables à leur petitesse, à la forme plate de leur chaussure et à ce fait que l'angle de la marche, c'est-à-dire l'angle formé par l'empreinte de la plante du pied et la ligne de la marche, est encore plus petit que celui produit dans la démarche de la femme.

Quelquefois la ligne de la marche n'est pas droite, mais elle est brisée (figure 56) : au lieu de passer toute droite d'un talon à l'autre, elle a besoin de plier à droite et à gauche pour réunir tous les talons. Ce sont les personnes ayant de l'embonpoint, les femmes enceintes et quelquefois aussi les vieillards (Mayer) qui marchent de cette manière.

.*.

D'autres faits encore doivent être tenus présents lorsqu'on examine sur une série d'empreintes la ligne et l'angle de la marche.

Les travailleurs qui portent des fardeaux lourds placent leurs pieds dans une situation parallèle, les jambes restant modérément écartées, car cette position donne plus d'assurance sans nuire à la progression ; les enfants, plus ils sont jeunes, plus ils ont une tendance à marcher avec les pieds en dedans ; les militaires, spécialement lorsqu'ils portent pour la première fois le sabre ou l'épée, ont un écartement latéral de la jambe gauche plus accentué et tournent la pointe du pied en dedans.

Certaines maladies, enfin, déforment, pour ainsi dire, la trace normale de la marche.

Les empreintes laissées par les malades de paralysie agitante, d'ataxie, d'hémiplégie, ont été bien étudiées par Gilles de la Tourette qui a décrit la démarche titubante ou en zigzag de ces malades. Leurs pieds, dans plusieurs cas, passent simultanément ou alternativement de chaque côté de la ligne de marche. Dans les cas d'hémiplégie flasque, spécialement dans l'hystérie, la jambe est traînante ; la plante du pied balaye le sol. S'il existe un certain degré de spasme,

FIG. 56. —
LIGNE BRISÉE
DE LA
MARCHE.

comme dans l'hémiplégie organique, le membre atteint décrit un demi-cercle et retombe sur le sol par la pointe. En cas de paraplégie flasque, le sujet s'avance à petits pas, les jambes écartées, en traînant successivement chaque membre inférieur sans le détacher du sol. Une démarche très caractéristique est celle des sujets affectés par des maladies du cervelet. Le malade avance en zigzaguant, quitte la ligne qu'il suivait, y revient, perd l'équilibre et tâche de le retrouver (Dr Roger).

Ce sont là, il est facile de le comprendre, des indications précieuses pour l'établissement de l'identité. On ne saura jamais assez conseiller à ceux qui se livrent à ces études sur la marche et ses traces, l'usage de la photographie, du cinématographe et des appareils de Marey (chaussures exploratrices, appareil inscripteur, etc.); on obtiendra, de cette manière, des documents de premier ordre qui permettront une étude approfondie des différentes *physionomies* de la démarche (1).

M. Teissier, qui a particulièrement étudié l'empreinte des pieds dans l'ataxie, a trouvé que le pied tabétique offre les caractères suivants : rétrécissement de la plante du pied, angle saillant du bord interne du pied au niveau de l'articulation métatarsophalangienne du gros orteil et déviation de l'orteil en dehors. Ces caractéristiques apparaissent d'une manière évidente dans l'empreinte du pied nu, mais la plus caractéristique est une sorte de pont qui relie sur l'empreinte la pulpe du gros orteil à l'arcade plantaire (figure 57).

M. Lacassagne, aussi, a étudié les modifications apportées à la plante des pieds, et par conséquent à leur empreinte, par des maladies consomptives, telles que la fièvre typhoïde et la phtisie. Les empreintes, normales avant la maladie, sont rétré-

(1) Voyez l'étude de M. MARINESCO : *Les Applications du cinématographe aux sciences biologiques et à l'art*, dans la « Revue générale des sciences », 1900, et P. RICHER : *Physiologie artistique de l'homme en mouvement*, Paris.

cies : le contact avec le sol ne se fait plus que par des points très étroits et les empreintes présentent des analogies avec celles produites par un pied fortement cambré.

.*.

Peut-on finalement, d'après l'empreinte du pied, ou, pour mieux dire, d'après la longueur de l'empreinte du pied, déterminer la taille du sujet qui a laissé l'empreinte ? M. H. de Parville, dans la *Revue scientifique* (mai 1889), a publié une formule qui donne une expression simple du pied en fonction de la taille et réciproquement. La voici :

$$pied = \frac{8,6}{30} \left[\frac{Taille}{2} + 0,05 \right]$$

FIG. 57. — EMPREINTE CARACTÉRISTIQUE DU PIED TABÉTIQUE. (D'après M. Couturier.)

M. de Parville l'a vérifiée sur plus d'une centaine d'individus de tout âge, même sur des enfants, et elle s'est montrée exacte avec un écart maximum de deux centimètres. Seulement, la déduction de la taille d'après l'empreinte du pied ne peut donner que des chiffres simplement approximatifs. M. A. Bertillon a publié d'ailleurs, dans la même revue (avril, 1889), une longue étude indiquant la méthode à suivre pour déterminer la taille d'un individu quand on connaît la mesure d'un segment du corps de cet individu. Dans le tableau qui suit, on trouvera les éléments qui, selon ces calculs, pourraient permettre de reconstituer la taille d'après la longueur du pied. Dans la colonne de gauche on lit, en millimètres, la longueur du pied, dans celle de droite le coefficient par lequel il faut multiplier la longueur du pied pour obtenir, d'une manière approximative, la taille. C'est le « coefficient de reconstitution ».

LONGUEUR DU PIED PAR GROUPES DE 10 EN 10 MILLIMÈTRES.	COEFFICIENT DE RECONSTITUTION POUR LA TAILLE.
α à 219......................	7,170
220 à 229......................	6,840
230 à 239......................	6,610
240 à 249......................	6,505
250 à 259......................	6,407
260 à 269......................	6,328
270 à 279......................	6,254
280 à 289......................	6,120
290 à ω	6,080

Ainsi, pour donner un exemple, on obtient la taille approximative d'un sujet qui a un pied nu d'une longueur de 225 millimètres, en multipliant ce chiffre par son coefficient de reconstitution 6,840 : on obtient 1ᵐ,539.

Evidemment, pour faire exactement ces déductions, il faut avoir la longueur exacte du pied : on pourra la relever, à quelques millimètres près, d'après l'empreinte du pied nu (qui est plus longue, comme nous l'avons démontré, pendant la marche que pendant la station), mais il sera moins facile de relever exactement la taille d'après l'empreinte d'un pied chaussé (1).

Dans ce cas, si l'empreinte du pied chaussé est bien nette, on pourra la retenir comme donnant la longueur exacte du soulier, et recourir alors aux chiffres dressés par M. le docteur Georges Bertillon dans sa thèse : *De la reconstitution du signalement anthropométrique au moyen des vêtements* (Lyon 1892), où dans

---

(1) C'est le Dʳ Mascard qui a étudié le rapport entre les dimensions d'une empreinte et celles du pied qui l'a produite. Voyez son étude dans le *Bulletin de l'Académie de médecine de Belgique*, 1848.

un chapitre intitulé : *Etant donné un soulier, quelle est la longueur du pied correspondant ?* il étudie à fond la question et arrive entre autres à ces conclusions qui intéressent notre sujet : « Si le soulier est d'une espèce fine et s'il est ajusté, il faut retrancher de la longueur du soulier, pour obtenir la longueur du pied, 16 millimètres. S'il s'agit d'un gros soulier de campagne à peu près ajusté, il faudra en retrancher 30. Evidemment il y a des souliers qui sont trop longs pour le pied,— d'autres, mais plus rarement, qui sont plus courts. Dans ce cas les valeurs à retrancher sont différentes, mais il faudrait avoir sous les yeux le soulier lui-même. On pourrait alors voir, d'après ses usures et ses plis, s'il est trop long ou trop court pour le pied qui l'a chaussé, et calculer en conséquence. »

Mais nous ne nous trouvons en présence que d'une empreinte qui peut nous révéler l'espèce de chaussure (fine ou grossière) et force nous est, après avoir déterminé cette qualité, de supposer qu'il s'agit d'une chaussure ajustée (ce qui arrive le plus fréquemment) et baser nos calculs sur ces données. Faut-il ajouter que les résultats de ces calculs ne peuvent être qu'approximatifs et qu'ils doivent être considérés plutôt comme des indications que comme des constatations exactes ?

Il nous plaît de rappeler ici à ce propos une des plus curieuses pages de la littérature judiciaire contemporaine. Sir Arthur Conan Doyle — le romancier judiciaire le plus connu de nos jours — dans les premières pages de son roman : *Un crime étrange*, fait accomplir à M. Sherlock Holmes — magnifique création de policier savant et de logicien rigoureux — un exploit qui étonne et séduit. Sherlock Holmes est appelé sur les lieux d'un crime où avait été trouvé le cadavre d'un inconnu. Le corps était étendu dans une pièce d'une maisonnette isolée entourée d'un jardin et, sur le mur de la pièce, une main avait écrit le mot « Vengeance ». « Il y avait sur le sol humide et argileux du jardin beaucoup de traces de pas — raconte l'ami de Sherlock

Holmes — mais je ne voyais pas ce que mon compagnon pouvait apprendre, puisque les gens de police, en allant et venant, avaient également laissé des empreintes. Cependant Holmes m'avait donné une preuve extraordinaire de ses facultés perceptives et je ne doutais pas qu'il pût voir bien des choses qui m'étaient inconnues..... » Plus tard, une fois entré dans la pièce où se trouvait le cadavre, « Holmes, tout en parlant, sortit de sa poche un mètre en ruban et une grosse loupe de forme ronde. Muni de ces deux instruments, il trotta sans bruit dans la salle; tantôt il s'agenouillait, tantôt il s'arrêtait court ; puis il se couchait à plat ventre... Pendant plus de vingt minutes Holmes continua ses recherches, mesurant avec le plus grand soin l'espace qui se trouvait entre des marques que je pouvais à peine voir. Puis il appliquait son mètre au mur. Tout cela était une énigme pour moi. Je le vois ramasser minutieusement, sur le parquet, un petit tas de poussière grise qu'il mit dans une enveloppe. Finalement il étudia à la loupe, et d'une façon très minutieuse, chaque lettre du mot écrit sur le mur. Ceci fait, il parut satisfait, et il remit sa loupe et son mètre dans sa poche. » Et plus tard encore, ayant affirmé que l'homme qui avait commis le crime et qui avait écrit sur le mur le mot « Vengeance » avait plus de six pieds de haut, la stupeur se dessina sur la figure de son ami : « Comment avez-vous pu reconnaître la stature du coupable présumé ? — Neuf fois sur dix, répondit Holmes, on peut juger de la taille d'un homme par la longueur de ses enjambées... J'avais les empreintes de ses pas dans la boue au dehors, et dans la poussière à l'intérieur. En outre, quand un homme écrit sur un mur, c'est toujours au niveau de ses yeux. L'inscription était à plus de six pieds du sol... donc... » Holmes avait aussi déterminé l'âge du coupable. « Un vieillard, avait-il dit, ne pourrait faire des enjambées de quatre pieds et demi. C'était la largeur d'une flaque d'eau que les talons carrés de l'assassin ont franchie... »

Ainsi, de l'examen des empreintes Sherlock Holmes avait
retiré des indications précieuses. Mais, si merveilleuses qu'elles
puissent sembler, elles ne le sont pas autant que celles qu'on
aurait pu encore retirer de l'examen de ces mêmes empreintes.
Qu'aurait dit l'ami de Sherlock Holmes si celui-ci lui avait dit
quelle était la longueur approximative du médius et de l'auriculaire de l'assassin ? M. A. Bertillon, en effet, a donné les
coefficients par lesquels il faut multiplier la longueur du pied
afin d'obtenir, d'une manière approximative, la longueur du
médius, de l'auriculaire et même de l'envergure (ouverture des
bras), de la hauteur du buste et de la coudée. Le lecteur trouvera dans le tableau qui suit tous les chiffres se référant à ces
recherches.

On comprend aisément l'utilité qu'on peut retirer de ces
données pendant l'instruction d'une affaire criminelle. D'après
une simple empreinte de pied chaussé ou non, les officiers de
police judiciaire pourront, dans certaines limites, reconstituer
certaines parties du signalement anthropométrique de l'homme
qui l'a produite. Quoique les valeurs qu'on obtient à l'aide de
ces calculs ne soient que probables, nous devons convenir que
ce moyen est encore celui qui nous donne quelques probabilités
de réussite et qu'il doit, pour cela, être tenté (1).

(1) V. A. BERTILLON : *Notice sur le fonctionnement du service anthropométrique*, etc., dans l'*Annuaire statistique de la ville de Paris*, 1887.

RECONSTITUTION DES DIVERSES MESURES PAR LA LONGUEUR DU PIED

PIEDS par groupes de 10 en 10 millimètres	ENVERGURE — Coefficient de reconstitution	HAUTEUR du buste — Coefficient de reconstitution	COUDÉE — Coefficient de reconstitution	MÉDIUS — Coefficient de reconstitution	AURICULAIRE — Coefficient de reconstitution
α à 219	7,230	3,798	1,873	0,4761	0,3626
220 à 229	6,805	3,737	1,831	0,4635	0,3548
230 à 239	6,700	3,576	1,773	0,4465	0,3461
240 à 249	6,610	3,497	1,757	0,4437	0,3445
250 à 259	6,545	3,426	1,739	0,4397	0,3410
260 à 269	6,472	3,358	1,729	0,4373	0,3403
270 à 279	6,419	3,294	1,719	0,4341	0,3378
280 à 289	6,325	3,213	1,689	0,4301	0,3354
290 à ω	6,250	3,189	1,683	0,4319	0,3275

Il nous semble utile de résumer, dans le tableau synthétique qui suit, tous les détails relatifs à l'examen des empreintes du pied.

EMPREINTES DE PIEDS NUS

Comment on les conserve ?
- par le décalque (papier, toile, vitre horizontale, verre à la céruse);
- par le dessin (pantographe, vitre verticale);
- par la photographie.

Quelle est leur signification ?
- L'individu était arrêté.
- L'individu marchait.
- L'individu portait un gros poids.
- L'individu avait le pied cambré, moyen ou plat.
- L'individu avait un pied avec particularités : verrues, difformités, anomalies, etc.

Comment on compare l'empreinte conservée avec celle de l'accusé ?
- Sang défibriné.
- Noir de fumée.
- Mine de plomb.
- Aniline rouge.
- Fusain.
- Encre de typographie.
  On compare à l'aide :
- Des mensurations de Masson.
- Des réseaux de Caussé.
- De la transparence.
- Des lignes papillaires.

EMPREINTES DE PIEDS CHAUSSÉS

Comment on les conserve ?
- Moulage au moyen de : Stéarine, plâtre, gélatine ; plâtre, sable et ciment mélangés.
- Photographie.

Quelle est leur signification ?

1° Elles permettent de reconstituer la chaussure et déterminer :
- La forme du bout du talon.
- L'usure des semelles et du talon.
- Les raccommodages.
- Les déchirures.
- Le nombre, la disposition et l'usure des clous.
- D'autres détails.
- L'usure personnelle.

2° Elles permettent de reconstituer les particularités ou les attitudes de la personne qui les a produites :
- La marche.
- La course régulière.
- La course rapide.
- Le sexe.
- L'âge.
- Quelquefois la maladie.
- La profession et autres particularités.

Quelle est leur signification ? { *3o Elles permettent, ainsi que celles des pieds nus, de reconstituer approximativement :* { La taille.
Le médius.
L'auriculaire.
Le buste.
La coudée.
L'envergure.

CHAPITRE IV

Les traces révélatrices

EMPREINTES DES DOIGTS, DE LA MAIN ET DES DENTS

Il se peut quelquefois que les officiers de police judiciaire, arrivés sur les lieux, trouvent sur une vitre, sur du papier, sur un livre, sur la tapisserie, etc., l'empreinte bien nette de la phalangette d'un doigt, empreinte qu'on peut attribuer au criminel. C'est là une des plus précieuses traces révélatrices sur lesquelles l'instruction puisse mettre la main. L'empreinte d'un doigt, en effet, a été définie avec grande justesse « la signature de celui qui l'a faite ».

Si l'on regarde attentivement la pulpe des doigts, on voit qu'elle est recouverte d'un dessin très compliqué, une espèce de filigrane. Ce sont les *lignes papillaires* dont la disposition donne l'impression d'un dessin très fin et très complexe. L'ensemble des lignes papillaires, composé d'une série de courbes de formes différentes schématisées par Galton en 41 types, varie non seulement d'individu à individu, mais d'un doigt à l'autre. En outre, chaque réseau de lignes papillaires présente des ramifications, des interruptions, des anastomoses et une foule d'autres détails qui lui sont propres, de façon

9

que *le réseau des lignes papillaires constitue un dessin tout à fait personnel*. (Voir figure 58.)

Sur ce principe se base la grande importance qu'ont les empreintes digitales laissées par le coupable : elles constituent le sceau du criminel. Il suffit de savoir les lire, les comprendre et les comparer. Chaque réseau de lignes papillaires étant per-

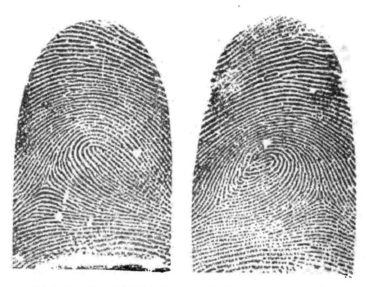

FIG. 58. — EMPREINTES DIGITALES. PULPES DES PHALANGETTES DES DOIGTS (agrandies).

sonnel, ainsi qu'une longue expérience l'a démontré, il est impossible de trouver deux hommes qui laissent la même empreinte digitale, de même qu'il est impossible de trouver deux feuilles d'arbre se superposant exactement, et exactement semblables l'une à l'autre.

On connaissait depuis longtemps la caractéristique des empreintes digitales. Sir William J. Herschell, fonctionnaire de l'administration civile anglaise au Bengale, instruit de la « personnalité » des empreintes digitales, s'en servit le premier pou faire signer les actes publics : l'empreinte digitale était apposée à côté de la signature et tenait même lieu de signature lorsqu'on se trouvait en présence d'un illettré. Sir William Herschell utilisa ce système pendant 28 années, et son idée est restée : le système de Herschell est encore adopté au Bengale. Une commission nommée en 1897 affirma que le système d'identifi-

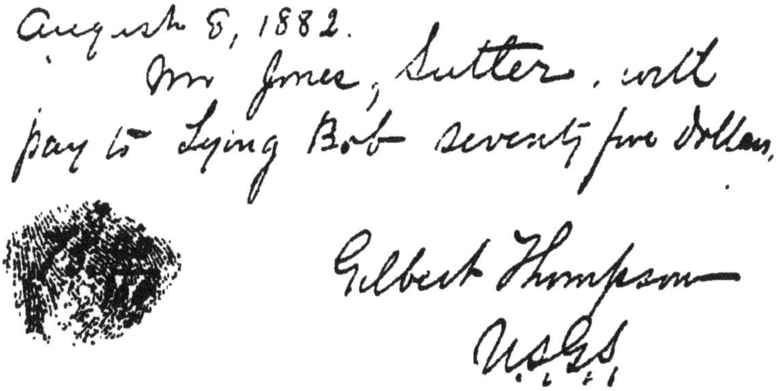
August 8, 1882.
Mr Jones, Sutler, will
pay to Lying Bob seventy five Dollars.
Gilbert Thompson
U.S.G.S.

FIG. 59. — LA SIGNATURE ET L'EMPREINTE DIGITALE D'UN ORDRE DE PAIEMENT DE M. THOMPSON.

cation à l'aide des empreintes digitales est un des meilleurs et des plus sûrs.

Egalement l'ingénieur Gilbert Thompson, fonctionnaire de l'*American geological survey* dans l'Arizona, marquait, avec l'empreinte de son pouce droit, les ordres de paiement afin d'éviter les faux (figure 59).

La variabilité du dessin que forment, chez les individus, les lignes papillaires des doigts est donc infinie, et chaque personne possède un cachet parfaitement caractéristique et personnel qui ne peut pas être confondu avec d'autres. Ce fait a été si universellement reconnu que plusieurs Etats n'ont établi la classification de leurs fiches d'identification judiciaire que sur les empreintes digitales.

Les dessins des lignes papillaires, non seulement sont person-
nels à chaque individu et à chaque doigt de l'individu : ils sont
aussi *stables*, c'est-à-dire qu'ils ne varient pas depuis la nais-

FIG. 60. — INDEX ET MÉDIUS DE M. HERSCHELL EN 1860 (1 ET 2)
ET EN 1888 (3 ET 4).

sance jusqu'à la mort. C'est là un fait de première importance,
car, si la configuration des lignes papillaires variait avec le
temps, tout prévenu auquel on montrerait l'empreinte exacte de
ses doigts, laissée à son insu sur le lieu du crime et relevée

ultérieurement, invoquerait aussitôt la variabilité de ces indices. Mais il n'en est pas ainsi. Les lignes papillaires sont déjà formées au sixième mois de la vie intra-utérine, et telles elles sont à la naissance, telles elles demeurent jusqu'à la mort. Elles peuvent être plus ou moins espacées, plus ou moins nettes, suivant l'âge, mais chaque détail, chaque bifurcation, chaque ramification, chaque interruption, etc., reste immuable. Le dessin digital — comme Galton l'a dit et l'a démontré — demeure immuable depuis la naissance jusqu'au moment où, par la putré-

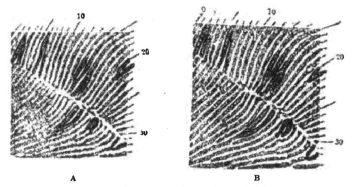

FIG. 61. — EMPREINTE DU MÊME DOIGT DU MÊME SUJET
A 14 ANS (A) ET A 17 ANS (B).

faction, la peau se désagrège et se décompose. Tandis que les dimensions générales du corps et de ses parties s'altèrent avec le temps, et selon de nombreuses influences, tandis que la couleur de la peau et des cheveux, l'expression, les traits, les gestes, l'écriture, la coloration de l'œil, changent avec l'âge, seules les empreintes digitales demeurent constantes et identiques à elles-mêmes (H. de Varigny). (Voir figure 60.)

A la figure 61, que nous empruntons à Galton, on voit d'un côté l'empreinte du doigt d'un jeune homme de 14 ans, et de l'autre côté celle du même doigt du même sujet à l'âge de 17 ans. Sur les bords de ces deux empreintes on trouvera des chiffres qui servent à l'examen comparatif : on verra que la croissance de l'individu a grandi l'empreinte, mais n'en a aucunement changé le dessin.

Un accusé ne peut donc arguer, pour sa défense, de la variabilité des empreintes digitales. Tous les jours, en effet, au service de l'identité judiciaire de Paris et dans ceux des autres pays, on examine des individus qui ont déjà passé au service, il y a plusieurs années, et dont les empreintes digitales n'ont jamais varié.

*\
* *

Une nuit de l'année 1903, le garçon de bureau d'un dentiste de la rue S..., à Paris, fut trouvé assassiné dans le salon de son maître. L'assassin était inconnu. La police judiciaire, s'étant immédiatement rendue sur les lieux, exécuta une série de photographies et, s'étant aperçue que sur la vitre d'un médaillier, brisée par l'assassin, existaient les empreintes bien nettes des doigts du criminel, apporta dans ses bureaux de photographie judiciaire la vitre en question.

M. A. Bertillon, une fois en possession de la vitre, photographia les empreintes en éclairant fortement la vitre à l'aide d'une lampe électrique, puis en fit des agrandissements photographiques. L'assassin avait laissé sur la vitre les empreintes des phalangettes de l'index, de l'annulaire, du médius et du pouce de la main droite : après avoir cassé la vitre, il avait essayé de la faire sortir de son châssis, et dans ce but il l'avait saisie par la cassure en plaçant le pouce en dehors, et l'index, le médius et l'annulaire à l'intérieur. Il avait même laissé deux empreintes du pouce.

En possession des agrandissements photographiques des cinq empreintes (dont deux du même pouce), on rechercha dans la collection des fiches anthropométriques — où le signalement, la photographie et les empreintes digitales de tous ceux

qui passent par le Dépôt sont conservés (1) — s'il existait une
fiche présentant les empreintes digitales correspondant à celles

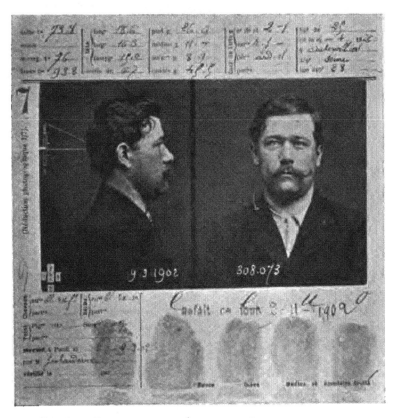

Fig. 62. — Fiche anthropométrique de l'assassin de la rue
S... Elle a permis, d'après les empreintes digitales laissées par l'assassin sur une vitre, de découvrir le criminel, qui était inconnu et en fuite. (Service de l'identité
judiciaire de Paris.)

trouvées sur la vitre. Cette recherche était plus que justifiée,
car le crime de la rue S... avait certainement été commis

(1) Voyez, aux pages qui suivent, la description de l'organisation de ce service, et les manières d'après lesquelles on classe les fiches anthropométriques
afin de retrouver facilement celle qu'on désire parmi des milliers et des milliers de fiches.

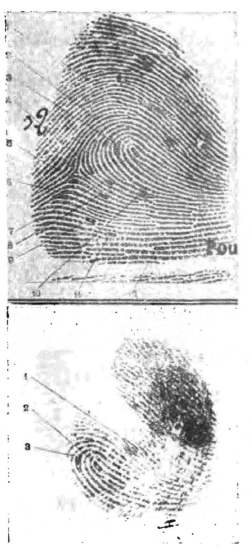

FIG. 63 A.—COMPARAISON ENTRE LES EMPREINTES
DIGITALES D'UN ASSASSIN INCONNU TROUVÉES
SUR UNE VITRE ET CELLES ANALOGUES D'UNE
FICHE ANTHROPOMÉTRIQUE, PERMETTANT D'ÉTA-
BLIR L'IDENTITÉ DU CRIMINEL. (Service de
l'identité judiciaire de Paris.)

par un homme qui n'était pas au premier coup d'essai. L'assassin avait eu, à n'en pas douter, maille à partir avec la justice, et infailliblement sa fiche, portant, entre autres indications, la reproduction de ses empreintes digitales, devait exister au service d'identification. Aussi on ne tarda pas à mettre la main sur la fiche qu'on cherchait. On la voit à la figure 62. Elle donne la photographie de l'individu, — l'assassin de la rue S..., — ses empreintes digitales, tout son signalement : taille, envergure, buste, longueur et largeur de la tête, diamètre bizygomatique, longueur de l'oreille droite, du pied, du médius, de l'auriculaire et de la coudée gauche, la couleur des yeux, des cheveux, de la barbe, le teint, — et finalement son nom, son âge, et le lieu et la date de sa naissance *(au verso)*.

Ainsi, le service de l'identité à Paris accomplissait ce curieux tour de force : vingt-quatre heures après un crime, dont on ignorait l'auteur, on réussissait à posséder le portrait, le nom et le signalement complet de l'assassin. Le signalement fut télégraphié à tous les bureaux judiciaires de France et, quelques heures après, l'assassin était arrêté à Marseille où il s'était réfugié.

Dans nos figures 63 A, B, C, D, on trouvera les documents qui, dans cette affaire, ont servi pour la comparaison entre les empreintes trouvées sur la vitre et celles trouvées sur la fiche anthropométrique.

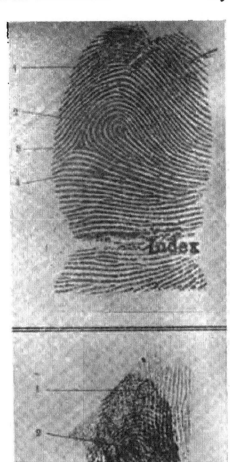

FIG. 63 B. — COMPARAISON ENTRE LES EMPREINTES DIGITALES D'UN ASSASSIN INCONNU TROUVÉES SUR UNE VITRE ET CELLES ANALOGUES D'UNE FICHE ANTHROPOMÉTRIQUE, PERMETTANT D'ÉTABLIR L'IDENTITÉ DU CRIMINEL. (Serv. de l'identité judiciaire de Paris.)

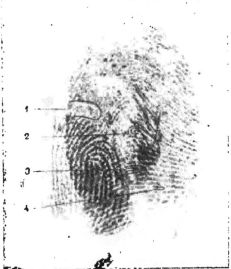

Fig. 63 C. — Comparaison entre les empreintes digitales d'un assassin inconnu trouvées sur une vitre et celles analogues d'une fiche anthropométrique, permettant d'établir l'identité du criminel. (Service de l'identité judiciaire de Paris.)

Elles ont été agrandies les unes et les autres, et placées l'une à côté de l'autre. Chaque détail caractéristique des empreintes trouvées sur la vitre a été mis en évidence par un chiffre, et l'on retrouve chacun de ces détails dans les agrandissements des empreintes digitales figurant sur la fiche anthropométrique.

* *

Il arrive plus fréquemment que l'empreinte digitale laissée par le criminel peut être comparée avec celle de l'individu sur lequel pèsent des soupçons. La coïncidence exacte entre les deux empreintes constitue alors la preuve irréfutable de la culpabilité de l'individu. Notre figure 64 (A et

B) se rapporte à un cas de ce genre (assassinat à Dresde). L'inspection des lieux avait amené la découverte d'empreintes sanglantes de doigts sur un gros poteau en bois : on acquit la certitude qu'elles avaient été faites par l'assassin. M. Becker, chef du service de l'identité judiciaire, compara les empreintes de plusieurs individus, sur lesquels pesaient des soupçons, avec les empreintes trouvées sur le poteau et arriva finalement à découvrir l'homme qui présentait les mêmes empreintes ; celui-ci fit des aveux complets. En examinant notre figure 64, on voit que deux empreintes sont identiques, non seulement dans leur forme générale, mais aussi dans tous leurs détails. Les fourches *c*, *b*, *e*, *a*, *f*, de l'empreinte révéla-

Fig. 63 D. — Comparaison entre les empreintes digitales d'un assassin inconnu trouvées sur une vitre et celles analogues d'une fiche anthropométrique, permettant d'établir l'identité du criminel. (Serv. de l'identité judiciaire de Paris.)

trice se retrouvent exactement sur celle produite par l'individu soupçonné.

Notre figure 65 se réfère à un cas semblable : dans un cambriolage, à Lausanne, le malfaiteur avait laissé les empreintes de

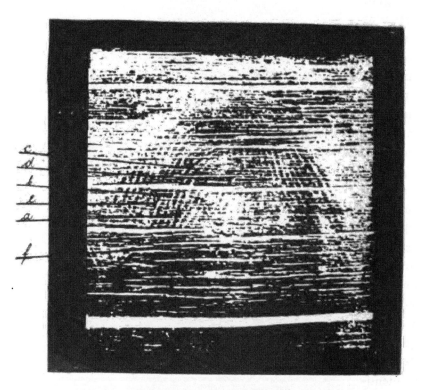

FIG. 64 A. — COMPARAISON ENTRE L'EMPREINTE DIGITALE LAISSÉE
PAR UN ASSASSIN SUR UN POTEAU ET CELLE PRODUITE PAR
L'INDIVIDU SOUPÇONNÉ. (Service de l'identité judiciaire de
Dresde.) *(Voir aussi la fig. 64 B.)*

ses doigts sur le couvercle d'une boîte de cigares qui avait servi au voleur pour transporter ses outils et qu'il avait laissée sur le lieu du délit. Les empreintes furent d'une grande utilité pour l'identification du coupable.

Même remarque pour notre figure 66 qui provient également du service de photographie judiciaire du parquet de Lausanne. Il s'agit d'empreintes digitales trouvées, pendant l'inspection des lieux du crime (cambriolage et assassinat), sur une vitre

FIG. 64 B. — COMPARAISON ENTRE L'EMPREINTE DIGITALE LAISSÉE PAR UN ASSASSIN SUR UN POTEAU ET CELLE PRODUITE PAR L'INDIVIDU SOUPÇONNÉ. (Service de l'identité judiciaire de Dresde.)

poussiéreuse, conservées par la photographie et qui ont permis l'identification du coupable.

Notre collègue, le docteur R.-A. Reiss, professeur à l'université de Lausanne, nous a encore communiqué, à ce sujet, les documents d'un cas très intéressant et très curieux : des cambrioleurs s'étaient introduits dans une villa qu'il s'était fait construire aux

FIG. 65. — EMPREINTES DIGITALES TROUVÉES SUR LE COUVERCLE
D'UNE BOÎTE A CIGARES LAISSÉE PAR LE VOLEUR SUR LES LIEUX
DU CAMBRIOLAGE.

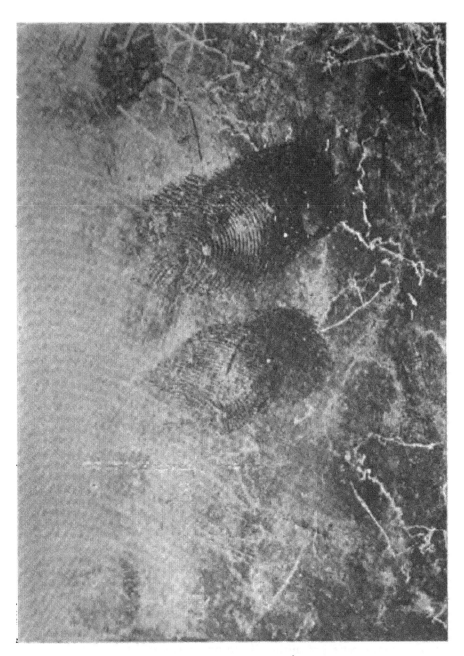

FIG. 66. — EMPREINTES DIGITALES TROUVÉES SUR UNE VITRE
POUSSIÉREUSE, AYANT SERVI POUR L'IDENTIFICATION.

environs de Lausanne et dont la construction n'était pas complètement achevée. Après s'être emparés de quelques objets de
valeur, les cambrioleurs, selon un usage répandu chez cette
respectable corporation, déféquèrent sur le parquet. Cet usage

FIG. 67. — MODELAGE EN MASTIC FAIT PAR UN CAMBRIOLEUR SUR
LE LIEU DU CRIME ET PORTANT L'EMPREINTE DU POUCE QUI
L'A MODELÉ. *(Voir aussi les fig. 68 et 69.)*

d'ailleurs, est assez répandu parmi les cambrioleurs, en France,
en Italie, en Suisse et en Allemagne : les malfaiteurs croient
qu'en prenant cette précaution ils seront préservés des pour-
suites de la justice qui ne les découvrira pas. Il faut cependant,

FIG. 68. — AGRANDISSEMENT D'UNE EMPREINTE DIGITALE LAISSÉE
PAR UN CAMBRIOLEUR SUR DU MASTIC. (*Voir aussi la fig. 69.*)

pour que la précaution ait son effet, que la quantité de la matière laissée soit assez grande. Ne pouvant parvenir à obtenir
cette quantité, les cambrioleurs de la villa modelèrent, à l'aide

d'un morceau de mastic laissé par le vitrier, une sorte d'excrément humain qu'ils placèrent, non sans ironie, à côté du véri-

FIG. 69. — EMPREINTE DIGITALE D'UN INDIVIDU SOUPÇONNÉ DE CAMBRIOLAGE, ET CORRESPONDANT A CELLE TROUVÉE SUR LES LIEUX DU CRIME. (*Voir les fig. 67 et 68.*)

table. Mais, en modelant ainsi le mastic, le cambrioleur avait laissé, sans s'en douter, la plus belle empreinte digitale qu'on ait jamais obtenue. (Voir les figures 67 et 68.)

Le lendemain de l'affaire, M. Reiss, en découvrant la chose, fit photographier et agrandir les empreintes laissées par le cambrioleur; il en fit plusieurs épreuves (Voir figure 68) et il compara les empreintes obtenues avec celles de plusieurs individus arrêtés. Il trouva une identité complète entre l'empreinte du mastic et celles d'un des malfaiteurs qui fut ainsi découvert. (Voir figure 69.)

.*.

Comment procéder pour comparer entre elles deux empreintes digitales, afin d'en découvrir l'identité ou la non-identité ?

A première vûe on serait tenté de croire que cette comparaison est presque impossible. Les dessins que forment les lignes papillaires sont si fins, si entrelacés et semblent si souvent se perdre dans un labyrinthe sans issues que leur analyse semble présenter des difficultés innombrables, même si l'on y procède à l'aide d'une loupe ou d'un agrandissement photographique.

Cependant lorsqu'on connaît la manière de *lire* ces dessins et d'y retrouver les lignes directrices, les points caractéristiques et les particularités de toute sorte, la comparaison des deux empreintes, même sans agrandissement photographique, se fait avec une grande facilité. La difficulté ne pourrait provenir que du degré de clarté et de fini que présente l'empreinte relevée sur les lieux : c'est au moyen de la photographie, puis de l'agrandissement, qu'on peut en obtenir, d'une manière très simple, une belle épreuve.

Pour relever l'empreinte digitale de l'accusé on procède de la façon suivante : on dépose sur une plaque une quantité d'encre d'imprimerie approximativement égale à une lentille et on l'étend à l'aide du rouleau spécial. Quand le rouleau est suffisamment imprégné d'encre, on le promène en tous sens sur une autre plaque (de zinc) jusqu'à ce qu'on ait obtenu une couche parfaitement uniforme, quoique très peu chargée, d'encre, de façon que la teinte du métal apparaisse encore à travers le glacis d'encre d'imprimerie.

Ensuite l'opérateur, après avoir essuyé les doigts du sujet sur un linge sec, dans le but d'enlever toute trace d'humidité ou de sueur, saisit le doigt du sujet de la manière suivante : le pouce et l'index droits enserrent l'extrémité du doigt en même temps que le pouce et l'index gauches sont appliqués à la deuxième jointure. Le doigt ainsi immobilisé est appuyé par sa face antérieure sur la couche d'encre, en commençant le contact sur le côté externe et en faisant rouler légèrement le doigt de façon à bien encrer la totalité de la face antérieure. L'opérateur transporte ensuite le doigt sur une feuille blanche et l'y appuie très légèrement en exécutant le même roulement que pour l'encrage.

Les empreintes digitales qu'on a pu voir sur la fiche anthropométrique de la figure 62 ont été prises avec cette méthode, qui est d'ailleurs celle suivie au Service de l'identité de Paris et de tous les autres pays. On peut agrandir ensuite cette empreinte, en ayant soin de faire un agrandissement d'une dimension rigoureusement égale à celui qu'on a déjà obtenu avec l'empreinte trouvée sur les lieux. On procédera finalement à la comparaison.

C'est alors qu'on a recours à la comparaison des éléments suivants qui facilitent énormément la besogne :

1º La forme générale du dessin de l'empreinte ;

2º Les lignes directrices ;

3º Le nombre de sillons ;

4º Les points caractéristiques ;

5º Les particularités accidentelles et les anomalies.

La *forme générale* du dessin d'une empreinte digitale peut se présenter, d'après Galton et d'après Féré, en 41 types bien différents les uns des autres. M. Testut *(Traité d'anatomie humaine)* a simplifié la classification de Galton et de Féré en

FIG. 70. — TABLEAU SCHÉMATIQUE DES DIFFÉRENTS TYPES DE DESSINS FORMÉS PAR LES EMPREINTES DIGITALES, CLASSIFIÉS SELON LA MÉTHODE DE GALTON, DE FÉRÉ ET DE TESTUT. (*D'après Forgeot.*)

FIG. 71 A. — LES QUATRE GRANDES CATÉGORIES DE DESSINS
DANS LES EMPREINTES DIGITALES. *(Catégorie A.)*

réduisant à 10 le chiffre de ces types fondamentaux. Nous
donnons au tableau précédent (figure 70) les dessins *schématiques*

FIG. 71 B. — LES QUATRE GRANDES CATÉGORIES DE DESSINS
DANS LES EMPREINTES DIGITALES. *(Catégorie B.)*

des dessins formés par les empreintes digitales, avec la nomenclature de Galton, de Féré et de Testut. Chaque numéro, ou

FIG. 71 C. — LES QUATRE GRANDES CATÉGORIES DE DESSINS
DANS LES EMPREINTES DIGITALES. *(Catégorie C.)*

chaque lettre placés à côté du nom de l'auteur, indiquent à
quelle catégorie de chaque classification le type d'empreinte
appartient. Quelques figures, sans chiffre, mais surmontées du

FIG. 71 D. — LES QUATRE GRANDES CATÉGORIES DE DESSINS
DANS LES EMPREINTES DIGITALES. *(Catégorie D.)*

nom de Forgeot, indiquent de nouveaux types que M. Forgeot
a proposé d'ajouter aux types de Galton et de Féré.

* *
*

Cependant, on peut réduire à 4 les grandes catégories des formes générales que prennent les dessins des empreintes. Une première, où les lignes se disposent en courbes, la pointe en haut et la base en bas (figure 71 A) ; une deuxième où la circonvolution se dirige de droite à gauche avec un petit triangle à droite (figure 71 B) ; une troisième où la circonvolution se dirige de gauche à droite, avec un petit triangle à gauche (figure 71 C) ;

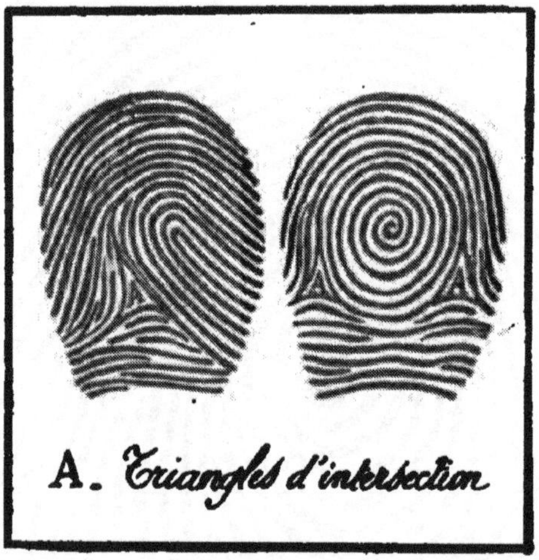

FIG. 72. — TRIANGLES D'INTERSECTION DANS UNE EMPREINTE
DIGITALE. (Ils sont marqués avec la lettre A.)

une quatrième enfin où la circonvolution est de forme ronde (figure 71 D) avec un petit triangle à droite et un à gauche. Ces triangles sont d'excellents points de repère pour la classification des empreintes.

En examinant le dessin d'une empreinte digitale, on verra qu'il existe soit à droite, soit à gauche, soit des deux côtés, de petits angles **< > < >**, qu'on appelle triangles d'intersection ou *deltas*, dont les lignes se prolongent à droite ou à gauche,

FIG. 73. — LIGNES DIRECTRICES DANS LES EMPREINTES DIGITALES.

en forme de spirale, de circonférence, etc. (La figure 72 montre ces triangles marqués avec la lettre A.) Les lignes qui partent de ces triangles d'intersection s'appellent *lignes directrices* et elles enserrent un réseau qui, mieux que tout le reste du dessin papillaire, facilite l'étude et la classification des empreintes digitales. La forme du dessin à courbe (figure 71 A), n'ayant pas de triangles d'intersection, n'a pas de lignes directrices. Notre figure 73 montre les lignes directrices des trois grandes catégories d'empreintes présentant les triangles d'intersection.

**

Après avoir ainsi comparé la forme générale des empreintes et leurs lignes directrices, on peut passer à la comparaison du *nombre des sillons*. A cette fin, on trace sur l'empreinte, à l'encre rouge ou noire, une ligne qui part du point central, toujours facile à trouver, et qui va au triangle d'intersection. On compte ensuite, à l'aide d'une loupe et d'une pointe sèche, le nombre de lignes noires, ou lignes papillaires, traversées par le trait. Certaines empreintes comprennent deux points centraux : le trait doit alors partir du point central le plus rapproché du triangle de gauche (figure 74).

**

On procède finalement à l'examen des éléments les plus importants pour la comparaison : *les points caractéristiques*.

En examinant attentivement une empreinte digitale, on remarque dans les lignes qui la forment soit les endroits où les lignes naissent, soit les endroits où elles se bifurquent, soit les endroits où elles se dédoublent en anneaux, soit finalement des points placés d'une manière plus ou moins variée entre les lignes. Ce sont là autant de *points caractéristiques* d'une empreinte ; quatre sortes de points caractéristiques, par conséquent, qui s'appellent précisément de ces noms : *naissance des lignes*,

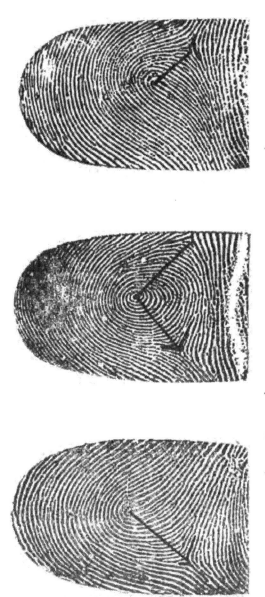

FIG. 74. — MÉTHODE POUR DÉTERMINER LE NOMBRE DE LIGNES PAPILLAIRES D'UNE EMPREINTE.

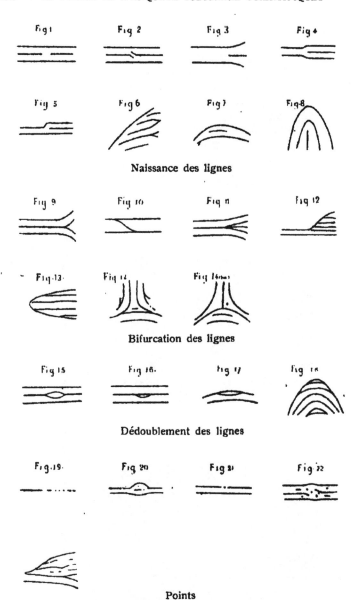

Fig 1   Fig 2   Fig 3   Fig 4

Fig 5   Fig 6   Fig 7   Fig 8

Naissance des lignes

Fig 9   Fig 10   Fig 11   Fig 12

Fig. 13.   Fig 14   Fig 14bis

Bifurcation des lignes

Fig 15   Fig 16.   Fig 17   Fig 18

Dédoublement des lignes

Fig. 19.   Fig 20   Fig 21   Fig 22

Points

FIG. 75. — SCHÉMA DES QUATRE GRANDES CATÉGORIES DE POINTS
CARACTÉRISTIQUES DANS UNE EMPREINTE DIGITALE.

FIG. 76. — EMPREINTE DIGITALE, NOTABLEMENT AGRANDIE, AVEC
SES POINTS CARACTÉRISTIQUES : A, NAISSANCE D'UNE LIGNE ;
B, POINT ; C, BIFURCATION ; D, DÉDOUBLEMENT EN ANNEAU.

*bifurcation des lignes, dédoublement des lignes en anneaux,
points.*

Dans le tableau de la figure 75 et que nous empruntons à
M. Forgeot sont dessinés schématiquement les quatre sortes de

ces points caractéristiques, avec leurs principales variétés. Dans la figure suivante (figure 76) on trouvera une empreinte digitale, notablement agrandie, avec les indications bien évidentes d'une naissance de lignes, d'une bifurcation, d'un dédoublement et d'un point. Ces points caractéristiques sont si fréquents dans toute empreinte que, dans chacune d'elles, on peut aisément en trouver jusqu'à une cinquantaine. On jugera par là de l'exactitude et de la certitude qu'on peut donner à ce genre de recherches.

*
*   *

Il nous reste encore à examiner un dernier élément de comparaison : l'élément constitué par les *particularités accidentelles* et les *anomalies*.

Outre la forme générale de l'empreinte, les lignes directrices, le nombre de ses sillons et les points caractéristiques, une empreinte peut présenter des particularités accidentelles, telles que des marques provenant de cicatrices, ou des anomalies, comme la polydactylie. Ce sont là des indices spéciaux qui peuvent ajouter de nouvelles indications sur l'origine et l'identité de l'empreinte.

Chaque plaie de la main ayant divisé le derme, laisse une cicatrice indélébile, et cela n'arrive pas seulement pour les plaies de quelque importance, mais aussi pour les moindres solutions de continuité. A la place de l'ancienne plaie, si la blessure a été nette, une bande de tissus fibreux s'est formée, qui coupe nettement les lignes papillaires et qui se manifeste sur l'empreinte par une ligne blanche très visible. Lorsque la plaie a suppuré, il peut se former soit une bande du type de la précédente, mais plus large, soit une bande à laquelle aboutissent les crêtes papillaires singulièrement tordues, toutes dans le même sens, à cause de la rétraction cicatricielle. Certaines cicatrices sont aussi entourées d'une sorte d'anneau de

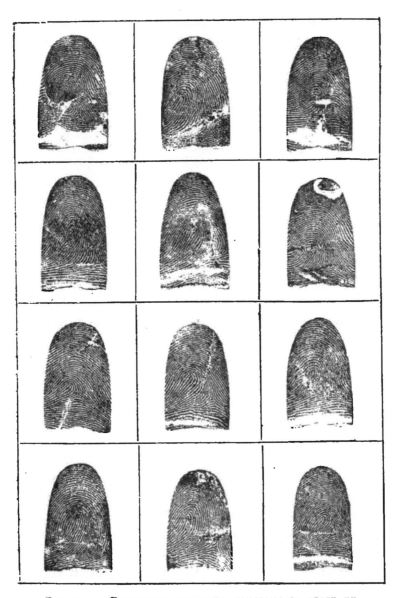

FIG. 77. — EMPREINTES DIGITALES MONTRANT LA TRACE DE
CICATRICES (d'après Vucetich, chef du service de l'identité judiciaire de la République argentine).

points papillaires. De toute manière les cicatrices augmentent
les caractères d'identité, puisqu'elles aussi sont indélébiles
(figure 77).

Les pustules laissent aussi des traces très caractéristiques,
reconnaissables à première vue (figure 78).

FIG. 78. — EMPREINTES DIGITALES MONTRANT LA TRACE DE
PUSTULES.

Enfin les anomalies qu'une empreinte peut révéler, et qui
en facilitent l'identification, sont la polydactylie (présence d'un
doigt supplémentaire) et la syndactylie (fusion de deux doigts
en un seul). Nous empruntons à M. Juan Vucetich, directeur du
service de l'identité de la République argentine, deux fiches
dactyloscopiques qui présentent, l'une, un cas de syndactylie
(figure 79); l'autre, un cas de polydactylie (figure 80).

* * *

Si l'étude d'une empreinte digitale peut avoir une grande
valeur lorsqu'il est possible de la comparer à celle de l'accusé,
ou que l'on ait à chercher une empreinte identique dans une
collection de fiches anthropométriques, elle ne permet pas,
comme l'étude des traces de pieds, de reconstruire quelques
particularités de la personne qui l'a laissée. On peut, il est

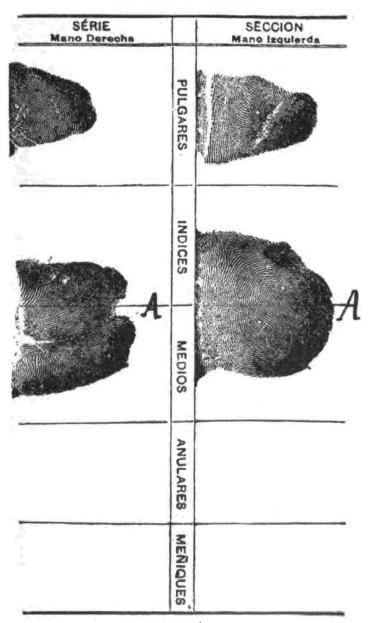

FIG. 79. — EMPREINTES DIGITALES PRÉSENTANT UN CAS DE SYNDACTYLIE
A LA MAIN DROITE ET A LA MAIN GAUCHE (A et A).

vrai, approximativement, établir d'après une empreinte digitale
l'âge de celui qui l'a produite et, dans des cas extrêmement
rares, indiquer la profession. Nous avons déjà eu l'occasion de
montrer, à la figure 61, qu'un doigt d'adulte ayant une surface
bien supérieure à celle du doigt d'un jeune enfant, et le dessin
papillaire restant toujours le même, *les crêtes papillaires sont
plus espacées chez l'adulte que chez l'enfant*. En partant de ce
principe, on a fait des recherches qui ont permis d'établir le
nombre de lignes papillaires qu'on trouve, généralement, sur
une longueur donnée, par exemple 5 millimètres, aux différents
âges de la vie. Si l'on prend comme unité de longueur 5 millimètres, si l'on porte cette longueur perpendiculairement à des
lignes papillaires de la phalangette d'un nouveau-né, et que l'on
compte le nombre de crêtes comprises dans ces 5 millimètres,
on en trouvera, par exemple, 18. La même mesure appliquée
sur le même doigt du sujet, à vingt ans, en donnera moins. D'où
une première évaluation de l'âge. Les moyennes obtenues par
une longue série de recherches sont celles-ci, la mensuration partant toujours du point central du dessin formé par le
tourbillon des phalangettes : chez le jeune enfant, on trouvera
15 à 18 lignes pour 5 millimètres ; chez l'enfant de 8 ans, on
trouvera 13 lignes ; chez l'enfant de 12 ans, on n'en trouvera plus
que 12, chez le jeune homme de 20 ans on trouve seulement de
9 à 10 lignes. Au delà de cet âge, on peut descendre à 7 et
même à 6 lignes. (Forgeot : *Des empreintes*. Lyon.)

Pour les empreintes des vieillards, d'autres caractères les font
reconnaître : les crêtes papillaires du doigt, comme celles de
toute la main, sont comme usées, aplaties, à bords flous et les
détails de l'empreinte sont confus, difficiles à lire.

En ce qui concerne la découverte de la profession d'après
l'empreinte, force nous est de reconnaître que les connaissances
qu'on a sur ce sujet sont bien vagues et bien limitées. Les cou-
turiers, les tailleurs et tous ceux occupés à des métiers analo-

Sección		Série
MANO DERECHA		MANO IZQUIERDA

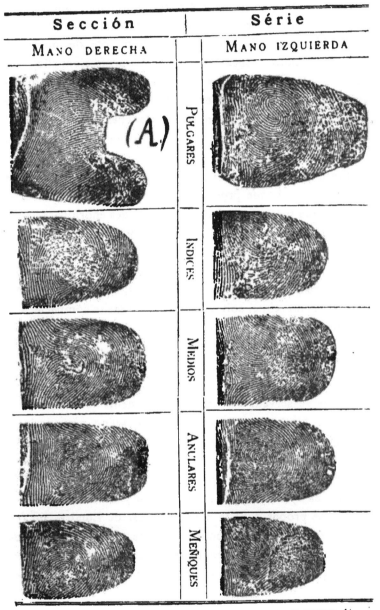

FIG. 80. —EMPREINTE DIGITALE (POUCE DE LA MAIN DROITE, A)
PRÉSENTANT UN CAS DE POLYDACTYLIE.

gues, ainsi que la grande majorité des femmes qui se servent souvent de l'aiguille, présentent aux phalangettes de la main gauche de petites dépressions caractéristiques produites par l'aiguille ; elles se révèlent dans l'empreinte sous forme de petits points, et elles donnent à l'empreinte du doigt un aspect d'écumoire. Chez les couturières professionnelles, ces piqûres sont tellement répétées que les lignes papillaires disparaissent presque complètement, et l'empreinte alors ne montre qu'un assemblage de taches noires et blanches (Lacassagne).

Dans les cas d'empreinte de la main tout entière, on peut trouver l'emplacement des durillons — s'il y en a — et en déduire que l'auteur de l'empreinte est un ouvrier. On verra plus loin que chaque profession manuelle a, pour ainsi dire, des durillons spéciaux, qui sont placés à des endroits spéciaux de la main : en réunissant tous ces éléments on pourrait — mais le cas se présente bien rarement — établir non seulement que l'auteur de l'empreinte est un ouvrier, mais aussi indiquer son métier. Les cors et les durillons; en effet, se présentent dans l'empreinte, soit sous forme de tache compacte, soit sous forme d'îlots où les crêtes papillaires sont à peu près effacées.

* * *

C'est en se servant des nombreux éléments de comparaison que nous venons de passer en revue qu'on peut arriver, rapidement, à déclarer l'identité ou la non-identité de deux empreintes digitales. L'erreur est impossible, et un œil exercé peut arriver à faire ces comparaisons avec la plus grande rapidité, tout en ayant la sûreté absolue de ne pas se tromper. Nous lisons à ce propos dans la *Morning Post* de Londres un fait divers très curieux, qui confirme encore une fois la certitude absolue que peut donner la comparaison des empreintes digitales.

Il y a quelques semaines — lit-on dans le journal anglais, —

une bande audacieuse de voleurs mit à sac une boutique de bijoutier située au centre de Londres, avec une rapidité et une habileté vraiment prodigieuses. Après de nombreuses recherches, la police réussit à mettre la main sur l'organisateur présumé du vol ; celui-ci fit à la police les déclarations suivantes : « Je ne nie pas d'avoir participé au vol dont on m'accuse, mais je me réserve de faire plus tard des déclarations à ce sujet. En attendant, je voudrais que la police, laquelle n'eut d'autre mérite dans mon arrestation que celui d'avoir été informée par un complice, établisse mon identité. Je suis récidiviste et, lorsque je fus arrêté dernièrement, j'ai été soumis à des opérations photographiques et l'empreinte de mes pouces avec mon vrai nom se trouve à Scotland Yard. Je désire mettre à l'épreuve ce système d'identification des criminels et je défie la police de découvrir mes nom, prénom et antécédents. Pour le moment et pour la nécessité de l'instruction, je déclare me nommer John Smith ; mais ce n'est pas mon vrai nom. »

En présence de ces déclarations, le juge remit l'affaire à une date ultérieure, en priant la police de procéder aux investigations nécessaires. Trois jours après, l'instruction fut reprise. Un inspecteur de Scotland Yard se présenta au juge et dit à l'accusé : « Vous n'êtes pas John Smith, vous êtes Robert Mills et vous avez déjà subi trois condamnations. Voici les empreintes de vos pouces prises il y a huit ans et en tout point identiques à celles qui ont été relevées le jour de votre dernière arrestation.» L'accusé examina les agrandissements photographiques des empreintes qu'on lui présentait, s'assura au moyen d'une loupe qu'elles étaient identiques aux empreintes originales, puis, se déclarant satisfait de l'épreuve, il reconnut en termes flatteurs l'habileté de la police et l'excellence du système des empreintes, et avoua qu'il s'appelait effectivement Robert Mills. Après quoi le procès eut lieu régulièrement et avec rapidité, l'accusé ayant avoué.

.*.

Les lignes papillaires des doigts jouent — d'après ce qui précède — le rôle d'agents révélateurs de l'identité de celui qui les a produites, mais il faut bien rappeler que toute la paume de la main et toute la plante du pied présentent aussi des lignes papillaires formant des dessins spéciaux, et qu'une empreinte de main ou de pied, lorsqu'elle laisse voir les lignes papillaires, peut servir de trace révélatrice aussi bien qu'une empreinte digitale. Il suffira — pour comparer l'empreinte trouvée sur les lieux avec celle qu'on aura fait produire à l'accusé — de recourir à la même méthode que nous avons indiquée pour la comparaison des empreintes digitales : agrandissement photographique, formes générales des tourbillons, nombre des sillons, points caractéristiques et même particularités accidentelles ou anomalies. La plante du pied présente une quantité infinie de dessins dont nous avons déjà donné la reproduction d'après Hartmann. Ces dessins peuvent, quoique moins pratiquement et moins facilement que pour les empreintes digitales — amener à découvrir l'identité du criminel. Il en est de même pour les empreintes laissées par la main tout entière (figure 81).

La région dite *hypothénar*, dans la paume de la main, est celle qu'on retrouve le plus souvent reproduite dans les empreintes laissées sur les lieux, et elle présente une grande quantité de variations : ses lignes et ses dessins deviennent alors un élément très important dans la comparaison de deux empreintes et dans la recherche du coupable.

.*.

Il arrive quelquefois que la main et les doigts, au lieu de laisser l'empreinte détaillée de leurs lignes papillaires, ne laissent que la trace de leur forme. Cette empreinte, évidemment, est loin d'avoir la même valeur que les empreintes où apparaissent les

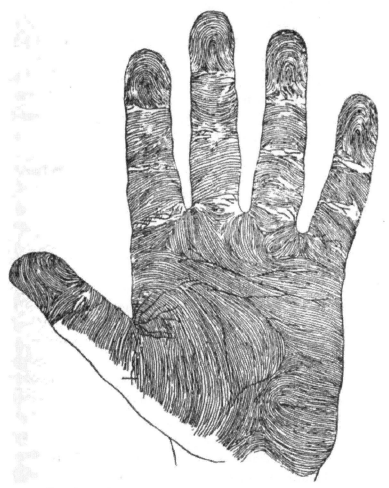

FIG. 81. — LIGNES PAPILLAIRES DE LA PAUME DE LA MAIN.

lignes papillaires, mais cependant elle peut servir comme trace révélatrice.

Ainsi, les empreintes sur le cou de la victime sont caractéris-

tiques de la strangulation (comme nous l'avons montré à
propos de la photographie judiciaire du cadavre) ; sur les
bras, elles indiquent la façon dont la victime a été saisie pendant la lutte. Trouve-t-on, comme Tylor l'a fait observer dans
plusieurs cas, l'empreinte d'une main gauche ensanglantée
sur l'avant-bras gauche d'un individu ? On aura la certitude
de l'intervention d'une personne étrangère. Dans plus d'une
affaire criminelle, on a pu suivre les empreintes de mains
ensanglantées, sur les murs, sur les tapisseries, les tentures, les
portes, les meubles, les armoires, les coffres-forts, les bureaux,
les tiroirs, etc.

Mais c'est dans la strangulation que les empreintes de la pulpe
digitale, dans sa forme générale, et même des ongles, peuvent
donner des indications de premier ordre. Elles permettent, en
effet, de reconstituer la forme de la main du meurtrier. Tourdes
a magistralement décrit les caractères de ces empreintes :

« La forme de la lésion est caractéristique ; on a l'empreinte
de la main du meurtrier. Sur le côté droit du larynx, le pouce
a laissé une dépression profonde et la trace des autres doigts
s'est imprimée sur le côté de l'organe. Ces empreintes sont plus
ou moins rondes, un peu allongées, leurs dimensions correspondent à celles des doigts ; les excoriations produites par les ongles
ne permettent pas de se méprendre sur la cause de ces dépressions. Cette disposition est la plus ordinaire, elle est surtout
manifeste chez les nouveau-nés qui ont été étranglés ou sur les
personnes dont la résistance a été faible ou nulle. S'il y a eu
résistance et pour peu que la lutte se prolonge, les impressions
et les excoriations se multiplient et s'étendent à d'autres régions.
Elles sont moins régulières et plus disséminées, mais une
observation attentive y fera reconnaître, dans quelques-unes au
moins, la courbe caractéristique de l'ongle. Ces excoriations
curvilignes sont la meilleure preuve de la strangulation par les
mains. Leur convexité est le plus souvent en haut, sans qu'il y

ait rien d'absolu à cet égard ; elle peut être latérale et très exceptionnellement dirigée en bas. »

Il ne faut pas oublier que dans le cas de strangulation, lorsque le meurtrier est gaucher, la disposition est inverse de celle qu'on vient de décrire : à gauche du larynx on aperçoit l'empreinte du pouce, et à droite la trace des quatre autres doigts. C'est là un cas où la recherche de l'identité du coupable est grandement facilitée.

Dans d'autres cas encore, on pourra trouver deux empreintes de mains, l'une étant placée en arrière, sur la nuque, l'autre en avant, produite par la compression de la partie antérieure du cou. Ces empreintes indiquent d'une manière évidente de quelle façon la victime a été étranglée.

Nous nous sommes plusieurs fois demandé s'il n'était pas possible de reproduire les différentes mensurations de la main du coupable d'après les empreintes que ses doigts ont laissées sur le cou de la victime et si l'on ne pourrait pas conserver ces empreintes indéfiniment en ayant recours à différents systèmes de moulage.

Dans les cas de strangulation, on pourrait passer un liquide coloré sur les empreintes laissées par les doigts, puis prendre un moulage du cou de la victime. Il serait possible, de cette manière, de reproduire en plâtre le cou du cadavre sur lequel les marques des doigts ressortiraient en couleur ; à l'aide du dessin, on retoucherait les marques ou empreintes et on aurait ainsi une reproduction exacte du cou de la victime avec toutes les traces de la main de son assassin.

Le chimiste Ferrand raconte qu'à Lyon on trouva sur un oreiller l'empreinte d'une main ensanglantée. Les doigts présentaient entre eux un certain écartement ; grâce à un moulage obtenu par de la gutta-percha placée entre les doigts de l'inculpé, l'empreinte de la main de celui-ci fut obtenue dans des conditions semblables à celles de l'empreinte incriminée : les deux empreintes étaient identiques.

Si, d'après l'empreinte, on constate que la main présente une anomalie, l'indication offerte par l'empreinte est encore plus importante. Le docteur Desmonts eut à examiner des empreintes, résultant d'une strangulation évidente, situées sur le cou d'un enfant de 15 jours et présentant la disposition suivante : elles étaient au nombre de cinq, dont quatre à gauche et une plus large à droite, et elles étaient surmontées chacune d'une excoriation d'ongle à convexité antérieure. Celles de gauche étaient disposées, les trois inférieures sur la même ligne et rapprochées, et la supérieure produite par l'index écarté de deux centimètres des trois autres sur la ligne médiane dont elle se rapprochait. Le docteur ne pouvait sans fléchir l'index recouvrir les empreintes avec ses doigts, procédé recommandé par Tardieu. Il devenait évident que la main homicide devait offrir une anomalie ou une mutilation de l'index. L'inculpé avait justement perdu la moitié de la phalange unguéale de l'index droit par suite d'un panaris, mais il avait conservé une partie de son ongle ; sa main droite s'adaptait parfaitement aux empreintes. Il avoua et fut condamné.

Un cas du même genre est celui relaté par Tourdes. Un individu est trouvé étranglé : sur la partie latérale du cou on trouve l'empreinte de quatre doigts, quatre coups d'ongles ; mais il n'existe aucune trace de l'action du pouce. Parmi les personnes qui avaient été soupçonnées, il s'en trouvait une qui, par suite d'un accident, avait perdu la phalange unguéale du pouce droit. Ce pouce se terminait par un moignon difforme et épais dans lequel on remarquait une petite portion d'ongle rudimentaire ; les autres doigts avaient leurs ongles bien conformés. A ce grave indice se joignaient d'autres preuves et le jury reconnut l'accusé coupable.

*
* *

Il est des empreintes qu'on rencontre quelquefois, à côté des empreintes de doigts : ce sont les empreintes de dents. Moins fréquentes que les empreintes de pieds, de mains et de doigts, les empreintes des dents ont aussi leur importance et leur signification ; plus d'une fois elles ont joué leur rôle dans une affaire criminelle et c'est pour cela qu'il faudra toujours les observer, les étudier et les conserver.

Les empreintes de dents trouvées sur le cadavre de la victime peuvent avoir été produites soit par l'assassin lui-même, soit par un animal dont il est utile de connaître l'espèce ; les empreintes du même genre trouvées sur le corps d'un accusé peuvent provenir de sa victime qui s'est défendue avec ses dents, imprimant la trace des morsures dans la chair de son assaillant dont la culpabilité est ainsi bien près d'être démontrée. On peut aussi trouver des empreintes de dents dans des matières alimentaires, pain, fromage, pomme, qui ont servi au repas de l'assassin sur le lieu du crime. Ce sont là autant de traces que les officiers de police judiciaire n'oublieront pas d'examiner et de conserver.

Les empreintes de dents peuvent être de trois sortes : 1° les dents se sont enfoncées dans la chair en laissant des marques profondes où se retrouvent, plus ou moins exactement, leur largeur et d'autres particularités ; 2° les dents n'ont produit que des contusions et, en ce cas, les empreintes, moins nettes que les précédentes, auront une teinte rouge plus ou moins sombre ; 3° la morsure a emporté un fragment d'un organe, du nez, de l'oreille, etc., ou elle a été faite dans une matière alimentaire compacte (pain, fromage, etc.), et alors la partie non emportée conservera l'empreinte des dents tout entières, avec leur convexité.

Dans tous les cas, les lésions, les anomalies et les particularités de l'appareil dentaire peuvent se manifester dans les empreintes et constituer des indications très importantes pour établir l'identité de celui qui a produit les empreintes. Ainsi, le docteur Lacassagne a raconté que, dans l'affaire de l'assassinat de la veuve Crémieux à Neuilly, on constata que cette dame avait une seule dent au maxillaire supérieur et trois à l'inférieur, séparées par des espaces différents. Le moulage de ses mâchoires coïncidait exactement avec les traces de morsures constatées sur les mains d'Hodister, un des assassins. La malheureuse victime, en se défendant à coups de dents, avait de telle manière imprimé sur l'assassin les marques accusatrices du crime.

D'autres fois la morsure révélatrice est constituée par l'empreinte des dents d'un animal. Le docteur Coutagne a publié sur ce sujet un cas assez intéressant : Le sieur B..., attaqué par un individu A..., parvient à se dégager après avoir soutenu avec celui-ci une lutte pendant laquelle son propre chien, de l'espèce dite loulou, avait mordu l'agresseur. Les soupçons se portent sur A... qui est arrêté, reconnu par B..., malgré ses dénégations, et trouvé porteur d'empreintes situées sur le genou gauche. Il les attribua à une morsure que lui avait faite le chien de la ferme de M. G..., de S..., un beau terre-neuve. Il s'agissait de savoir auquel des deux chiens on devait attribuer la morsure incriminée. L'expert mesura l'espace qui séparait les empreintes se rapportant à la canine et au coin supérieur ; il correspondait à un centimètre ; il mesura cette même distance sur la mâchoire des deux chiens suspects et de taille différente et il trouva deux centimètres d'écartement pour le chien de M. G..., et un centimètre seulement, comme sur l'empreinte, pour le chien de B... La preuve se trouvait faite et les conclusions de l'expert furent que la morsure d'A... n'avait pu avoir été faite par le chien de M. G..., mais devait provenir du chien de B...

Au Laboratoire de médecine légale de la Faculté de médecine de Lyon, il existe une pièce très curieuse et fort bien conservée relative à un infanticide. Il s'agit du cadavre d'un nouveau-né trouvé dans un fossé et présentant des signes d'un dépeçage caractéristique. L'examen attentif des différents débris du fœtus démontra qu'il ne s'agissait pas de dépeçage criminel, mais que le petit cadavre avait été réduit dans cet état tout simplement par un animal carnassier. La tête avait été enlevée et on apercevait des empreintes de griffes sur la peau des parois antérieures et postérieures du thorax. En un point, on observait une empreinte de dent unique mais très nette, qui suffit à rendre évidente l'intervention d'un carnassier, probablement d'un chien de chasse.

La comparaison d'une empreinte de dent avec les dents de l'accusé peut nécessiter le moulage de la mâchoire de celui-ci : on obtient, sur un corps plastique quelconque, l'empreinte dentaire de l'accusé et on peut la comparer avec celle qui constitue la trace. Les corps plastiques plus indiqués pour prendre une empreinte de dents (qui peut être prise quelquefois sur l'accusé, quelquefois sur la victime) sont la cire des abeilles, blanche ou jaune, vierge, ramollie dans l'eau à 50° ; la gutta-percha, préparée spécialement par les dentistes, en mélange avec la craie ou la magnésie ; la pâte de Hind, formée par de la cire jaune, de la résine et de la gutta-percha, et le plâtre très pur. On badigeonne la mâchoire dont on désire prendre l'empreinte, avec de la glycérine, on place la matière plastique dans un *porte-empreinte* qu'on trouve dans tous les dépôts dentaires, et on introduit ensuite le porte-empreinte dans la bouche.

CHAPITRE V

Révélation des traces invisibles

Nous n'avons parlé, jusqu'à présent. que des traces *visibles* de mains, de doigts, de pieds, etc.; mais il faut penser que le criminel laisse certainement, par où il passe, des traces *invisibles*, là, par exemple, où ses doigts sont entrés en contact avec un corps quelconque. Ne pourrait-on pas révéler ces traces invisibles et les rendre visibles à l'œil nu ?

La sueur normale renferme plusieurs sels; si une main touche du papier, ou du bois, ou une muraille, les matières solides de la sueur, les principes fixes, restent au point de contact et font corps avec le papier, le bois ou la muraille; d'autre part, les glandes sudoripares ont leurs canaux excréteurs rangés en lignes régulières dont l'ensemble compose précisément les tourbillons ou les dessins papillaires dont il a été question dans les pages qui précèdent (1). Les matières grasses,

---

(1) La cause de la distribution des lignes papillaires a été étudiée par Kollmann qui est arrivé à la conclusion que les sillons correspondent à l'intervalle entre les papilles, tandis que les crêtes séparées par les sillons renferment les papilles tactiles et l'orifice des glandes sudoripares. Chacune de ces papilles, selon Kollmann, est bicéphale et se termine par deux pointes divergentes, un peu à la façon des branches divergentes d'un Y. Les canaux sudoripares passent, non entre les deux branches d'un même Y, mais entre les branches adjacentes des Y juxtaposés, et si l'on représente ces canaux par un I, nous avons à la suite Y I Y I Y I Y I Y qui nous représentent des coupes de crêtes, et où la crête est figurée par l'union d'un I avec la branche adjacente des deux Y voisins, tandis que les sillons correspondent à l'intervalle que laissent entre elles les branches diverses de chaque Y.

donc, se fixent également sur le corps touché par la main, qui laisse sa trace, même non sanglante, même propre, sur tout ce qu'elle touche. L'œil ne l'aperçoit pas, mais cependant la trace existe à l'état latent avec tous ses détails et toute sa finesse; il s'agit de trouver des réactifs permettant de la faire apparaître, des matières qui mettent en relief les lignes grasses laissées par l'empreinte invisible à l'œil nu. Il s'agit donc de découvrir des méthodes ayant pour but la révélation des empreintes latentes.

Nous avons fait des expériences répétées sur ce sujet et nous allons mettre sous les yeux du lecteur quelques-uns des nombreux documents que nous avons obtenus par des méthodes différentes.

Après avoir touché une feuille de papier ou d'autres corps, soit avec la main tout entière, soit avec un doigt, ou après y avoir fait appuyer un pied nu et avoir constaté que l'œil ne pouvait distinguer aucune trace, nous avons traité cette feuille de papier, ou tel autre corps ayant fait l'objet de l'expérience, au moyen de réactifs variés. Si l'on appuie, même légèrement, avec la main sur un papier blanc et que la main ne laisse aucune trace visible, il suffit de tremper la feuille dans une solution d'hyposulfite de soude au 10 pour 100, additionnée de quelques gouttes d'alcool, pour voir apparaître les détails des dessins papillaires, mais comme tracés avec de l'huile et visibles à l'œil non sans une certaine difficulté. La photographie des traces ainsi révélées ne donne presque rien; aussi ne publions-nous pas les épreuves que nous avons obtenues. Il faudrait, au lieu de la photographie, étudier l'empreinte directement sur le document, mais il ne vaut pas la peine de s'arrêter sur cette méthode que nous n'avons rappelée que pour mémoire, car on possède des moyens donnant des résultats bien supérieurs.

C'est pour la même raison que nous ne parlerons pas de la méthode consistant à exposer aux vapeurs d'iode la feuille de papier soupçonnée de porter des empreintes : l'image apparaît, résultant de la fixation de l'iode par l'humidité retenue sur le papier, grâce au résidu déliquescent emprunté à la peau, mais elle disparaît, — encore qu'elle ressorte bien et assez détaillée — au bout de quelques minutes. Ce procédé, d'autre part, n'a pas d'effet sur les traces latentes et invisibles laissées depuis plusieurs jours. Il ne serait donc pas d'une grande utilité.

Le nitrate d'argent donne des résultats bien plus satisfaisants. Ayant fait appuyer, par un sujet, la main sur des feuilles de papier blanc, nous avons ensuite badigeonné celles-ci avec une solution de nitrate d'argent au 8 pour 100 et nous les avons exposées à la lumière vive. Après quelques minutes, les lignes papillaires des doigts, celles de la proéminence au-dessous de l'auriculaire et quelques lignes papillaires de la partie inférieure de l'éminence hypothénar, apparaissaient avec leurs détails en couleur rougeâtre.

Nous avons également mis en relief avec le même procédé l'empreinte invisible d'un pied nu sur une feuille de papier. L'empreinte ne se révèle pas d'une façon extrêmement nette ; cependant on distingue les tourbillons de la plante du pied, et à côté d'eux on remarque des lignes ondulées qui ne sont autre chose que les traces laissées par les fils de la chaussette qui ont creusé dans le pied des sillons artificiels, placés selon la direction des fils. On voit aussi très bien la forme des orteils et le talon, et il ne serait pas difficile de prendre sur une empreinte ainsi révélée toutes les mensurations dont nous avons parlé à propos des empreintes de pieds nus.

Si, au lieu de rechercher les empreintes invisibles sur une feuille de papier, on les recherche sur une planche de bois, on obtient — avec la même méthode — des résultats également bons. Nous avons répété plusieurs fois cette expérience en obtenant des épreuves assez belles ; le pied ressort avec toute sa forme, ses orteils et son talon, de manière qu'il est possible de reconstituer ses mesures et on peut y distinguer les lignes papillaires. Nous donnons ici la photographie d'une empreinte de doigts révélée sur un morceau de bois, à l'aide du nitrate d'argent (figure 82).

Les badigeonnages à l'*encre noire* — suggérés et étudiés par M. Forgeot — donnent également de bons résultats, qui quelquefois même sont supérieurs à ceux du nitrate d'argent. On charge un pinceau d'encre ordinaire bien noire et on commence à couvrir la partie supérieure de la feuille que l'on suppose conserver des traces latentes, d'un coup de pinceau bien horizontal ; on passe au-dessous, en descendant lentement, d'autres coups de pinceau, en prenant toujours la précaution de soulever le papier au fur et à mesure qu'on donne de nouveaux coups de

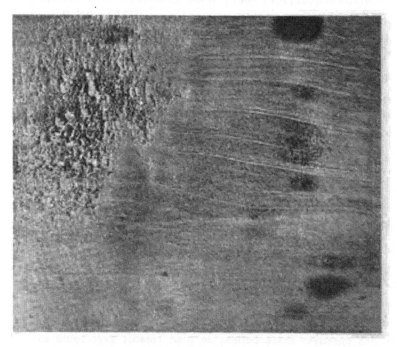

FIG. 82. — EMPREINTE INVISIBLE DE DOIGTS, SUR UNE PLANCHE DE BOIS, RÉVÉLÉE PAR LE NITRATE D'ARGENT. (*Expérience de l'auteur.*)

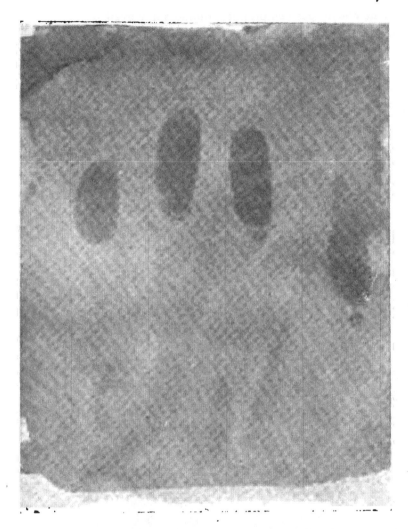

FIG. 83. — EMPREINTES INVISIBLES DE DOIGTS SUR UNE FEUILLE DE PAPIER, RÉVÉLÉES PAR LE TRAITEMENT A L'ENCRE ET A L'EAU.

pinceau. On obtient ainsi une teinte plate, uniforme, et un fond régulier sur lequel, au bout de quelques secondes, se détache l'empreinte. Parfois, si la main ou le pied qui a produit le contact était trop gras, l'encre ne couvre pas l'empreinte, comme s'il y avait une tache d'huile : il suffit de repasser le pinceau. Si l'on négligeait cette précaution, l'empreinte aurait des parties claires, d'autres sombres et l'ensemble serait défectueux.

Pour étudier l'empreinte ainsi révélée M. Forgeot suggère de la regarder par transparence; tous les détails apparaissent très nettement. On peut aussi en obtenir des photographies, soit simplement au moyen du papier sensible au ferro-prussiate, soit en photographiant la trace par transparence ainsi que M. Forgeot l'a indiqué. Mais en faisant ces expériences nous avons trouvé qu'il est beaucoup plus pratique de badigeonner à l'encre additionnée d'eau et d'exposer immédiatement la feuille à l'eau courante. On obtient alors une révélation tellement nette de l'empreinte qu'il est inutile de la regarder par transparence.

FIG. 84. — EMPREINTES DIGITALES INVISIBLES SUR UNE BANDE DE JOURNAL RÉVÉLÉES A L'AIDE DE LA MINE DE PLOMB. (*Expérience de l'auteur.*)

FIG. 85. — EMPREINTES DIGITALES INVISIBLES SUR UNE CARTE POSTALE RÉVÉLÉES A L'AIDE DE LA MINE DE PLOMB. (*Expérience de l'auteur.*)

L'épreuve que nous donnons à la figure 83 a été obtenue par cette méthode.

La méthode à l'encre est certainement une des meilleures

parmi celles que nous possédons pour la révélation des empreintes invisibles, surtout parce qu'elle permet de mettre en évidence des empreintes invisibles laissées même depuis des années. Ce que M. Forgeot raconte à ce propos est très intéressant. M. Chantre avait été envoyé en mission en mars 1890 dans les régions de l'Arménie russe; il avait rapporté de ces contrées nombre de feuilles de notes anthropométriques sur le revers desquelles cet explorateur avait pris au crayon le contour des doigts et de la main droite des indigènes. Les papiers avaient été plus ou moins frottés et secoués pendant un long voyage; enfin ces feuilles elles-mêmes étaient très épaisses. A toutes ces conditions défavorables au premier chef, on peut ajouter que, le but poursuivi étant de prendre le contour des doigts et de la main droite, on ne s'était naturellement pas assuré s'il y avait ou non contact du papier et de la peau ainsi que de l'état de cette dernière. Malgré cela les badigeonnages à l'encre firent apparaître les empreintes avec tous les détails de leurs dessins papillaires.

⁎⁎

Mais nos meilleurs résultats ont été obtenus à l'aide de la mine de plomb. C'est la méthode la plus simple, la plus rapide et qui donne les résultats les plus nets. Qu'on en juge!

Il suffit de saupoudrer le papier à expérimenter avec de la mine de plomb pour voir immédiatement ressortir les empreintes avec leurs détails les plus délicats. Ensuite, pour fixer l'empreinte ainsi obtenue, on se sert d'un vaporisateur ordinaire rempli d'un vernis fixatif quelconque; nous nous sommes servi de celui qu'on trouve chez tous les marchands de couleurs et qui sert à fixer les dessins au fusain. L'empreinte est ainsi conservée indéfiniment.

Le lecteur trouvera, aux figures 84 et 85, les empreintes digitales que nous avons fait apparaître avec cette méthode sur

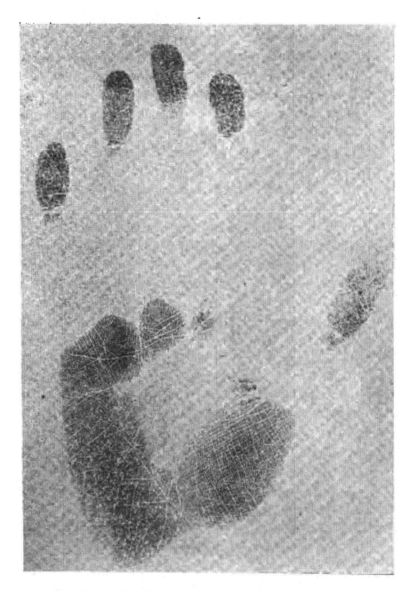

FIG. 86. — EMPREINTE INVISIBLE D'UNE MAIN SUR UN PAPIER
BLANC ET RÉVÉLÉE A L'AIDE DE LA MINE DE PLOMB. (*Expérience de l'auteur.*)

des cartes postales et sur des bandes de journaux que la poste nous avait remis à des époques différentes.

En répétant ces expériences, nous nous sommes demandé s'il était possible de faire apparaître la trace invisible laissée non pas par les doigts, mais par la main entière et d'autres parties du corps. Nous y sommes parvenu de la manière la plus satisfaisante.

Une main appuyée pendant une seconde sur une feuille de papier blanc a laissé une trace absolument invisible, mais qui a été immédiatement révélée au moyen de la mine de plomb. (Voir figure 86.)

Tout en faisant ces recherches, nous nous sommes aperçu qu'il y avait là un moyen rapide, excellent et extrêmement précis pour obtenir ce que nous proposons d'appeler la *photographie naturelle*, qui pourrait rendre de très grands services, non seulement aux officiers de police judiciaire, mais aussi aux anthropologues et aux biologistes.

On sait que les fiches anthropométriques établissant l'identité personnelle, qu'on dresse en province, ne portent pas la photographie de face et de profil de l'individu, et on sait aussi d'autre part, comme l'on verra mieux plus en avant, que l'*oreille* est une des parties du corps humain qui a la plus grande importance au point de vue signalétique. Ne pourrait-on pas, dans toute fiche anthropométrique où le portrait de l'individu n'est pas pris, prendre la *photographie naturelle* de l'oreille ? Notre procédé est rapide et précis : après avoir appuyé pendant une seconde l'oreille sur une feuille de papier, nous avons saupoudré cette dernière — qui ne présentait aucune trace visible — de mine de plomb et nous avons obtenu une épreuve très belle. (Voir figure 87.)

On comprend de quelle utilité serait la « photographie naturelle » dans tous les cas où il s'agirait de dresser un carnet d'identité, et même dans les cas où les anthropologistes dési-

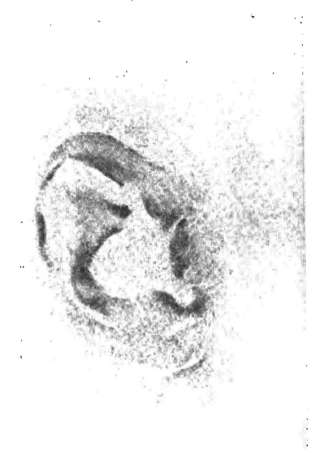

FIG. 87. — « PHOTOGRAPHIE NATURELLE » DE L'OREILLE OBTENUE
AVEC NOTRE MÉTHODE.

rent étudier chez un groupe de population ou chez les différentes races la forme et la structure de l'oreille.

On sait qu'il s'est manifesté aujourd'hui l'heureuse tendance
de remplacer le signalement vague et incertain des permis de
chasse, des passeports, des permis de séjour, des carnets d'iden-

tité, etc., par un signalement plus sérieux et vraiment scientifique ; on a même proposé de faire de l'acte de naissance un
document présentant plus de garanties sur l'identité de la personne qu'il n'en présente aujourd'hui. Pourquoi donc ne pourrait-on pas, à côté du signalement descriptif, prendre la « photographie naturelle » de l'oreille, — à l'aide de notre méthode si
simple et si rapide — et placer ainsi cette marque irréfutable de
l'identité sur les actes de naissance, sur les carnets d'identité, etc. ?
La forme de l'oreille ne change pas avec l'âge ; ses particularités et ses dessins sont si nombreux, comme on le verra mieux
dans la suite, qu'il est impossible de confondre deux oreilles
l'une avec l'autre. La « photographie naturelle » de l'oreille
pourra en outre venir grandement en aide aux biologistes lorsqu'ils étudieront l'hérédité des formes. On connaît la grande
quantité de recherches, tout à fait remarquables, qu'on a faites
sur ce sujet, et quelle est le grand intérêt de la question. Or
l'oreille est peut-être la partie du corps humain qui, sur une petite
surface, grâce à ses multiples vallons, élévations et courbes,
présente le plus grand nombre de conformations partielles
différentes et de particularités ; nous verrons en effet qu'on peut
étudier dans l'oreille au moins 16 parties et formes anatomiques
et au moins 60 particularités. Dans ces conditions, après avoir
recueilli à l'aide de la photographie naturelle une grande quantité de photographies d'oreilles, en ayant le soin de cataloguer
ensemble celles qui appartiennent à des sujets de la même
famille (père, mère, grand-père, grand'mère, oncle, tante, etc.),
on pourra, sur ce matériel photographique, si riche et pourtant
si facile à être collectionné, étudier si telle oreille, avec ses
nombreuses formes partielles et ses particularités infinies, présente les caractères de l'oreille maternelle ou paternelle, si
elle présente une *fusion* des caractères des oreilles des parents,
ou si plutôt, — comme cela semble arriver d'après les opérations
que nous avons commencé à faire sur ce sujet, — parmi les

FIG. 88. — « PHOTOGRAPHIE NATURELLE » DES PLIS, DES RIDES
ET DES LIGNES PAPILLAIRES DE LA MAIN OBTENUE AVEC NOTRE
MÉTHODE.

formes partielles de la même oreille il y en a quelques-unes qui
proviennent de celles de l'oreille maternelle, et d'autres de celles
de l'oreille paternelle. La solution de ces problèmes a une
importance qui sort de l'étude morphologique et modeste de

l'oreille pour éclairer le problème, plus large, de l'hérédité des formes. Ces recherches pourraient aussi être de quelque utilité dans les cas d'établissement de la paternité; nous en parlerons plus longuement dans les pages suivantes.

.*.

La « photographie naturelle », d'ailleurs, permet les applications les plus larges. Elle pourrait, par exemple, intervenir de la manière la plus heureuse dans l'étude des plis palmaires et des rides de la paume de la main, qui, avec notre méthode, donne d'admirables « photographies naturelles ». Nous procédons de la manière suivante : après avoir étendu une feuille de papier blanc sur un tampon à essuyer, précisément comme s'il s'agissait d'un papier buvard, nous avons appuyé le tampon sur la paume, bien ouverte, d'une main, et nous avons répété l'opération sur plusieurs sujets. Nous avons ensuite révélé les empreintes invisibles laissées par chaque paume sur chaque papier, à l'aide de la mine de plomb; et nous avons fixé à l'aide d'un fixatif, en obtenant des « photographies naturelles » très exactes. On voit l'une d'elles à notre figure 88. Les plis palmaires, les rides et les lignes papillaires ressortent avec la plus grande évidence : dans la paume « photographiée » à cette figure, on remarque la trace d'une anomalie assez curieuse, qu'on a appelée « pli palmaire unique » et sur laquelle les études du professeur Carrara, de l'université de Turin, ont attiré l'attention, au point de vue de l'anthropologie criminelle.

En faisant ces expériences nous avons aussi tâché d'obtenir la révélation de l'empreinte invisible que la figure humaine doit certainement laisser sur l'objet sur lequel elle se pose, même pour un instant. Nos tentatives pour obtenir une telle révélation sur une taie d'oreiller, à l'aide du nitrate d'argent, n'ont pas donné de bons résultats et les empreintes ne ressortent que d'une manière très confuse. Mais la révélation sur une feuille de papier

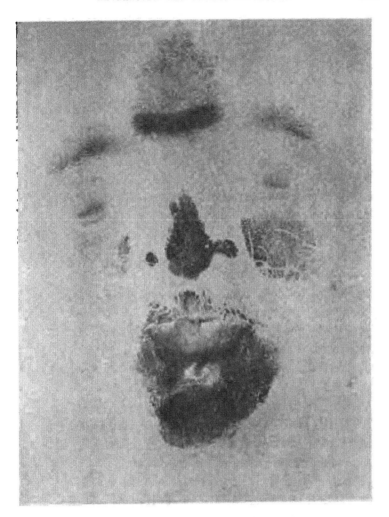

FIG. 89. — « PHOTOGRAPHIE NATURELLE » DE LA FIGURE HUMAINE
OBTENUE AVEC NOTRE MÉTHODE.

blanc, à l'aide de la mine de plomb, réussit beaucoup mieux.
Nous avons ainsi obtenu une « photographie naturelle » de la
figure humaine (voir figure 89), dans laquelle on voit, avec tous
leurs détails, la bouche et le menton. Le front, le nez, les joues,

les sourcils et même les paupières apparaissent sous forme de taches plus ou moins confuses. Tout l'ensemble cependant fait penser à ces figures dites de Jésus qu'on voit sur les Suaires et à d'autres dont on a assez souvent parlé. Il nous semble que le secret de ces figures si mystérieuses soit singulièrement éclairé, d'après ce que nous venons de dire. Il n'y aurait rien d'étonnant, en effet, ainsi que notre expérience le fait croire, que l'empreinte invisible d'une figure grasse et enduite de matières destinées à embaumer se révèle ensuite sur le linge où elle a été enveloppée; il ne s'agirait là que d'un phénomène tout à fait naturel.

.*.

La méthode de la mine de plomb est donc celle qu'il faut employer pour obtenir les meilleurs résultats. Cependant, lorsque l'empreinte latente est ancienne, la mine de plomb ne donne pas de résultats, tandis que le procédé de la teinte plate d'encre la fait encore ressortir. Pour conclure : la mine de plomb fait ressortir les empreintes latentes beaucoup mieux que l'encre, à condition que celles-ci soient récentes, tandis que la méthode par l'encre et l'eau, quoique ne donnant pas toujours dans ses révélations une aussi grande finesse que la mine de plomb, fait ressortir les empreintes quelque anciennes qu'elles soient.

Lorsqu'il s'agit de faire ressortir des empreintes digitales peu visibles laissées sur une vitre (vitre de fenêtre, bouteilles, verres, etc.), — et le cas se présente assez fréquemment au cours d'une instruction criminelle, — on peut employer l'*acide fluorhydrique*. Les vapeurs de l'acide fluorhydrique corrodent le verre, à moins qu'il ne soit protégé par une substance grasse; ainsi l'empreinte laissée par une main sur une vitre ressortira avec une grande netteté si cette vitre est exposée aux vapeurs de l'acide fluorhydrique. Si l'on touche un verre et qu'on le place sous une cloche auprès d'une capsule de plomb remplie d'acide fluorhy-

FIG. 90. — EMPREINTE DIGITALE LAISSÉE PAR UN ASSASSIN SUR UNE BOUTEILLE. L'EMPREINTE DIGITALE DE L'ACCUSÉ EST REPRODUITE A LA FIG. 91 ; L'IDENTITÉ EST PARFAITE. (Service de l'identité judiciaire de Paris.)

drique liquide, les vapeurs de l'acide attaqueront toute la surface du verre excepté aux points recouverts de l'enduit graisseux

FIG. 91. — *(Voir la fig. 90.)*

laissé par la sueur de la main. On aura de cette façon une véritable
gravure en relief des détails de l'empreinte. Mais, le plus souvent,

il suffit de photographier l'empreinte laissée sur la vitre, en se
servant de la lumière d'une lampe électrique à arc. C'est en se
servant de ce moyen que M. A. Bertillon, tandis que nous
écrivons, vient de découvrir et de fixer sur une bouteille les
doigts d'un assassin. Ces empreintes, agrandies par la photographie et comparées à celles des doigts du prévenu, ont révélé
une parfaite identité. Les documents qui se réfèrent à cette
recherche sont exposés aux figures 90 et 91.

Nous devons aussi à M. A. Bertillon une autre série, très intéressante, de documents concernant une affaire du même genre.
Dans un cabaret dont la propriétaire, une vieille femme, avait
été assassinée (figure 92), M. Bertillon trouva, pendant l'inspection, des verres (marqués avec la lettre B sur la photographie) et
une bouteille (marquée avec la lettre A) présentant des empreintes
digitales. Les assassins, avant d'assassiner la cabaretière,
s'étaient fait servir à boire sur la table qu'on voit à gauche.
Le service de l'identité photographia ces empreintes, après avoir
introduit dans les verres un papier noir afin de faire ressortir en
blanc les dessins gras laissés par les empreintes (figures 93 et 94)
et, en les comparant ensuite aux empreintes des individus sur
lesquels pesaient les soupçons, on constata une parfaite identité
(figures 95 et 96).

.•.

Enfin la photographie elle-même peut très utilement venir
en aide à la recherche judiciaire des traces invisibles. Nous
avons déjà indiqué, à propos de la photographie du cadavre et
de ses blessures, que la plaque photographique est, dans un
certain sens, plus sensible que l'œil humain et qu'elle voit,
ou qu'elle peut voir, ce que l'œil humain ne voit pas. C'est
sur ce principe que se base l'application de la photographie
à la recherche des traces invisibles, ou qui sont visibles
d'une façon si minime que l'œil est impuissant à les aper-

FIG. 92. — PHOTOGRAPHIE DU LIEU DU CRIME (le cadavre est
presque caché derrière le comptoir). Sur les verres où les
assassins ont bu (B) et sur une bouteille placée sur le
comptoir, on a trouvé des traces d'empreintes digitales
laissées par les assassins. (*Voir aussi les fig. 93-96.*)

cevoir nettement. L'appareil photographique, en effet, a sur notre œil, outre l'avantage de garder les impressions reçues, ce qui permet de conserver une image fidèle et complète d'un phénomène rare qu'on peut ensuite analyser à loisir, celui de pouvoir être impressionné en un temps excessivement court permettant l'analyse des mouvements les plus rapides et celui d'accumuler les impressions reçues : ce que l'œil ne peut voir, parce que la lumière dont on dispose est trop faible,

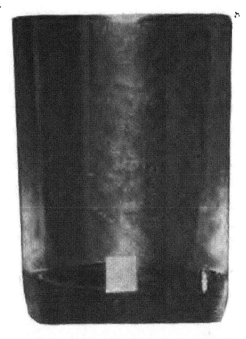

FIG. 93. — PHOTOGRAPHIE D'UN VERRE PRÉSENTANT L'EMPREINTE DIGITALE LAISSÉE PAR L'ASSASSIN. (*Voir aussi les fig. 92-96.*)

il ne le voit jamais; tandis que la plaque photographique peut additionner les excitations alors que notre œil les dépense au fur et à mesure des besoins de la vision; enfin la plaque photographique est sensible à une plus grande étendue du spectre que l'œil (1).

Il y a déjà une quarantaine d'années, le chimiste photographe Fogel a publié le récit d'un fait qui a vivement frappé la curiosité des savants et qui peut servir de point de départ à la théorie photographique de la recherche des traces. Un jour, se présenta dans l'atelier de l'un des meilleurs photographes berli-

(1) NIEWENGLOWSKI. *L'Application scientifique de la photographie*, Paris.

nois une dame demandant à poser pour un portrait. Après avoir tiré et fixé l'image, l'opérateur remarqua que toute la figure était couverte, sur le négatif, d'une grande quantité de petits points qui lui firent considérer l'épreuve comme manquée. Après une deuxième pose, l'épreuve fut mieux réussie et le photographe s'en déclara satisfait. La visiteuse resta longtemps sans venir chercher son portrait, et lorsqu'elle se présenta enfin de nouveau chez le photographe celui-ci constata que sa figure était couverte de cicatrices récentes de variole. Le docteur Fogel a vérifié le récit du photographe et en a confirmé l'exactitude.

Dès 1839, Arago avait remarqué sur une des images daguerréotypes de la surface de la lune une foule de détails invisibles à l'observation directe ; de plus, plusieurs épreuves faites dans les mêmes conditions que la première portaient ce qu'on voyait aussi directement à l'aide de la lunette. Un autre astronome, Draper, a pu faire une constatation tout à fait analogue. Le Hollandais Van Gerk a également obtenu une photographie remarquable par la finesse des détails, mais sans pouvoir tirer une deuxième image

FIG. 94. — PHOTOGRAPHIE D'UN VERRE PRÉSENTANT L'EMPREINTE DIGITALE LAISSÉE PAR L'ASSASSIN. (*Voir aussi les fig. 92-96.*)

aussi parfaite. En 1849, l'archéologue baron Gros, ministre de France à Athènes, a remarqué sur une des photographies tirées d'un vieux manuscrit des phrases entières qu'il n'a pu retrouver ni sur le manuscrit même, ni sur les autres épreuves

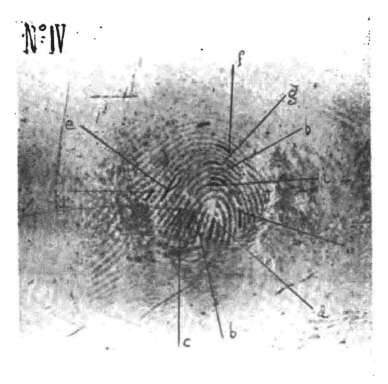

FIG. 95. — AGRANDISSEMENT D'UNE DES EMPREINTES TROUVÉES SUR LES VERRES. (*Voir aussi les fig. 92-96.*)

tirées depuis. Les astronomes Henri frères ont présenté, à l'Académie des sciences de Paris, une photographie remarquablement complète des Pléiades, sur laquelle on pouvait compter 1.421 étoiles sur une étendue du ciel dans laquelle on n'en découvrait, à l'aide des meilleurs instruments, que 625.

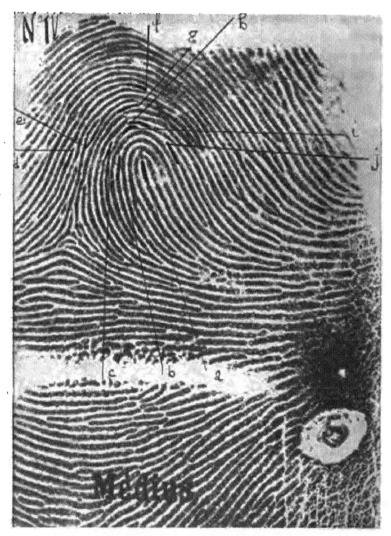

FIG. 96. — AGRANDISSEMENT DE L'EMPREINTE DU MÉDIUS D'UN
DES PRÉVENUS. ELLE EST IDENTIQUE A CELLE DE LA FIG. 95.

Enfin, en 1895, MM. Lœwy et Puiseux ont présenté à l'Académie des sciences un procédé pour obtenir une image photographique détaillée de la surface de la lune, supérieure à toutes

celles faites jusqu'à présent. « Il suffit, disent-ils, de tirer des
négatifs de la lune, en nombre suffisant, jusqu'à ce qu'on
obtienne l'épreuve voulue. Avec du temps et de la patience,
on arrivera toujours au résultat voulu. »

Le photographe Bourinsky, intrigué par tous ces faits qui
étaient venus à sa connaissance, étudia le problème et présenta
en 1899 les résultats de ses investigations à l'Académie des
sciences de Saint-Pétersbourg. Il trouva le moyen de fabriquer
des plaques qui *voyaient*, pour ainsi dire, ce que l'œil humain
ne voyait pas et il appela son procédé *le procédé chromolytique* (1).

Bourinsky est parti de ce principe que, si la photographie peut
déceler l'invisible, c'est que le seuil de l'excitabilité de la plaque
photographique se trouve en deçà du seuil de l'excitabilité de
la rétine humaine et que la limite supérieure de cette excitabilité pour la plaque photographique est au delà de celle de l'œil.
Au point de vue pratique, il a cherché quelles étaient les conditions les plus favorables pour que la plaque donnât le
maximum de ce qu'elle pouvait donner. C'est ainsi qu'il
a étudié successivement le point d'éclairage de l'objet à photographier, le temps d'exposition, et quel était le réactif le plus
sensible pour l'impression (qui se trouve être l'iodure d'argent). Il a ainsi donné la formule du collodion chromolytique, c'est-à-dire le procédé de préparation des plaques
iodurées. Ces plaques n'arrivent à leur maximum de sensibilité
qu'au bout de vingt jours et ne peuvent être employées que
pendant cinq jours : passé ce temps, elles perdent graduelle-
ment le pouvoir de différencier les nuances. On commence par
photographier à la lumière du magnésium, mais au bout de
quelques secondes après le début de l'exposition, on interpose,
entre l'objet et les lampes, un écran en verre rouge. En effet,

(1) Voir les *Archives de l'anthropologie criminelle.* Lyon, 1900.

la lumière rouge arrête l'action de la lumière sur la plaque iodurée dans tous les points qui ne sont pas encore impressionnés, tandis que les parties qui ont ressenti l'influence de la lumière continuent à subir l'action photochimique. En observant toutes ces conditions, on peut pousser très loin la différenciation des nuances et cette pratique suffit, en effet, pour obtenir dans certains cas un bon négatif, par exemple quand il s'agit de lettres ou de mots effacés dans un manuscrit.

Mais lorsqu'on veut différencier des nuances plus sensibles, ce procédé ne suffit pas et il faut mettre en œuvre la deuxième partie de l'opération qui consiste à superposer les pellicules. Le négatif obtenu sur le verre par la voie humide au collodion permet de tirer des images négatives sous forme d'une très mince pellicule. On peut ainsi tirer du premier négatif chromolytique une série d'images positives sur des verres, par le procédé humide au collodion. En additionnant ces pellicules de façon à faire coïncider exactement les images, la différenciation des nuances s'accroît très rapidement. Ces pellicules positives additionnées sur le même verre permettent à nouveau de tirer une série de négatifs, dont on fait le nombre voulu de pellicules et qu'on superpose à leur tour sur le même verre.

S'il s'agit de photographier un vieux parchemin dont la surface ne présente aucune trace d'écriture, un premier négatif chromolytique donnera déjà quelques dizaines de lettres dispersées dans diverses parties; on tire après cinq pellicules positives qu'on superpose exactement, ce qui permet d'obtenir un certain nombre de lettres. On tire une nouvelle série de pellicules négatives qu'on additionne et ainsi de suite jusqu'à ce qu'on puisse reconstituer le texte primitif.

C'est à l'aide de ce procédé que Bourinsky a réussi à tirer d'un ancien parchemin, qui ne présentait aucune trace d'écriture, une épreuve photographique révélant l'écriture dont le

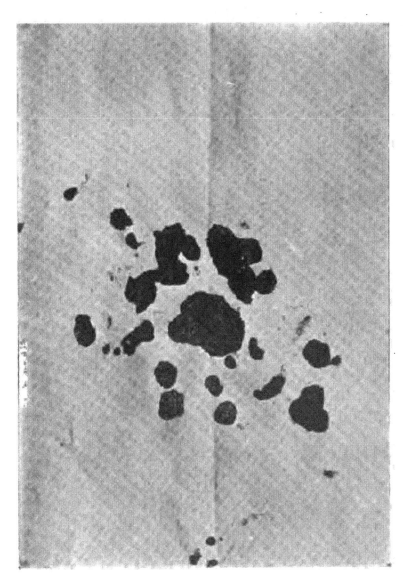

FIG. 97 A. — MOUCHOIR TACHÉ DE SANG. *(Voir la fig. 97 B.)*
(Documents communiqués par M. R.-A. Reiss.)

FIG. 97 B. — LE MÊME MOUCHOIR LAVÉ TROIS FOIS ET PHOTOGRAPHIÉ.

parchemin était couvert et qui cependant était invisible à l'œil nu (1).

Tandis que nous écrivons ces lignes, nous apprenons que M. William H. Pickering, de l'observatoire de Harvard college, vient de découvrir le dixième satellite de Saturne, à l'aide de la plaque photographique. Ce satellite est le plus faible des astres connus. Il est invisible à l'œil humain et pour les plus puissants instruments tels que les grands équatoriaux des observatoires de Lick et Jerkes, et le restera jusqu'à la construction d'instruments plus perçants. C'est donc là un astre invisible connu seulement par la photographie, grâce aux lignes qu'il a tracées sur les clichés et qui ont permis de calculer son orbite. Il a reçu le nom de Themis.

.*.

Il existe une remarquable quantité d'applications de ce principe : que toute trace qui ne présente pas à l'œil nu des différences de tons, parce que l'œil est un mauvais instrument d'optique, peut se révéler à la plaque photographique. Ainsi un mouchoir taché de sang et lavé plusieurs fois apparaît complètement blanc à l'œil, mais s'il est photographié on y découvre des taches d'un gris foncé. (Voir figure 97 A et B.) Il faut cependant avoir le soin d'intercaler, pour renforcer les contrastes, un transparent bleu entre l'objectif et le mouchoir. Si les taches n'apparaissent pas assez bien sur le premier négatif, on répétera la pose en renforçant la coloration du transparent avec quelques gouttes de solution de sulfate de cuivre. Les endroits légèrement jaunâtres du mouchoir (c'est-à-dire les traces presque invisibles des taches de sang) impressionneront ainsi, grâce au filtre bleu, moins que le reste la plaque photographique. Quelquefois,

(1) Voir la photographie dans les *Archives de l'anthropologie criminelle*, Lyon, 1900. Page 144.

cependant, sur le négatif le contraste est très faible; pour le
renforcer sur le positif il suffit d'employer un papier exagérant
les contrastes : en copiant à travers un verre jaune, comme
M. Reiss conseille de le faire, on augmente encore les contrastes
entre les taches et le fond.

De même les marques presque invisibles laissées par un

FIG. 98 A. — PHOTOGRAPHIE AGRANDIE D'UNE PIÈCE VÉRITABLE
ET D'UNE PIÈCE FAUSSE (98 B).

crayon sur une feuille de papier placée sous celle où l'on écrit
apparaissent sur la plaque photographique (expérience de Bertillon). Egalement si on prend la photographie d'un timbre-
poste qui a été lavé et qui apparaît neuf à l'œil nu, et si l'on en
fait l'agrandissement, une foule de détails apparaissent et
démontrent que le timbre a déjà servi.

La photographie agrandie d'une pièce de monnaie qu'on

suppose fausse, placée à côté de la photographie également agrandie d'une pièce semblable que l'on sait véritable, — de manière que la comparaison soit facile, — permet de découvrir les détails qui mettent en relief la fausseté. C'est le cas de notre figure 98 où l'on a placé, l'une à côté de l'autre, deux pièces de cinq francs : l'une vraie, l'autre fausse (celle qui a été

FIG. 98 B. *(Voir la fig. 98 A.)*

brisée). En examinant à l'aide de la loupe on voit exactement, surtout dans les détails de la partie supérieure de l'hermine, de la couronne et de la croix de la Légion d'honneur, que le dessin de la pièce fausse est empâté et grossier, ce que l'œil nu ne pourrait pas voir aussi bien sur la pièce elle-même.

L'usage de la photographie dans l'examen des pièces fausses a été plusieurs fois recommandé par Hans Gross. L'agrandissement photographique, en effet, met en relief les striures, invisibles à l'œil nu, produites par les brosses métalliques avec lesquelles les faussaires frottent les monnaies fausses afin d'en faire disparaître l'opacité ; la friabilité des bords d'une brisure pratiquée sur les bords de la monnaie ; les imperfections des détails, spécialement dans les figures, les lettres et les légendes ; les raclures, les transformations des signes, les soudures, etc. On aura recours à l'agrandissement photographique même dans l'examen des faux billets de banque. On pourra voir les impuretés et les aspérités du papier, qu'on ne retrouve jamais dans les vrais billets, ainsi que les imperfections du dessin. Il va sans dire que le microscope et la loupe viendront en aide à la photographie dans ces recherches.

M. Guebhard assure qu'une des meilleures méthodes pour étudier les plus petits détails d'une monnaie, et même ces détails qui pourraient échapper à une inspection à l'œil nu sur la pièce elle-même, est celle qui a recours à la « photographie sans lumière » (1). Voici comment il procède : il faut commencer par ébranler légèrement la couche de bromure d'argent par une exposition extrêmement rapide. Cela fait, si l'on veut reproduire une médaille, on la dépose délicatement sur la plaque à peine voilée et au sein d'une couche de faible épaisseur d'un bain révélateur, tel, par exemple, que le diamidophénol. Il est évident que le liquide sensibilisateur n'agira bien au contact de la plaque que là où il y aura des creux dans la médaille et que par suite le noircissement sera proportionnel à la profondeur de ces creux. Si bien que, si l'on retire la médaille au bout d'un certain temps, on trouvera sur la plaque des noirs correspondant aux creux et des blancs correspondant aux reliefs. La médaille se sera imprimée sur la plaque sensible. On aura donc obtenu un bon positif de la médaille ; il suffira d'en prendre un négatif pour tirer ensuite autant d'épreuves qu'on veut.

(1) Dans la *Nature*, 1898. Page 128.

Cette méthode serait d'une extrême sensibilité et elle permettrait de mettre en relief les plus petits creux ou les plus petites
saillies, rayures imperceptibles, dénivellations invisibles, etc. Le

FIG. 99. — FAUX PAR GRATTAGE. L'AGRANDISSEMENT PHOTOGRA-
PHIQUE MET EN ÉVIDENCE L'ANCIENNE ÉCRITURE.

procédé pourrait être utilisé dans beaucoup de recherches de
physique et dans les expertises légales.

Mais c'est dans la recherche des traces invisibles dans les
affaires de faux en écritures, que la photographie joue un de ses
plus grands rôles d'agent révélateur. Les études de Popp, de
Dennstedt, de Schöpff, sur ce sujet, sont très connues. Ce sont

14

ces deux derniers qui ont étudié pour la première fois, d'une manière complète, l'application de la photographie à la recherche des faux en écritures. Si, par exemple, un faussaire a fait dispa-

FIG. 100. — FAUX PAR GRATTAGE. L'AGRANDISSEMENT PHOTOGRA-
PHIQUE MET EN ÉVIDENCE L'ANCIENNE ÉCRITURE.

raître, d'une lettre ou d'un chèque à papier légèrement jaunâtre, un chiffre pour le remplacer par un autre, et s'il s'est servi pour cela de solutions blanchissantes, comme acide oxalique, acide citrique ou de solutions d'hypochlorites, l'endroit où la solution a été appliquée sera plus blanc que le reste, mais notre œil ne percevra que très difficilement un changement de couleur, tandis que la plaque photographique, beaucoup moins impressionnée par la teinte jaunâtre que par la teinte blanche, montrera nettement une tache plus claire à l'endroit traité.

Les grattages sur papier — qui accompagnent souvent les faux — sont aussi admirablement découverts par la photographie. Dans un agrandissement photographique l'écriture

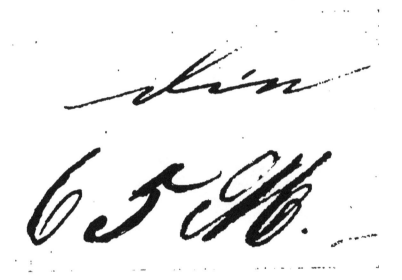

FIG. 101. — FAUX PAR GRATTAGE, MIS EN ÉVIDENCE PAR L'AGRANDISSEMENT PHOTOGRAPHIQUE. LE FAUSSAIRE A CHANGÉ 5 0/0 EN 65 M. (Service de l'identité judiciaire de Dresde.)

ancienne grattée réapparaît. Voici un effet de commerce qui semble correctement établi et où l'œil humain ne découvre aucun indice apparent de grattage et de lavage chimique. Faisons une reproduction photographique agrandie au quintuple et nous verrons paraître dans les mailles du papier les marques de l'ancienne écriture.

Voyez nos figures 99 et 100. Il s'agit de deux faux par grattage, où l'agrandissement photographique fait réapparaître l'ancienne écriture (examiner avec la loupe autour des lettres).

Notre figure 101 montre un cas semblable, mais plus typique encore. Il s'agit aussi d'un faux en écritures. Le faussaire a changé les chiffres 5 % en 65 M., c'est-à-dire 65 Mark. Pour opérer ce changement, il a mis avant le 5 un 6 ; il a gratté

FIG. 102 A. — LETTRE *a* D'UNE ÉCRITURE NON FALSIFIÉE.
(*Voir la fig. 102 B.*)

les deux zéros et, en se servant de la barre qui les séparait et des résidus des deux zéros, il a tracé la lettre M. Mais un très fort agrandissement photographique a fait découvrir le faux en faisant réapparaître l'ancienne écriture.

On comprend aisément, après ce que nous venons de dire, qu'il est de la plus grande utilité de photographier et d'agrandir tout document écrit qui constitue (ou que l'on croit pouvoir constituer) un corps de délit. Ainsi, l'agrandissement photographique de deux lettres de l'alphabet qui semblent écrites par la même main montre dans l'une l'assurance du trait, dans l'autre l'incertitude, ce qui indique que la seconde est due à la main d'un imitateur qui a *dessiné* et *recopié* la lettre d'un autre, plutôt qu'il ne l'a écrite. Qu'on regarde nos photographies 102 A

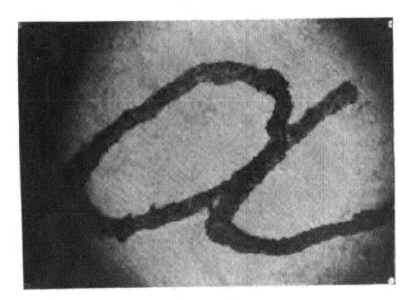

FIG. 102 B. — LA MÊME LETTRE *(voir la fig. 102 A)* CONTREFAITE PAR UN FAUSSAIRE.

et 102 B. L'une représente la lettre *a* de la véritable écriture, — l'autre, c'est la même lettre contrefaite par un faussaire. (Documents communiqués par M. R.-A. Reiss.)

Dans les applications de la photographie à la recherche des traces invisibles sur un document qu'on suppose faux, les fausses signatures, quelque bien imitées qu'elles fussent, ont toujours montré, après un fort agrandissement, une suite de lignes tremblées indiquant que le nom était tracé d'une main hésitante et non au courant de la plume.

FIG. 103 A. — SIGNATURE VERITABLE.

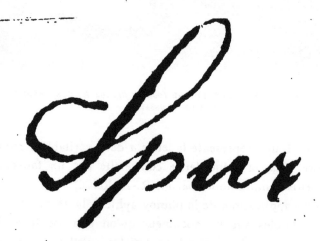

FIG. 103 B. — SIGNATURE DÉCALQUÉE CONTRE LA VITRE D'UNE
FENÊTRE. (D'après M. Friedr. Paul.)

Un cas du même genre est montré par nos photographies 103 A
et 103 B. Il s'agit de deux écritures qui apparaissent semblables.
L'agrandissement photographique a démontré que l'une est d'un

trait assuré et franc et l'autre est incertaine et tremblée ; d'autre part, les deux écritures se superposent exactement. Il s'ensuit de ces constatations que l'une des deux est fausse, — que c'est précisément la moins sûre et la moins franche qui est fausse, —

FIG. 104. — FAUSSE QUITTANCE. LIGNE AJOUTÉE APRÈS LA SIGNATURE ; LE JAMBAGE FINAL DE LA SIGNATURE PASSE SOUS LA LIGNE AJOUTÉE.

et qu'elle a été obtenue en décalquant, à la vitre d'une fenêtre l'écriture qu'on voulait imiter.

L'agrandissement photographique enfin peut indiquer dans un document écrit qu'une ligne a été tracée sur une autre ligne précédemment écrite et cela a de l'importance pour la découverte d'un faux. C'est le cas de la photographie à la figure 104. Il s'agit d'un faux en quittance et l'on voit que la grosse ligne noire a été ajoutée après la signature : le jambage final de la signature, en effet, passe sous la ligne ajoutée.

M. Ferrand, chimiste à Lyon, a raconté dans son étude : *Recherches sous une tache d'encre* (*Lyon médical*, 1883), le cas d'une heureuse application de la photographie aux faux en écritures. Un pli d'une valeur de 50.000 francs avait été volé au bureau de poste des Terreaux à Lyon. De plus, le coupable, pour jeter la confusion, avait fait sur le cahier une large tache d'encre, puis avait surchargé plusieurs nombres en ajoutant des chiffres. Sous la tache d'encre très prononcée, il fallait lire la somme ou le numéro d'ordre effacé et peut-être corrigé, dans un bureau où trois employés faisaient usage de trois écritoires diversement pourvues. Voici les questions posées à M. Ferrand : La tache d'encre était-elle accidentelle ou volontaire ? Laquelle des trois encres constituait la maculation ? Laquelle des trois encres avait servi à l'inscription des chiffres sous-jacents ? Quelle était celle affectée à une correction probable ? Quelle main, d'autre part, avait enfin tracé ceci ou cela, étant donnés divers exemples d'écritures et de chiffres ? M. Ferrand montra d'abord que les encres avaient des propriétés photographiques différentes : de là l'intervention photographique. A la première épreuve, la tache d'encre n'est pour ainsi dire pas venue, et les chiffres sous-jacents se sont nettement montrés, apparaissant tous avec leur forme caractéristique et révélant une inscription première due à un même auteur et une correction saillante qu'une autre main avait fait subir récemment au dernier chiffre.

⁎

L'application de ce qu'on a appelé la « photographie de l'invisible », c'est-à-dire la radiographie, à la recherche et à la con-

servation de traces invisibles conduit aussi à des résultats très intéressants. Il se peut que l'instruction ait besoin

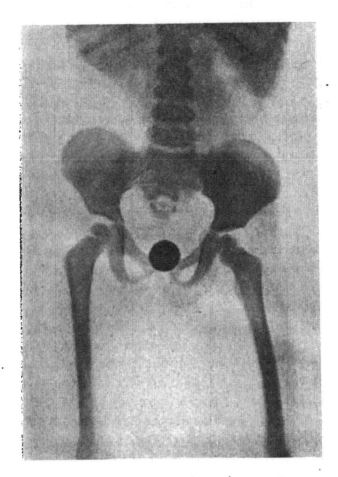

FIG. 105. — RADIOGRAPHIE. CORPS ÉTRANGER DANS
L'INTESTIN.

de savoir si dans l'intestin d'un individu se trouve un corps
étranger ; que dans le procès-verbal de l'expert il soit utile ou
nécessaire de donner une notion visuelle de la place qu'un pro-

jectile ou une série de projectiles occupent dans une partie quelconque du corps de la victime. La radiographie, dans ces circonstances, rendra des services inestimables, comme on le constatera en observant notre figure 105.

C'est ici le cas de rappeler que l'usage de la radiographie offre un moyen très simple pour découvrir les imitations de pierres précieuses. Dès le début de la radiographie on constata que les pierres précieuses se comportaient vis-à-vis des rayons Rœntgen autrement que les pierres fausses. Les pierres précieuses sont presque transparentes pour les rayons X et les pierres fausses ne laissent pas, au contraire, passer facilement ces mêmes rayons. M. Louis Stœcklin, chimiste-expert à Mulhouse, a fait à ce sujet des expériences dont il a publié les résultats dans la *Nature* (22 janvier 1898) de Paris. Après avoir disposé sur un gâteau de cire des pierres précieuses et des imitations, il les a photographiées dans un rayon de soleil oblique et les a soumises ensuite à la radiographie. La pose a été d'une minute avec un tube à vide réglable de MM. Siemens et Halske, donnant 0^m20 d'étincelle et placé à une distance de 0^m38. Dans l'épreuve radiographique on voit que les pierres précieuses ou naturelles arrêtent peu les rayons X; il n'en est pas de même avec les pierres imitées, de quelque nature qu'elles soient. Tandis que les rubis faux, par exemple, se révèlent par de belles taches noires, les vrais ne se présentent que sous forme de taches grises, très pâles, etc.

Les applications de la radiographie à l'investigation de « l'invisible » sont d'ailleurs infinies. Il est certain que la médecine légale et les investigations judiciaires de tout genre verront tous les jours s'élargir devant elles, grâce aux rayons de Rœntgen, des horizons nouveaux. Le docteur Labesse et le docteur Blennard n'ont-ils pas réussi à découvrir les falsifications de la farine grâce aux rayons X ? La farine falsifiée (adultérée) contient des matières minérales étrangères, dont la présence est révélée par les rayons X.

Nous ne citons qu'à titre de documentation — le secret épis-
tolaire étant inviolable — les résultats de nos expériences qui
démontrent
comment on
peut arriver à
lire dans l'in-
térieur d'une
lettre bien ca-
chetée , sans
ouvrir l'enve-
loppe.

Notre pro-
cédé pour ob-
tenir la photo-
graphie d'une
lettre sous en-
veloppe fer-
mée est des
plus simples.
Dans un châs-
sis-presse on
place d'abord
la lettre qui
repose direc-
tement sur le
verre du châs-

FIG. 106. — LECTURE D'UNE LETTRE PLACÉE DANS UNE
ENVELOPPE DOUBLÉE.

sis ; sur l'enveloppe on place une plaque sensible de dimension
au moins égale à la lettre, de manière que le côté sensibilisé
de la plaque touche la lettre. Puis on ferme le châssis-presse.
Ces opérations doivent être faites dans le laboratoire, à la lumière
rouge. On expose ensuite le châssis-presse à la lumière soit du

jour, soit artificielle, pendant quelques secondes dont le nombre varie suivant l'intensité de la lumière.

Il ne reste plus qu'à développer la plaque, suivant les procédés ordinaires. On obtient ainsi un négatif sur lequel se détache en blanc l'écriture de la lettre. L'enveloppe et le papier qui y était contenu ont laissé passer les rayons lumineux, sauf sur les points où des caractères à l'encre étaient tracés. Avec ce négatif on obtient par contact des épreuves positives donnant exactement l'image de la lettre, vue comme par transparence.

Nous publions à la figure 106 une des nombreuses épreuves que nous avons obtenues.

Il faut remarquer qu'un résultat semblable peut être obtenu à l'aide des rayons X. L'expérience est tellement connue que Theier et Hardmuth, de Vienne, auraient pensé à trouver le moyen de mettre les enveloppes de lettres à l'abri des indiscrétions des rayons X. A cet effet, les enveloppes sont entièrement bronzées dans l'intérieur, ou bien sont garnies d'ornements en pâte de bronze, rapprochés les uns des autres. On a demandé à l'Institut autrichien pour l'examen et l'enseignement de la photographie et des procédés de reproductions, de vérifier si ces enveloppes empêchent de connaître le contenu des lettres photographiées à l'aide des rayons Rœntgen. Les expériences faites montrent que les enveloppes entièrement bronzées révèlent une action très affaiblie des rayons Rœntgen; dans les autres, qui sont ornementées avec de la pâte de bronze, les endroits laissés en blanc étaient seulement indiqués. Dans les deux cas, cependant, on n'a pas pu réussir à rendre absolument intelligibles les caractères écrits avec de l'encre ordinaire sur une feuille de papier enfermée dans chacune de ces enveloppes.

*
* *

Les services d'identité judiciaire disposant d'une installation photographique très complète, leurs ateliers sont naturellement amenés à faire souvent des interprétations photographiques d'écritures. Ces ateliers se transforment ainsi, par la force même des choses, en de véritables « laboratoires graphiques », car, dans l'examen et l'expertise d'un document écrit, on ne peut être mieux aidé et servi que par l'agrandissement photographique et en général par toutes les applications de la photographie.

C'est l'agrandissement photographique qui met en évidence, dans une écriture contrefaite, l'hésitation, les tremblements, les déviations et tout autre caractère du même genre dénonçant que la pièce a été forgée ; c'est aussi l'agrandissement photographique — réglé de manière à obtenir uniformément des lettres hautes d'un centimètre environ — qui permet d'observer dans ses détails les plus minutieux les caractères de chaque lettre, tels que l'inclinaison moyenne, mesurée en degrés, des lettres avec jambage et sans jambage, la hauteur moyenne des lettres, l'opposition des pleins et des déliés, l'alignement des lettres par rapport les unes aux autres, soit dans le même mot, soit dans la même ligne, toutes les particularités, enfin, qui caractérisent l'écriture d'un individu.

C'est encore la photographie qui permettrait, dans les services d'identité et de photographie judiciaires, la création de ce qu'on pourrait appeler les « Archives graphiques » consistant dans le recueil photographique de toutes les pièces forgées qui ont donné lieu aux principales affaires de falsification d'écriture. Ces pièces, accompagnées d'une notice sommaire sur l'affaire et d'un extrait du rapport des experts, permettraient de recueillir à la fois l'expérience des experts et celle des plus habiles faussaires.

C'est finalement la photographie qui, dans les affaires de faux en écritures, permet de multiplier les épreuves en aussi grand nombre qu'il est nécessaire pour faciliter l'examen et la comparaison de chaque mot, de chaque syllabe et de chaque lettre.

La méthode suivie dans ces examens a été exposée par

M. A. Bertillon dans son étude : *La comparaison des écritures et l'identification graphique*, publiée dans la *Revue scientifique* (1898), et nous ne faisons ici qu'en indiquer les lignes générales.

Les deux ordres de documents (les authentiques d'une part, et les anonymes ou soupçonnés de faux, de l'autre) qu'il faut comparer sont d'abord photographiés par contact, ou décalque, c'est-à-dire sans l'aide d'un objectif. Le document à reproduire, étendu contre une plaque sèche au gélatino-bromure, est exposé pendant quelques secondes à la lumière d'un bec à gaz ; les rayons lumineux, en traversant le papier, décalquent sur la plaque, non seulement l'écriture, mais aussi — ce qui est du plus grand intérêt — tout le grain, la vergeture et le filigrane du papier. Toute particularité du papier, si minime soit-elle, est mise en évidence au moyen de cette photographie par transparence.

Puis chaque pièce est reprise et photographiée à nouveau par les procédés ordinaires, mais rigoureusement au double de sa dimension : le document obtenu permet une vue d'ensemble et agrandie de la pièce.

En découpant ensuite, dans les différentes épreuves photographiques, les mots de chaque document, on rangera ces mots de manière à faciliter toutes sortes de comparaisons.

On pourra d'abord disposer les mots du document authenthique par ordre alphabétique, en colonnes verticales, sur un grand carton, et ce rapprochement mécanique des graphiques plus ou moins similaires facilitera l'examen des particularités et des caractéristiques de l'écriture du sujet qui a écrit le document authentique. Après cela on découpera, dans d'autres reproductions photographiques, les mots du document authentique et ceux du document faux ou anonyme : chaque mot ainsi découpé est collé sur une fiche mobile — blanche pour les mots du document authentique, bleue pour ceux du document réputé faux — et les fiches sont classées par ordre alphabétique en un répertoire unique, de manière que chaque mot du document authentique est, pour ainsi dire, mécaniquement juxtaposé au mot commençant par la même lettre dans le document réputé faux; leur comparaison est ainsi grandement facilitée. Ce même répertoire, au lieu d'être classé alphabétiquement, peut très bien être classé *par rimes*, c'est-à-dire en mettant l'un à côté de l'autre les noms qui ont la même terminaison. On met ainsi en évidence de nouveaux éléments de comparaison, car, tandis que la première classification (par ordre alphabétique) montre la façon dont les scripteurs *commencent* leur mot, la deuxième classification (par rimes) montre comment ils le *finissent*. Et ceci est d'autant plus important que, dans les imitations d'écriture, le faussaire met beaucoup plus d'attention dans le commencement du mot que dans la fin, et c'est dans la fin du mot que les traces du faux sont plus évidentes.

Après l'étude des initiales et des terminaisons on passera, toujours à l'aide du répertoire de fiches, à la comparaison des syllabes, soit en retirant du répertoire tous les mots d'une syllabe et en les classant l'une après l'autre, soit en déclassant les mots polysyllabiques restants, en tenant simplement compte des syllabes pareilles qu'ils peuvent contenir : ainsi le mot *numérique* est classé avec le nom *immérité* à cause du dissyllabe commun *méri*, que l'expert peut ainsi facilement comparer.

Ces multiples décompositions de mots constituent une véritable dissociation graphique qui permet les découvertes les plus intéressantes : c'est grâce à elles qu'on découvre non seulement les différences entre deux écritures, mais aussi l'excès d'analogie entre les lettres et les syllabes que le classement par fiches fait défiler sous les yeux de l'investigateur, les unes après les autres. Dans tel cas, l'excès d'analogie mettra sur la voie pour découvrir que le document réputé faux a été forgé en

décalquant les mots tirés d'un document écrit par la personne
dont on veut imiter l'écriture.

La photographie, enfin, peut servir lorsqu'il s'agit de superposer le document faux au document authentique afin de découvrir s'il y a superposition exacte (et par conséquent décalque)
des deux écritures. Les investigateurs se servaient, à cet effet,
de petits calques exécutés à la main sur papier pelure qu'ils
transportaient de place en place sur les lettres ou les syllabes
soupçonnées d'avoir la même origine. Mais on peut remplacer avantageusement ces calques faits à la main par des
fac-similés photographiques agrandis, exécutés sur papier
pelure sensibilisé, puis frottés avec un alcoolat résineux. On
a ainsi une espèce de verre souple très transparent. La transparence de ces papiers est même si grande que deux mots,
non complètement identiques, étant mis l'un sur l'autre il
devient souvent difficile de distinguer quel est celui des deux
tracés (l'authentique ou celui qui est réputé faux) qui déborde
sur l'autre. Pour éviter cet inconvénient, il suffit de colorier les
mots qu'il faut juxtaposer, en teintes complémentaires, par exemple le mot authentique en rouge et le mot réputé décalqué en vert.
La superposition faite, partout où la concordance est complète
le tracé apparaîtra en noir, tandis que là où il n'y aura pas concordance absolue, le rouge ou le vert apparaîtra.

On sait, d'autre part, que l'écriture a un sexe, comme elle a
un âge et même une condition sociale. Le tracé graphique étant
un instrument d'enregistrement si délicat que toute émotion est
susceptible d'y être inscrite, l'écriture peut aussi indiquer l'état
d'âme du sujet au moment où il écrivait ; et les nombreuses
études des aliénistes nous ont enseigné quelles sont les particularités de l'écriture des fous. Un service d'identité et de photographie judiciaire pourra donc, à l'aide de la photographie et
de l'agrandissement, recueillir un grand nombre d'écritures
émanant de scripteurs de toutes les catégories, et ces docu-

ments, soigneusement collectionnés, pourront former des répertoires spéciaux dûment catalogués, monuments précieux d'études et d'observations.

.*.

Dans ces recherches de traces invisibles, il ne faut jamais oublier de se servir de la loupe. L'examen à la loupe est de première importance pour étudier sur les lieux le parquet, les tapis, les marches sur lesquels le criminel est passé, les murailles sur lesquelles il s'est appuyé, les objets qu'il a touchés, tels que couteau, vitre, bouteilles, etc., pour examiner les corps de délit de tout genre, tout ce qui se réfère à la documentation de l'affaire criminelle, et enfin pour examiner l'accusé lui-même. Il faut bien penser à ceci : qu'un assassin, si bien qu'il se soit lavé après le crime, garde pour quelque temps, sur lui ou sur ses vêtements, des traces de sang ou de lutte. Les ongles de l'homme qu'on va arrêter sous l'inculpation d'assassinat doivent être attentivement examinés à la loupe. Le sang loge souvent sous les ongles et résiste au premier lavage. Il en reste aussi des traces à la base des ongles, aux cheveux, dans la barbe et surtout dans les souliers. L'assassin ne pense pas à nettoyer à fond ses souliers, qui sont presque toujours exposés à se tacher de sang pendant l'assassinat ; quelquefois lorsqu'il lave ses vêtements, les traces de sang persistent. On les recherche à la loupe et à l'aide de la photographie, en se souvenant de l'observation très juste de Tourdes et de H. Gross, qui disaient que toute trace de sang sur un vêtement, quoique lavée, peut laisser sur la doublure des cercles toujours plus larges, comme ceux qu'on voit se produire lorsqu'on jette une pierre dans l'eau tranquille d'un lac.

Il sera très utile, lorsqu'on recherchera sur l'accusé lui-même les traces plus ou moins invisibles du crime, de le faire déshabiller pour examiner, même avec la loupe, si son corps présente les

15

vestiges d'une lutte. La méthode est ancienne et elle a toujours donné de bons résultats. C'est de cette façon qu'on a procédé lors de l'arrestation de Pranzini. On trouva sur ses jambes des traces de coups d'ongles presque invisibles et il ne sut pas en donner une explication satisfaisante. C'est de la même façon qu'on procéda lors de l'assassinat de Mme la duchesse de Praslin, dont nous avons déjà eu l'occasion de parler. On lit en effet dans le procès-verbal des experts : « Introduits dans la chambre de M. le duc de Praslin, nous l'avons engagé à se déshabiller complètement, et par l'examen attentif de toutes les parties du corps nous avons constaté, etc., etc... De l'examen qui précède nous concluons que : 1° M. le duc de Praslin porte aux deux mains et à une jambe de nombreuses traces d'excoriations et de contusions toutes récentes parmi lesquelles on distingue manifestement plusieurs coups d'ongles; 2° ces blessures qui, quoique légères, peuvent en raison de leur siège et de leur nombre être le résultat d'une lutte... »

Les traces de lutte consistent en coups d'ongles et griffures, quelquefois en morsures, qui se trouvent de préférence sur les mains, sur l'avant-bras et la partie antérieure de la poitrine : l'inspection commencera toujours sur ces régions. Mais dans bien des cas les particularités de la lutte ont déterminé des traces dans d'autres parties du corps, surtout aux jambes, lorsque l'assassin a tenté d'immobiliser sa victime à l'aide des genoux. Un homme soupçonné d'assassinat présentait une érosion de la partie moyenne de la jambe. La victime, blessée au cou et contusionnée au flanc gauche, avait été frappée quand elle reposait sur un canapé, et le meurtrier l'avait maintenue fortement avec un genou, tandis que son autre jambe se trouvait pressée et meurtrie par la barre du canapé. Le prévenu fut mis dans une position conforme et on constata, en effet, que la vive arête du canapé correspondait à la plaie contuse de sa jambe. (*Annales d'hygiène publique et de médecine légale*, t. VIII.)

Dans cette recherche des traces, plus ou moins visibles et plus ou moins cachées, sur le corps de l'inculpé, il ne faudra jamais oublier les ongles, non seulement parce qu'ils peuvent présenter, comme on l'a dit plus haut, des traces de sang, mais aussi des lésions qui échapperaient à l'inspection, si l'on n'en connaissait pas l'importance. Ce sont de petites lésions révélatrices, des coupures provenant d'un coup de couteau, des cassures récentes. Le docteur Coutagne a étudié cette question d'une manière remarquable et a raconté, à ce propos, le fait suivant. Dans un cas d'assassinat on avait trouvé, près de la porte forcée, des traces de sang, et un petit papier ensanglanté, jeté à terre, paraissant avoir servi à essuyer un doigt. L'examen de l'inculpé n'eut lieu que deux mois après : celui-ci présentait au doigt médius de la main droite une petite plaie cicatrisée de l'ongle et de sa matrice; l'inculpé l'attribuait à un accident arrivé six mois auparavant. Le professeur Coutagne étudia chez l'inculpé et d'autres sujets la rapidité de la croissance de l'ongle en déterminant que les ongles s'accroissent en raison d'un millimètre par semaine; aux orteils la croissance est quatre fois plus rapide. En appliquant ces conclusions à son examen, le professeur Coutagne établit que la cicatrice unguéale en question ne pouvait dater de plus de deux mois. Le sujet s'était blessé en forçant la porte ; il s'était ensuite essuyé le doigt sanglant avec un papier qu'il avait jeté à terre.

.

Dans toutes ces recherches, là où l'emploi de la loupe ne suffit pas, il ne faut pas hésiter à recourir au microscope. Le microscope peut jouer un rôle de premier ordre dans la recherche des traces désignées sous le nom de *taches* : ici il suffira de dire que le microscope peut venir en aide à la loupe et qu'on peut l'adapter à un appareil photographique pour obtenir une photographie de la préparation microscopique. C'est ce qu'on appelle la microphotographie. Des bijoutiers, à Paris, avaient fait fabriquer une imitation du poinçon de contrôle et l'appliquaient sur leurs bijoux. Ils furent découverts, mais ils soutinrent que les marques étaient véritables et que, si elles paraissaient douteuses, c'est que les poinçons étaient en mauvais état. La chose était soutenable, d'autant plus que, même avec une forte loupe, les différences apportées par les poinçons vrais et faux étaient minimes. Les marques avaient deux millimètres de largeur et on conçoit qu'il n'était pas très aisé de reconnaître tous les traits de la gravure. On étudia les marques au microscope et on en prit des épreuves microphotographiques. En les comparant à celles obtenues des véritables poinçons, il n'y avait plus de doute à avoir, les faux étaient évidents. Ces exemples pourraient être multipliés.

CHAPITRE VI

Les Traces révélatrices

TACHES ET TRACES DIVERSES

Parmi les traces que le criminel laisse sur son passage, ou porte sur lui-même après son crime, les *taches* sont d'une grande importance. Au point de vue de l'investigation judiciaire scientifique, on peut définir la tache : toute modification de coloration, toute souillure, toute addition de matière étrangère, visible ou non, à la surface du corps humain, sur un instrument, sur une étoffe, sur un objet quelconque, déterminée par le dépôt d'un produit solide, mou, ou, le plus souvent, liquide, et dont la nature et l'ancienneté peuvent servir à établir l'identité d'un individu, les relations ou l'intervention d'une personne ou d'un objet quelconque dans une affaire criminelle.

La tache est donc, comme l'empreinte, une trace de première importance ; seulement, tandis que le caractère le plus important — au point de vue de l'investigation judiciaire — de l'empreinte est la forme, dans la tache ce n'est que la nature. L'étude de l'empreinte s'occupe essentiellement de l'image et de la forme ; l'étude de la tache considère essentiellement la matière.

Certes, l'étude complète des taches de tout genre qui peuvent être trouvées sur le lieu du crime, ou sur la personne de l'accusé ou de la victime, est bien plus l'affaire de l'expert que de l'officier de police judiciaire. Celui-ci ne pourra certainement pas formuler dans tous les cas une opinion définitive sur la nature de la tache et sur sa signification. Pour se former une semblable opinion, il faut recourir à des analyses chimiques, spectroscopiques et microscopiques, qui ressortissent exclusivement au domaine du médecin-légiste. Cependant, il est absolument nécessaire que le magistrat, étant le premier à se trouver sur les lieux, recueille tous les éléments que son inspection lui indique comme susceptibles d'intéresser l'instruction du procès. Aussi doit-il connaître les questions qui se réfèrent aux taches, la valeur que celles-ci peuvent avoir et la manière de les conserver afin que l'expert les reçoive, par la suite, dans le meilleur état possible. Il devra savoir comment reconnaître si sur une étoffe foncée il existe ou non des traces de sang, etc. Il faut, en un mot, qu'il ait des connaissances scientifiques générales sur les taches afin de les chercher, de les recueillir et de les conserver. Que de fois un expert a reçu des vêtements que l'on s'était efforcé de réduire au plus petit volume possible pour mieux les empaqueter et sur lesquels cette manipulation avait fait disparaître les principaux caractères des taches ! Que de fois les objets suspects sont abandonnés ou oubliés dans un coin, et quand l'examen de l'expert devient nécessaire, la sécheresse ou l'humidité ont modifié complètement les taches, qui n'ont plus alors la même valeur judiciaire ! Ces faits se sont répétés si souvent que le parquet a dû plusieurs fois recourir à des circulaires. « Il est arrivé fréquemment — dit le texte de l'une d'elles — que des expertises ordonnées dans des affaires criminelles n'ont pu être utilement opérées sur les linges et vêtements soumis à l'examen des experts par suite de l'altération ou même de la disparition complète des taches san-

guinolentes ou autres, dont l'existence sur les linges et vêtements avait été signalée dans les premiers procès-verbaux d'enquête. La disparition de ces taches résultant évidemment du
contact et du frottement des étoffes qui les contiennent, lors de
la saisie de ces vêtements et de leur transport au greffe, il
importe de ne rien négliger pour préserver les parties de linge
maculées de tout contact susceptible de les dénaturer. Dans ce
but, je vous recommande en pareille circonstance d'enfermer
entre deux petits morceaux de coton bien assujettis toutes les
parties des vêtements saisis, sur lesquelles se révèlent les taches
principales, de nature suspecte, et je vous prie, en outre, de
veiller, lors de la confection des paquets de pièces à conviction,
à l'emploi de toutes les autres précautions indispensables pour
assurer à l'instruction la conservation d'éléments de preuves
toujours utiles et souvent décisifs dans les affaires criminelles. »

« La question des taches, ainsi que l'a écrit M. Lacassagne,
est devenue dans ces dernières années une des plus importantes ; elle est féconde en résultats, on peut le dire, parfois
merveilleux. L'accusation y trouve un de ses plus solides sou-
tiens et cette démonstration scientifique force souvent les aveux
du coupable. Mais, pour arriver à ce résultat, on ne doit pas
oublier qu'*il faut beaucoup de précaution et d'habileté pour
recueillir les taches et les conserver*... Les experts, d'autre part,
auront à déployer autant de patience que de connaissances
techniques pour apprécier ces indices révélateurs. »

*
* *

Les officiers de police judiciaire doivent rechercher les taches :
sur le corps de l'inculpé, sur celui de la victime, sur les vêtements, les instruments, les objets, qui ont pu avoir des rapports
avec la scène du crime, et sur les lieux mêmes du crime (par-
quets, meubles, murs). Les taches qu'on cherche le plus souvent sont celles de sang, celles de rouille, si elle a été produite

par le sang, celles d'urine, de fange, d'excréments, les crachats et celles provenant de débris de tissu humain. Toutes ces taches ont leur importance et plus d'une fois c'est à elles qu'on a dû la découverte du coupable.

Dans ces recherches il 'ne suffit pas de regarder, à l'œil nu, sur le parquet, par terre, sur les murs, sur les vêtements, pour trouver des taches ; il faut examiner minutieusement à l'aide de la loupe, qui met presque toujours en évidence des détails que l'œil n'avait pas découverts dans une inspection trop sommaire ; il n'est personne qui se soit servi de la loupe qui ne reconnaisse les très grands services qu'elle rend et qu'on ne pourrait pas imaginer lorsqu'on n'a pas l'habitude de se servir de cet instrument. On cherche les taches de sang sur le plancher, les parois, les tapisseries, le marbre des cheminées, les glaces, le plafond même. On pourra soulever le plancher, car le sang liquide a pu s'infiltrer entre les planches ; dans l'affaire Billoir, c'est seulement au-dessous du plancher que l'on a trouvé la preuve d'un abondant écoulement de sang. Les serrures, les clefs, les marches et la rampe de l'escalier, les cabinets d'aisances sont aussi examinés ; dans la chambre il peut être utile de défaire les coussins du lit et les matelas pour découvrir les taches intérieures.

On recherchera aussi les taches de sang sur les objets volés : Tourdes en avait constaté sur une pièce d'or qui faisait partie du trésor d'un israélite assassiné avec sa femme pendant la nuit. La pièce portant cette tache sanglante avait été saisie sur l'un des meurtriers.

Il ne faut pas oublier non plus que la recherche d'une tache se fait souvent mieux à la lumière artificielle — par exemple d'une bougie ou d'une lanterne — qu'à la lumière naturelle. C'est pour cela qu'il sera toujours bien d'inspecter les lieux ou les objets où l'on suppose l'existence de taches, à la lumière artificielle, après l'avoir fait à la lumière du jour. L'emploi de la loupe est nécessaire dans l'un et l'autre cas.

Quelquefois, lorsqu'on soupçonne qu'une étoffe très foncée a été éclaboussée de petites gouttes de sang, la loupe et la lumière artificielle ne suffisent pas, et l'on peut recourir alors à la méthode des empreintes obtenues à l'aide du gaïac, cet excellent révélateur du sang. On humecte avec de l'eau l'étoffe suspecte, puis on la comprime fortement avec un papier blanc, non collé, plié plusieurs fois. Il se produit sur ce papier une coloration rouge ou brune ; on dépose sur ces empreintes rougeâtres la teinture de gaïac, puis, aussitôt après, de l'essence de térébenthine ; quelque faible quantité de sang que contienne le papier, la coloration bleue se manifeste. Toutes les taches de sang, même les moins apparentes, apparaissent en bleu avec une telle évidence qu'on peut décrire leur forme, et même les recopier au dessin. Il ne faudra pas oublier d'essayer au préalable le gaïac sur le papier dont on se sert pour s'assurer que celui-ci ne bleuit pas lui-même sous l'action du gaïac. D'autre part, comme la coloration bleue ne reste pas longtemps, il sera bon de décalquer les contours des taches sur une feuille de papier blanc, immédiatement après l'opération. Dans une affaire d'assassinat, M. Brouardel et M. Vibert ont pu reconstituer de cette manière et montrer aux jurés la forme exacte et les dimensions de taches de sang, entourées d'éclaboussures sanguines, qui se trouvaient sur un pantalon d'étoffe très foncée.

Dans le cas où on se trouve en présence d'un certain nombre de taches dont on ignore si elles sont de sang, et qu'on veuille rapidement s'assurer de leur nature pour les conserver s'il y a lieu, on peut aussi procéder de la manière suivante : on place sur une lame de verre ou sur un débris de porcelaine un petit morceau de cristal de soude et on chauffe ; il y a dégagement d'une légère odeur alcaline : si à ce moment on ajoute une trace de sang, il se produit une forte odeur de corne brûlée très caractéristique. On saura ainsi qu'il s'agit de sang et on procédera en conséquence.

.*.

Une fois qu'on a découvert l'existence de taches suspectes, — quelle que soit leur nature, — il s'agit de les conserver pour toute éventualité de l'instruction. A cette fin il sera très utile que l'officier de police judiciaire, sur les lieux mêmes qu'il a inspectés, commence par faire une description écrite des taches qu'il a trouvées et qu'il croit devoir être utiles à l'instruction. Il en indiquera exactement la situation, il en fera une description sommaire en caractérisant leur aspect, leur couleur et leur dimension. Un dessin complétera la description; au moyen d'un papier à décalquer, l'officier de police judiciaire pourra reproduire toutes les taches qui se trouvent sur une surface lisse — parquet, muraille, table — et s'il n'est pas possible d'employer le décalque on peut copier au crayon, en se servant d'un compas pour mesurer exactement la longueur et la largeur des taches. Ces dessins, ajoutés au procès-verbal, où l'on a déjà fait la description de la tache, lui donnent la plus grande clarté.

On peut recourir aussi à d'autres moyens. S'il s'agit, par exemple, d'une chemise de laine présentant de nombreuses taches de sang ponctuées occupant la face externe et la face interne de la chemise, on peut craindre que des frottements ultérieurs, malgré toutes les précautions, ne fassent tomber les petites croûtes sanguines. Alors, pour garder l'indication exacte des taches, on peut, sur une chemise blanche, reproduire à l'encre la disposition que chacune des taches de sang occupe sur la chemise de laine, en s'efforçant toujours de donner à ces marques faites à l'encre la forme de la tache sanguine qu'elles représentent.

La photographie aussi joue dans la conservation de l'aspect des taches un rôle important. En photographiant un ensemble de taches de manière que le verre dépoli soit parallèle à la surface où les taches se trouvent, on obtient une bonne repro-

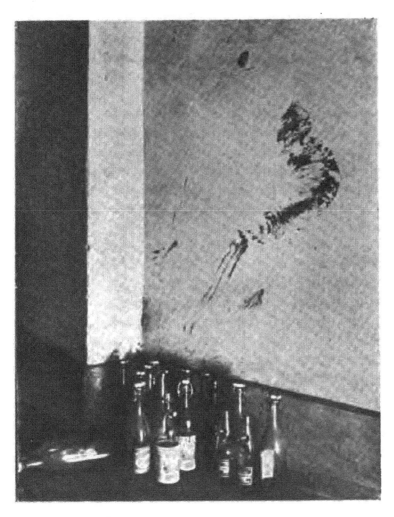

FIG. 107. — PHOTOGRAPHIE DE TACHES DE SANG SUR LE LIEU
DU CRIME. (Service de photographie judiciaire du parquet de
Lausanne.)

duction de leur forme et de leur disposition. Nos photographies
ont déjà montré plus d'une fois quelques exemples de la reproduction de taches : la figure ci-dessus (figure 107) est, à cet

égard, caractéristique. Elle a été faite par le service de photographie judiciaire de Lausanne sur le lieu d'un assassinat dans le but de conserver la position, la forme et la direction des taches de sang sur le mur d'une pièce où le crime avait été commis.

Lorsqu'il s'agira de photographier des taches de sang se trouvant sur des étoffes ou des tapisseries de couleur rouge ou foncée, on procédera par des plaques sensibles orthochromatiques, en ayant le soin d'intercaler entre l'objectif et les taches un filtre jaune : les taches ressortiront alors, sur la plaque, d'une manière remarquable. Voici, d'ailleurs, le tableau dressé par M. R.-A. Reiss sur ce sujet :

LES TACHES SE TROUVENT SUR FOND :	PLAQUES A EMPLOYER :
1º Bleu pâle, gris clair, jaune très clair, vert clair	Plaques ordinaires.
2º Jaune foncé, vert foncé, rouge.	Plaques orthochromatiques avec filtre jaune.
3º Bleu foncé, noir, gris foncé ...	Plaques ordinaires avec filtre bleu.

Toutefois, ce qu'il y a de mieux à faire lorsqu'on est en présence de taches suspectes, c'est, s'il est possible, de les emporter, en enlevant l'étoffe, le bois, ou le fragment d'objet où les taches se trouvent.

* *

Les indications à retirer des taches ainsi décrites et conservées sont infinies. S'il s'agit de taches de sang, il est possible de reconstruire certains détails de la scène du crime, établir dans quel endroit de la pièce la victime a été frappée ; on peut reconnaître des gouttelettes résultant d'un jet artériel, et, suivant qu'elles se trouvent sur la face interne ou sur la face externe d'un vêtement, elles auront une signification différente. Dans un cas où des taches sanguines se trouvaient à la partie inférieure et antérieure des jambes d'un pantalon, l'inculpé les attribuait à une blessure qu'il avait reçue à la cuisse. Or il n'existait pas de traces de cette blessure et on fit remarquer à l'accusé que celle-ci aurait dû tacher la partie interne du pantalon en même temps que sa face extérieure. Dans un autre cas où un pantalon présentait plusieurs petites taches sanguines au devant de chaque jambe, l'inculpé expliquait leur présence par des hématuries dont il aurait été atteint; mais il aurait été étrange que le sang eût souillé uniquement la partie externe du pantalon (Dr Vibert).

Dans les cas de simulation d'accident, les taches de sang ont plusieurs fois joué le rôle de traces révélatrices. Ce sont les cas où le meurtrier, après avoir mis à mort sa victime, l'a précipitée d'un lieu élevé, ou l'a déposée de manière à laisser croire qu'elle a été écrasée par une voiture ou par le chemin de fer. Les blessures infligées par le meurtrier peuvent être alors attribuées à la chute ou à l'écrasement. C'est alors non seulement dans la forme et le siège des ecchymoses, dans la direction des blessures, dans la situation qu'occupait le cadavre au moment où il a été trouvé, dans les traces de lutte portées par le corps, dans la disposition même des lieux, qu'on trouvera autant d'indices pour résoudre le problème, mais aussi dans les taches de sang trouvées sur les lieux. Elles peuvent révéler les détails les plus saillants du drame et témoigner qu'il s'agit de crime.

C'est ce qui eut lieu dans le procès de l'avocat de Tourville qui, après avoir jeté sa femme dans un précipice, voulait faire croire au suicide de celle-ci. L'inspection des lieux où le fait s'était passé mit en relief que le bord de la route n'était pas taillé à pic, mais se continuait par une pente assez douce, parsemée de troncs d'arbres et d'autres obstacles, qui aboutissait assez loin à un précipice; l'endroit, par lui-même, rendait presque impossible l'accomplissement d'un suicide, mais, en outre, il existait depuis la route jusqu'au précipice un large sillon sanglant non interrompu, et qui paraissait bien avoir été produit en traînant le corps. Ce sillon sanglant joua ainsi le véritable rôle de trace révélatrice.

Il en fut de même de plusieurs taches de sang dans une intéressante affaire racontée par Vibert (d'après Taylor). Il s'agissait toujours d'une simulation d'accident mise en relief par la présence et la situation des taches de sang relevées pendant l'inspection des lieux. On avait découvert une femme morte au pied de l'escalier d'une cave, et l'autopsie prouva qu'elle avait succombé à une fracture du crâne et de la colonne vertébrale produite par la chute ; cependant on trouva sur le mur, à une hauteur de quatre ou cinq pieds au-dessus de la marche supérieure, des taches récentes de sang qui, d'après leurs caractères, provenaient d'un jet artériel. Il existait, en effet, dans la région temporale droite, une plaie qui avait ouvert l'artère. Il était clair que la plaie avait été faite au haut de l'escalier et que la femme avait été ensuite précipitée, ce qui fut en effet démontré par l'enquête ultérieure.

La position des taches de sang étudiée sur les lieux ou sur la photographie des lieux peut aussi révéler l'endroit où la victime a été frappée et le trajet qu'elle a accompli avant de s'affaisser pour la dernière fois. Ces questions, cependant, sont toujours très délicates à résoudre ; les règles générales qu'il faut tenir présentes dans ces cas sont celles-ci. Quand la victime s'affaisse et meurt à l'endroit même où l'assassin l'a blessée, le sang se trouve uniquement près du corps. Il n'y a, dans ce cas, que les gouttelettes résultant d'un jet artériel qui peuvent tacher les parois, les endroits éloignés du cadavre et même le plafond. Si l'on trouve, au contraire, des taches de sang larges et nombreuses dans des endroits divers de la chambre, ou d'un espace plus large, il se présentera immédiatement à l'esprit la supposition que la victime a parcouru une certaine distance après avoir été blessée, ou que le corps a été transporté après la mort; dans ce dernier cas on reconnaît assez facilement les traces produites en traînant un corps ensanglanté. Dans l'autre cas, on dira que la victime, à l'endroit où l'on trouvera une très grosse tache de sang, résultant d'une grande hémorragie, a été frappée par un coup assez grave qui a ouvert un gros tronc artériel. Si, au contraire, un examen de la blessure montre qu'elle ne pouvait saigner abondamment, on devra conclure que la victime s'est traînée après avoir été frappée et qu'elle est morte là où se remarque la plus grande quantité de sang. Enfin, si l'on trouve en plusieurs endroits les gouttelettes du jet de sang artériel, on aura la preuve que la victime s'est déplacée après avoir été blessée.

Dans le *Journal de médecine et de chirurgie pratique*, on trouve un très curieux exemple d'interprétation de taches de sang, que nous ne donnons ici qu'à titre de curiosité. Le docteur Jones, de la Nouvelle-Orléans, chargé de rechercher des taches sur le vêtement d'un inculpé, constata que c'étaient des taches de sang humain, et, de plus, il crut pouvoir affirmer, vu la grande quantité de globules blancs, que ce sang provenait d'un sujet qui avait eu récemment ou avait encore à l'époque du meurtre des atteintes de la malaria. L'enquête prouva que le vieillard assassiné avait eu, à l'époque du crime, des accès de fièvre intermittente.

Dans une affaire d'assassinat, à Asnières, on avait constaté, sur les vêtements de l'inculpé, des taches de sang. Il l'expliqua en disant que, le jour même du crime, il avait dû assister, en qualité d'infirmier, à une opération sanglante, à la Pitié, et qu'il avait, sans y prendre garde, déposé son veston sur une table d'opération. Mais un examen des taches de sang prouva que les maculations observées sur ce veston ne provenaient point d'un *contact*, mais d'une *projection*.

*
* *

D'autres indications encore sont fournies par l'examen d'une goutte de sang : on peut distinguer les taches formées par du sang humain de celles formées par un sang autre, en s'appuyant sur les caractères morphologiques des globules sanguins ; on peut reconnaître si le sang provient d'un fœtus, grâce au diamètre plus considérable des hématies, qui atteignent quelquefois un centième de millimètre ; il est possible enfin, dans certaines limites, de trouver de quelle partie du corps le sang provient en résolvant le problème d'une façon détournée par la constatation d'éléments particuliers au milieu des globules sanguins. Ainsi des fragments de tissu cellulo-adipeux, des cheveux, des cellules épithéliales, mélangés à la tache de sang, indiquent de quelle partie du corps elle provient.

A l'examen microscopique, le sang peut présenter d'autres éléments qui servent d'indication à l'établissement de l'identité. Ainsi, on y trouve un nombre très grand de leucocytes dans plusieurs conditions pathologiques ; des granulations pigmentaires assez abondantes pour donner au sang une coloration ardoisée, chez les paludéens, surtout au cours des accès pernicieux ; des agents infectieux, comme l'hématozoaire du paludisme ou le spirille d'Obermeier.

Mais ces dernières questions concernent le médecin-légiste et non pas les magistrats chargés d'inspecter les lieux ; nous les avons simplement indiquées, pour montrer l'importance qu'ont les taches et le grand soin qu'il faut mettre dans leur recherche et dans leur conservation.

*
* *

Les taches d'excréments, que les criminels laissent quelquefois sur le lieu du crime, comme on a eu déjà l'occasion de le remarquer, peuvent, elles aussi, fournir des indications précieuses.

A une première inspection, passée à œil nu, on pourra d'abord y déceler des résidus alimentaires et avoir ainsi des indications sur ce que le coupable a mangé dans la journée. Parfois on y trouvera des aliments moins digérés ; ce phénomène, désigné sous le nom de lienterie, indique une altération étendue de la muqueuse digestive ou l'existence d'une fistule, qui fait communiquer entre elles deux anses intestinales éloignées et soustrait une partie des aliments à l'action des sucs digestifs. N'est-ce pas là une remarquable indication pouvant servir à l'établissement de l'identité ?

On peut aussi découvrir dans ces matières des corps solides (qu'on recherche en jetant les excréments sur un tamis qu'on place sous un courant d'eau) : on observe dans le résidu, outre quelques débris alimentaires, des productions pierreuses. Elles proviennent soit de l'intestin lui-même, soit des voies biliaires (calculs hépatiques). On peut, enfin, y trouver des fausses membranes : elles sont souvent mélangées à du mucus et on les confond fréquemment avec des débris de ténia. La présence de ces productions, qui tiennent à une desquamation continue de la muqueuse, indique l'existence d'une affection intestinale, extrêmement rebelle à tout traitement, l'entérite muco-membraneuse. Ce sont là autant d'indications d'identité.

L'examen microscopique mettra en plus grande évidence des débris provenant surtout de végétaux très variables. Ils sont souvent assez bien conservés pour que, dans le cas où cela aurait de l'importance, un botaniste puisse les déterminer. Parfois encore on rencontre dans les excréments des œufs de vers intestinaux et des parasites entiers.

En 1899, à Lyon, une vieille femme avait été trouvée assassinée et, sur le lit de la victime, des excréments attestaient que le criminel avait ajouté à son crime une immonde souillure. Le docteur Lacassagne découvrit dans ces excréments

16

une grande quantité d'oxyures vermiculaires et, en ayant répété l'examen sur les excréments de huit personnes sur lesquelles pesaient des soupçons, il trouva les mêmes oxyures sur une de ces huit personnes ; cette preuve, réunie à d'autres que l'instruction avait recueillies, força l'assassin à avouer son crime.

* *

S'il arrive quelquefois de rencontrer des taches d'excréments laissées par le coupable sur le lieu du crime, il est plus rare de trouver, dans un vase, de l'urine qu'on puisse avec certitude attribuer au coupable. Il ne faudra pas oublier, dans ce cas, que ce résidu pourrait servir à donner des indications assez précises sur l'homme qu'on cherche, l'urine pouvant présenter, de la même manière qu'on l'a vu pour les excréments, des témoignages précieux sur l'identité de l'homme à qui on l'attribuera.

On peut, en effet, retrouver, à l'examen microscopique de l'urine, des cellules d'origine rénale (dans les cas pathologiques) coexistant généralement avec des cylindres de matière colloïde (1), des fragments de tissus normaux ou néoplasiques dans les cas de tumeurs, moins fréquemment des parasites animaux (échinocoque et le distome de Bilharz) ; on y trouve quelquefois des globules sanguins (hémoglobinurie), des pigments biliaires, l'albumine et le sucre. Il est évident que la comparaison de l'urine attribuable au criminel avec celle de l'homme sur lequel pèsent les soupçons pourrait rendre, dans ces cas, de véritables services.

---

(1) La matière colloïde joue en pathologie un grand rôle. Elaborée dans les cellules malades, elle peut en être expulsée, et si elle tombe dans un conduit excréteur (c'est ce qui a lieu dans le rein) elle est rejetée de l'organisme. Dans ce cas, les masses colloïdes se fusionnent et constituent des cylindres que l'examen microscopique révèle dans l'urine.

Ce sont là des traces assez importantes, qui accusent un état bien déterminé de pathologie dans l'individu, et de la même manière que de l'examen des traces de pas on peut établir le genre de maladie nerveuse de celui qui les a produites, ainsi de l'examen de ces indications on peut établir la maladie de l'individu qui a laissé ses taches d'excréments ou ses urines. Il ne faut jamais oublier que chaque homme constitue une individualité bien déterminée, impossible à confondre avec une autre, et que cette individualité, si bien déterminée, ne se manifeste pas seulement dans la forme de l'organisme, mais aussi dans toutes ses fonctions. Si nous ne nous apercevons pas des différences qui séparent chaque individualité l'une de l'autre, c'est que nos moyens d'investigations sont inexacts ou insuffisants.

Ces mêmes traces de l'existence d'une morbidité bien déterminée chez l'homme dont il s'agit d'établir l'identité peuvent être révélées par l'examen des crachats, et il est arrivé assez fréquemment qu'on eut à étudier des crachats laissés par le criminel sur le lieu du crime.

Leur examen microscopique peut indiquer une lésion destructive du poumon, abcès, caverne, lorsqu'on y trouve des fibres élastiques. En cas de bronchite putride ou de gangrène pulmonaire, on trouve dans les crachats des cristaux de margarine et de cholestérine, de leucine, de tyrosine. D'autres fois, des cristaux particuliers (cristaux de Charcot-Leyden), se présentant sous forme d'octaèdres allongés et brillants, indiquent un accès d'asthme.

A l'œil nu on peut y déceler des productions plus ou moins organisées : des pseudo-membranes provenant du larynx, parfois de la trachée ou des bronches, se présentant, dans quelques cas, sous un aspect ramifié qui reproduit la disposition de l'arbre respiratoire. Elles indiquent, très fréquemment, une variété de la bronchite chronique, désignée pour cette raison sous le nom de pseudo-membraneuse. On peut y trouver encore de petits grains de coloration jaune, indice d'un foyer actinomycosique ouvert dans les poumons (1).

C'est, finalement, bien attentivement et toujours à la loupe qu'il faudra examiner, pendant une inspection chez l'accusé, les marteaux, cognées, haches, hachettes, couteaux, et tout ce qui aurait pu servir à l'assassin pour blesser et tuer sa victime, afin de découvrir sur ces instruments les taches de tissu humain qui se serait collé à l'objet pendant l'assassinat. Il faut, dans ces cas, examiner surtout le point où le fer pénètre dans le manche, parce que c'est le plus souvent là que les fragments de tissu humain viennent se coller ; ils pénètrent dans l'interstice qui existe toujours en ce point et ils ne sont pas facilement enlevés par un nettoyage même prolongé. Ce sera l'expert qui, plus tard, examinera au microscope ces taches suspectes : on peut arriver, à l'aide de cet examen, à des résultats vraiment merveilleux. Le professeur Robin n'est-il pas arrivé à indiquer les caractères qui permettent de distinguer dans les taches de ce genre le tissu adipeux de l'homme de celui du bœuf et du mouton ? Chez ceux-ci les cellules adipeuses sont beaucoup plus volumineuses et de dimensions plus uniformes ; leur contenu ne coule pas en goutte, grâce au point de fusion plus élevé de la graisse qui le constitue. Cette recherche fut faite dans une affaire où la profession de boucher exercée par l'assassin pouvait conduire à une interprétation inexacte des taches trouvées sur l'arme dont il s'était servi.

(1) L'actinomycose est une maladie liée à la présence d'un végétal spécial, l'actinomycète, et se présentant, dans les lésions qu'il provoque, sous forme de grains jaunes, visibles à l'œil nu.

.*.

A côté des empreintes et des taches, il existe une grande quantité de traces d'autre sorte sur lesquelles l'officier de police judiciaire devra porter toute son attention. Ainsi, les corps du

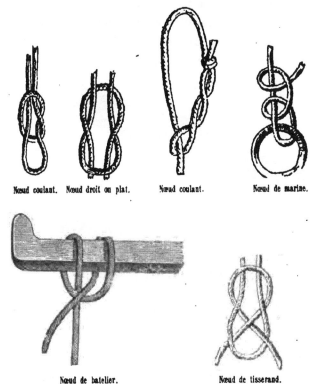

Nœud coulant. Nœud droit ou plat. Nœud coulant. Nœud de marine.

Nœud de batelier. Nœud de tisserand.

FIG. 108. — NŒUDS DE DIFFÉRENTES ESPÈCES, RÉVÉLATEURS DE LA PROFESSION

délit, ou leurs débris, qu'on retrouve sur les lieux fournissent souvent des indications précieuses.

Tel projectile accuse l'arme de laquelle il est sorti (1) et peut dénoncer le meurtrier de plusieurs façons : ce seront des défor-

(1) V. dans le « *Vade-Mecum* du médecin expert », du Dr Lacassagne, la reproduction des différentes sortes de balles de revolver (pages 81-88).

mations normales ou un nombre de rayures en rapport avec le calibre d'un revolver spécial, ou bien des vices de construction de l'arme qui impriment au projectile un signe d'identité caractéristique. Dans l'affaire Echallier (assassinat de Claude Moiroud, 23 janvier 1888) on trouva dans le cadavre plusieurs balles rayées par une sorte de sillon en gouttière. En examinant l'arme saisie chez celui qu'on soupçonnait être l'auteur de l'assassinat, on découvrit que la mire de l'arme faisait saillie

FIG. 109 A. — UNE TRACE RÉVÉLATRICE : LE DÉBRIS D'UN COUTEAU.
(Service de l'identité judiciaire de Dresde.) (Voir la fig. 109 B.)

dans l'intérieur du canon d'une façon anormale et que c'était elle qui avait tracé le sillon en gouttière trouvé sur les balles (Lacassagne).

Dans les cas de pendaison, ou de ligotement du cadavre ou de la victime, la manière dont les nœuds ont été faits peut avoir sa valeur révélatrice, car il y a plusieurs manières de faire les nœuds et certaines professions emploient exclusivement une sorte de nœuds plutôt qu'une autre (figure 108).

Les débris du corps du délit ont aussi leur importance. Dans une affaire d'assassinat, à Dresde, on trouva que la pointe d'un gros canif ayant servi au meurtrier pour commettre son crime était restée dans un os du crâne de la victime ; en comparant cette pointe avec la lame d'un gros canif dépourvu de sa pointe et saisi chez l'inculpé, on constata que le débris extrait du cadavre coïncidait exactement avec le couteau saisi (figure 109 A et B).

Il est bon, à ce propos, de remarquer que, dans les cas de dépeçage criminel, les débris eux-mêmes du cadavre de la victime peuvent présenter des traces révélatrices de la personnalité du criminel, surtout à cause du mode de section. Des incisions régulières, des désarticulations sans tâtonnement, ont été certainement opérées par un boucher, ou par un ancien étudiant en médecine, ou par un garçon d'amphithéâtre ; une cuisinière divise — comme cela est arrivé — le

FIG. 109 B. — UNE TRACE RÉVÉLATRICE : LE DÉBRIS D'UN COUTEAU. (Service de l'identité judiciaire de Dresde.)

corps d'un enfant avec une régularité caractéristique. Si les débris ont été recouverts par un linge ou une serviette, ficelée ou cousue, la manière dont le nœud est fait peut indiquer la profession de l'assassin ; dans un cas la couture du linge, régulièrement faite, révélait qu'elle était l'œuvre d'une femme (Tourdes).

C'est ainsi que Avinain, employé à l'amphithéâtre des hôpitaux ; Prévost, ancien garçon boucher ; Lebiez, étudiant en médecine, avaient fait des incisions techniques, ayant un caractère professionnel. Quelquefois la direction des incisions indiquera si l'assassin-dépeceur était droitier ou gaucher.

Une indication d'une certaine importance, en effet, est celle donnée par les traces attestant que l'assassin était un gaucher. Les gauchers ne sont pas très fréquents, et le fait de savoir qu'un crime a eu pour auteur un gaucher peut très bien, avec d'autres indications, mettre sur la piste du criminel. Victime d'un meurtre, le gaucher est frappé à gauche quand il peut se défendre; auteur d'un meurtre, s'il attaque par devant il frappe à droite et dans la direction de droite à gauche; mais s'il surprend la victime par derrière, c'est sur le côté gauche qu'il fera les blessures. Dans une observation ancienne d'Astley Casper, la disposition, la localité et la direction de la blessure faisaient présumer qu'un gaucher était l'auteur du meurtre. L'ami du défunt était gaucher; les soupçons se portèrent sur lui, et sa culpabilité fut démontrée. Dans les cas de strangulation, les ongles et les doigts laissent sur le cou — comme nous avons eu l'occasion de l'indiquer — l'empreinte de leur forme : normalement le pouce à droite et les quatre doigts à gauche; mais, si le cas inverse se présente, c'est que l'auteur du crime est un gaucher.

Si, pendant une inspection, on soupçonne de se trouver en face de cendres provenant d'une combustion criminelle (les criminels ont plus d'une fois recouru à la combustion pour faire disparaître le cadavre de la victime), on conservera soigneusement les cendres et les débris calcinés. Si la combustion a été incomplète, ce qui arrive le plus souvent, les traces sont quelquefois très évidentes, même à une première inspection. On trouvera parmi les cendres et les débris, des objets de métal, des boutons, des bijoux, ayant appartenu à la victime. On tamisera aussi, dans le cas de combustion complète, les cendres pour y rechercher les débris d'os qui ont souvent échappé à la calcination. La cendre à elle seule semble avoir une valeur révélatrice.

Orfila avait cherché, par l'analyse chimique, à différencier les cendres végétales des cendres animales. Tardieu et Roussin ont cru pouvoir déterminer qu'il s'agissait de cendres provenant d'un cadavre animal d'après la proportion de fer retiré des cendres ; les cendres végétales et animales n'en renferment que des quantités minimes.

Nous devons parler aussi des traces constituées par les vêtements que le coupable laisse sur les lieux. Ces traces peuvent donner des indications de premier ordre ; grâce à un travail très minutieux et très patient de M. Georges Bertillon, on peut aujourd'hui reconstituer, avec quelques probabilités de réussite, le signalement anthropométrique d'un homme au moyen de ses vêtements (1). Il arrive parfois que l'instruction n'ait, comme trace importante, que les vêtements du coupable, soit parce que l'assassin a revêtu les habits de sa victime et laissé les siens cachés à peu de distance, ou même en ait habillé le cadavre (affaire Hoyos), soit qu'ils aient été trouvés dans une valise saisie, etc. Dans ces cas, la reconstitution du signalement anthropométrique de l'assassin d'après les pièces d'habillement servira à retrouver, en quelques heures, l'assassin lui-même. Au service de l'identité de la préfecture de police de Paris on conserve, en effet, plus de 200.000 fiches anthropométriques d'individus qui ont passé par le service, et elles sont classées de manière qu'on peut retrouver presque instantanément la fiche que l'on cherche ; il ne serait donc pas impossible de rechercher celle qui correspond au signalement anthropométrique dressé d'après les vêtements du criminel. Il est vrai que le signalement anthropométrique dressé d'après les vêtements n'est pas rigoureusement exact ; il ne donne que des résultats approximatifs ; mais ceux-ci peuvent, cependant, per-

(1) Georges BERTILLON. *De la reconstitution du signalement anthropométrique au moyen des vêtements.* Thèse de Lyon, 1892.

mettre de faire une recherche fructueuse dans les casiers des fiches anthropométriques.

La manière d'établir le signalement anthropométrique d'un individu d'après ses vêtements repose sur une loi qu'on a appelée *paradoxe anthropométrique* et que l'on doit à M. Alphonse Bertillon. Celui-ci, dans un article de la *Revue scientifique* (27 avril 1889) s'est posé cette question : étant donné un segment humain, dans un cas de dépeçage criminel, indiquer la taille du sujet auquel il a appartenu, et a établi qu'il ne fallait pas trouver un seul coefficient pour chaque segment humain, — de manière que chaque segment humain ayant un coefficient déterminé, il suffirait de multiplier ce coefficient par le segment humain afin d'obtenir la taille, — mais qu'il fallait, au contraire, établir pour chaque segment humain *plusieurs* coefficients différents suivant la longueur du segment. Le même segment humain, en d'autres termes (pied, main, etc.), aura plusieurs coefficients, et l'on se servira de chacun d'eux selon que le segment sera plus ou moins long. Ces coefficients sont d'autant plus petits que le segment est plus long.

En partant de ce principe, M. Georges Bertillon a construit des tableaux qui permettent la reconstitution probable du signalement anthropométrique d'après les vêtements en se servant de coefficients qui varient avec la longueur du même segment.

Etant donné un soulier, quelle est la longueur du pied correspondant ? Un examen du soulier fixera d'abord s'il s'agit d'un soulier trop grand, trop petit ou ajusté. Le soulier trop grand est reconnaissable à ce que son empeigne (c'est-à-dire la pièce de cuir qui recouvre la face dorsale du pied) présente des plis transversaux plus longs, plus larges, plus profonds et plus nombreux qu'à l'ordinaire. Le contour des orteils, en outre, se devine aisément, et le soulier tout entier affecte la forme dite en bateau. Le soulier trop petit, au contraire, présente souvent un commencement de déchirure sur les côtés de l'empeigne : le bout antérieur de la semelle et le talon dans la partie postérieure sont profondément usés. Le reste de la semelle est intact. Toutes ces marques proviennent de ce que le soulier est une sorte de moulage du pied en activité et qu'il porte ainsi imprimées dans ses plis les traces des efforts et des mouvements du pied lui-même.

On observe, ensuite, si le soulier appartient à une de ces trois différentes espèces : *fine*, de *grosseur intermédiaire* et *grosse* ou *de campagne*. Sa forme, ses clous, son aspect, suffisent pour le classer immédiatement dans une de ces trois catégories. On procède, enfin, à la mensuration du soulier, en prenant les précautions que voici : le soulier étant placé sur une table, on applique la branche fixe d'un compas à glissière du côté du talon de la chaussure sur le contrefort, de telle sorte que le bord inférieur de cette branche fixe se trouve au niveau de la rainure qui sépare le talon proprement dit du contrefort. Puis, le grand axe de l'instrument étant placé parallèlement au grand axe du soulier et du côté de son bord interne, on fait glisser la branche mobile du compas jusqu'à ce qu'elle s'applique exactement sur l'extrémité antérieure de la chaussure, et de manière que le bord inférieur de cette branche mobile entre dans l'interstice qui sépare la semelle du bout de l'empeigne. Le compas à glissière ne doit donc pas reposer sur le sol; il en est séparé en arrière par toute la hauteur du talon, en avant par la hauteur variable de la pointe du soulier au-dessus de terre; on mesure ainsi sur le soulier la dimension qui se rapproche le plus de la dimension correspondante du pied.

Ayant ainsi déterminé la nature du soulier et ayant pris sa longueur, on calcule, à l'aide du tableau suivant, dressé par M. Georges Bertillon, la longueur du pied :

ESPÈCE de la CHAUSSURE	QUALITÉ de L'AJUSTEMENT	VALEUR A RETRANCHER de la LONGUEUR DE LA CHAUSSURE pour obtenir LA LONGUEUR DU PIED
		millimètres
Fine	Ajusté	16
De grosseur in-termédiaire	Trop courte	8
	Ajustée.	19
	Trop longue	31
Grosse, de cam-pagne	A peu près ajustée .	30

Les calculs de M. G. Bertillon démontrent qu'à l'aide de ce tableau on a le moyen de reconstituer la longueur du pied par le soulier, à 3-7 millimètres près. Si l'on tient compte des variations importantes qu'on observe dans la longueur du pied, on voit que l'approximation de 3-7 millimètres montre bien que le soulier est un élément de reconstitution du pied suffisamment précis pour permettre une recherche dans le répertoire anthropométrique.

Étant donné un chapeau, quelles sont la longueur et la largeur de la tête de son propriétaire ? (1) Pour le chapeau, comme pour le soulier, il faudra d'abord déterminer s'il s'agit d'un chapeau large ou étroit. L'absence de cuir à l'intérieur du chapeau est un indice qui fait songer à un chapeau trop étroit, que son propriétaire a essayé d'élargir. On pensera le contraire lorsque entre le cuir et le chapeau on trouvera des bandes de papier ;

---

(1) Les deux diamètres de la tête, comme on le verra plus en avant, constituent deux des éléments les plus importants du signalement anthropométrique.

ce sont là les seuls indices qu'on puisse avoir sur la manière dont le chapeau est ajusté.

On mesure, ensuite, la largeur et la longueur du chapeau à l'aide de la réglette des chapeliers, en ayant le soin de ne jamais altérer le contour du chapeau en le mesurant ; puis on calcule les dimensions de la tête d'après le tableau ci-dessous (G. Bertillon) :

LONGUEUR du CHAPEAU	VALEUR à retrancher de la longueur du CHAPEAU DUR pour reconstituer la longueur de la tête	VALEUR à retrancher de la longueur du CHAPEAU MOU pour reconstituer la longueur de la tête	LARGEUR du CHAPEAU	VALEUR à retrancher de la largeur d'un CHAPEAU DUR pour reconstituer la largeur de la tête	VALEUR à retrancher de la largeur d'un CHAPEAU MOU pour reconstituer la largeur de la tête
centimètres	centimètres	centimètres	centimètres	centimètres	centimètres
α — 18.7	0.15	0.35	α — 15.7	0.40	0.50
18.8 — 19.2	0.22	0.34	15.8 — 16.2	0.33	0.65
19.3 — ω	0.25	0.40	16.3 — ω	0.46	0.75

Les résultats obtenus au moyen de ce tableau présentent, pour les chapeaux durs, dans les 9/10 des cas, une approximation de 6 millimètres pour la longueur et de 5 millimètres pour la largeur. Pour les chapeaux mous, les causes d'erreurs sont plus fréquentes et les résultats moins approximatifs.

Étant donné un pantalon, quelle est la taille du sujet qui l'a porté ? On s'assure d'abord du degré d'ajustement du pantalon. En examinant la fourche, on constate si le pantalon est trop court, car le pantalon trop court descend de la ceinture, et la fourche du pantalon, éloignée du périnée, se fatigue sous les tiraillements incessants qu'elle subit à chaque écart des jambes, et enfin elle se déchire. La déchirure de la fourche est le seul signe qui indique le pantalon trop court. On pourra affirmer que le pantalon est ajusté lorsque l'usure du bord inférieur est plus prononcée en avant, au niveau du dos du pied, qu'en arrière, au niveau du talon ; on cherchera aussi à s'assurer de l'état des boutons de la ceinture, car les personnes faisant usage de bretelles n'ont, en général, que des pantalons ajustés.

Une série de calculs a montré que l'entrejambe nu d'un sujet est plus long que l'entrejambe du pantalon du même sujet, de 58 millimètres en moyenne, et que l'erreur qu'on fera en ajoutant 58 millimètres à l'entrejambe du pantalon pour avoir l'entrejambe nu, ne dépassera pas, neuf fois sur dix, quatre centimètres et demi. Si l'on est sûr que le pantalon est bien ajusté, on pourra abaisser le chiffre jusqu'à 3o millimètres. Ayant reconstitué l'entrejambe nu du sujet, d'après l'entrejambe de son pantalon, on pourra reconstituer la taille d'après l'entrejambe nu en se servant du tableau suivant (G. Bertillon) :

ENTREJAMBE NU	COEFFICIENT DE RECONSTITUTION DE LA TAILLE	TAILLE PROBABLE CORRESPONDANTE
mètres		
α — 0.699	2.187	1.492
0.700 à 0.749	2.128	1.548
0.750 à 0.799	2.083	1.619
0.800 à 0.849	2.040	1.676
0.850 à 0.899	1.998	1.734
0.900 à ω	1.975	1.803

Il va sans dire que les résultats de cette recherche ne sont qu'approximatifs, car l'emploi successif de deux coefficients

comportant chacun un écart qui leur est propre apporte dans
la détermination de la taille probable un écart nouveau et beaucoup plus étendu. On peut, enfin, sur un pantalon, déterminer
la taille avec une erreur possible, soit en plus soit en moins,
qui ne dépassera pas 5 centimètres et demi dans les 9/10 des cas.

CHAPITRE VII

Les marques révélatrices de l'identité personnelle

Nous avons examiné, dans les pages qui précèdent, les traces de toute sorte (empreintes, taches et autres) qui permettent à l'instruction de découvrir l'auteur d'un crime ou de reconstituer une scène criminelle ; nous allons maintenant examiner quelles sont les marques qu'un individu qui ne veut pas ou qui ne peut pas révéler son identité peut présenter sur lui-même et qui révèlent cette même identité.

L'établissement de l'identité d'un individu est un des problèmes les plus importants d'une enquête criminelle. Nous n'en voulons pour preuve que les nombreuses erreurs judiciaires et maint autre fait dont les chroniques criminelles sont remplies. Il arrive tous les jours d'avoir à établir l'identité soit du cadavre d'un inconnu, soit d'un récidiviste qui déclare un faux nom, soit d'un criminel qui s'obstine à ne fournir aucun renseignement sur son identité personnelle.

Les éléments qui concourent à établir l'identité d'un individu vivant ou d'un cadavre inconnu peuvent se classer en deux grandes catégories : d'un côté, les *marques révélatrices* (marques professionnelles, tatouages et autres marques) ; de l'autre, le *signalement scientifique*, qui est résumé dans une fiche, classée de manière à être immédiatement retrouvée. Nous allons nous occuper d'abord des marques révélatrices, pour exposer ensuite le système du « signalement scientifique ».

**

Lorsqu'on cherche sur un homme ou sur un cadavre les marques accusatrices de son identité, on examine attentivement et minutieusement toutes les parties de son corps. On peut commencer par les mains, sur lesquelles se groupent, le plus souvent, les marques dites « professionnelles ». Un grand nombre de professions manuelles, en effet, produisent, quand elles sont exercées depuis un certain temps, des modifications spéciales, plus ou moins durables, des diverses parties du corps, surtout sur les mains.

Les traces que l'exercice d'une profession manuelle laisse sur le corps de l'individu peuvent se classer dans les catégories suivantes :

1) *Inflammations des gaines synoviales tendineuses* ; 2) *durillons* ; 3) *ampoules* ; 4) *bourrelets calleux* ; 5) *dermites* ; 6) *rétraction des aponévroses* ; 7) *bourses séreuses accidentelles* ; 8) *coloration* (des mains et des ongles) ; 9) *poussières et incrustations* (sous les ongles, dans les poumons, etc.) ; 10) *épaississement de la peau* ; 11) *crevasses* ; 12) *altérations des ongles* ; 13) *usure des poils* ; 14) *crampes professionnelles* ; 15) *tumeurs et kystes* ; 16) *déformations du squelette* ; 17) *troubles et lésions occasionnés par des intoxications professionnelles* ; 18) *traces de poisons industriels dans l'organisme*.

Presque toutes ces marques se relèvent sur l'homme à l'inspection externe ; quelques-unes parmi elles ne se décèlent qu'à l'autopsie. Celle-ci, alors, d'après les poussières trouvées dans les poumons, ou d'après les traces d'altérations internes produites par les poisons industriels, peut donner des indications sur la profession exercée par l'individu en question.

On avait jusqu'à ce jour, étudié de préférence, en ce qui

concerne les rapports entre les marques professionnelles et l'identité, les premières catégories de marques professionnelles. La seizième catégorie (déformations du squelette) avait été à peine ébauchée ; quant aux deux autres catégories (troubles occasionnés par les intoxications professionnelles, traces de poisons industriels dans l'organisme) les investigateurs des marques professionnelles d'identité n'en avaient presque pas parlé.

Nous croyons au contraire que ces trois catégories de marques professionnelles méritent de sortir de l'ombre où les studieux des problèmes de l'identité les ont jusqu'à présent laissées. Ce sont les hygiénistes qui ont, plus que tous autres, attiré l'attention sur ce genre de marques professionnelles et il nous semble que la médecine légale et l'investigation scientifique auraient tout à gagner en s'assimilant les résultats de ces recherches poursuivies par les studieux de la pathologie du travail.

Les déformations dans le squelette (16e catégorie) occasionnées par l'exercice d'une profession sont assez nombreuses et ont été mises en relief, particulièrement dans ces dernières années, par les hygiénistes grâce à l'intensification des études sur la législation du travail. Chez les cordonniers, par exemple, la pression de la chaussure sur le sternum détermine une dépression profonde de la partie médiane inférieure du thorax ; les hommes qui portent des poids sur l'épaule voient leur épaule droite (si le poids est porté à droite) se développer plus que la gauche ; en même temps leur tête reste légèrement inclinée en avant et vers l'épaule gauche, tandis que le rachis se déforme de la manière suivante : la partie cervicale du rachis se recourbe vers le côté opposé à celui sur lequel on porte le poids, la partie dorsale supérieure offre une courbe pareille à celle qu'on a décrite, et la partie moyenne et inférieure se recourbe du côté opposé. Ceux, aux contraire, qui portent des poids sur le dos présentent une courbe complète du rachis dans une seule direction. Chez les hommes qui sont obligés à rester longtemps debout (facteurs, garçons de café, etc.) le pied devient plat, grâce à un manque de rapport entre le poids du corps et la résistance de la voûte du pied ; chez les paysans obligés de travailler le dos courbé et quelquefois avec le corps replié en deux (époque de la moisson), la courbe du dos et la projection en avant de toute la personne sont très caractéristiques (1). On peut très bien mettre en évidence ces déformations internes, à l'aide de la radiographie.

Le docteur Pieraccini et le docteur Gagliardi ont illustré la déformation très caractéristique du squelette des femmes employées à extirper les mauvaises herbes dans les rizières. Ce genre de cueillette oblige la femme à une position excessivement fatigante et forcée : la femme se recourbe profondément en avant en appuyant son avant-bras gauche sur la cuisse gauche, tourne son tronc de manière à abaisser l'épaule droite et avance enfin la main vers le sol. On a de cette manière l'épaule gauche plus haute que l'épaule droite, tandis que la hanche gauche est au contraire plus basse que la droite : à la longue, le tronc se tord sur lui-même en forme de S. Chez les cavaliers les membres inférieurs se déforment ; les cuisses et les jambes forment une convexité externe : les articulations fémoro-tibiales présentent un commencement de luxation en dehors. D'où la démarche toute particulière de ces hommes.

On observe souvent chez les ouvriers, surtout les maçons, des déviations très variées des doigts. Virchow les attribue avec raison au genre de travail ; d'autres, comme Weissemberg, à la dégénérescence ; une comparaison que nous avons faite à ce sujet sur des ouvriers et des étudiants de l'université à Lausanne nous a enseigné que la déviation nulle et petite des doigts se trouve plus fréquemment chez les étudiants ; la déviation

_____

(1) Voyez notre volume : *Recherches anthropologiques et économiques sur les paysans. Contribution à l'étude des classes pauvres.* R. Sandron, éditeur, Milan Palerme, 1907 (en italien).

grande est absente chez les étudiants et se trouve très fréquemment chez les ouvriers (1).

Parmi les troubles et les lésions occasionnés par les intoxications professionnelles, et pouvant servir de marques d'identité (17e catégorie), nous rappelons le tremblement des mains chez les ouvriers empoisonnés par le maniement du plomb et du mercure ; la « lésion phosphorique » ou nécrose phosphorique des os des mâchoires, caractéristique aux ouvriers qui manient le phosphore ; les ulcérations de la peau et des ongles chez les ouvriers qui manipulent l'arsenic ; la perforation des cartilages du nez chez les ouvriers manipulant les composés de chrome.

En ce qui concerne les indications d'identité fournies par les traces de poisons ou de poussières dans l'organisme, nous indiquerons la recherche du plomb, du mercure et d'autres poisons industriels dans les urines ou les crachats des hommes qui manipulent ces matières ; le Dr Giardino et le Dr Giordano ont décrit l'expectoration gris-bleuâtre des ouvriers travaillant dans les mines de soufre en Sicile.

A l'autopsie d'une femme, l'eau de l'amnios présentant l'odeur du tabac révèle que la femme était employée dans une manufacture de tabacs.

On retrouve dans les crachats et les poumons d'une grande quantité d'ouvriers, les poussières parmi lesquelles les ouvriers travaillent (charbonniers, mineurs, aiguiseurs, scieurs de pierres, etc.).

* *
*

Les marques professionnelles se trouvent dans chaque partie du corps : sur les jambes, comme chez les joueurs d'orgue, les tailleurs, les frotteurs ; sur les bras, comme chez les blanchis-

(1) Dans notre volume : *Les Classes pauvres. Recherches anthropologiques et sociales*. Paris, Giard et Brière, 1905, chap. XXII.

seuses ; sur les pieds, comme chez les tailleurs, les tourneurs et les débardeurs ; sur le dos, comme chez les portefaix ; aux

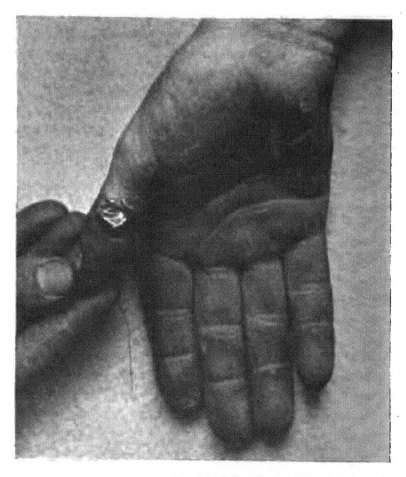

FIG. 110 a. — CORDONNIER.

joues, comme chez les souffleurs de verre ; à l'épaule, comme chez les cloutiers ; à la hanche, comme chez les nacriers ; au thorax, comme chez les cordonniers, les tailleurs, les bateliers ;

sur les poils (usure), qui sont usés et réduits à leur partie intra-
dermique aux points où la peau est frottée continuellement,
ainsi qu'à la cuisse gauche chez le cordonnier ; aux mains et aux
ongles, comme dans presque toutes les professions manuelles ;
et finalement dans les organes internes, comme chez les ouvriers

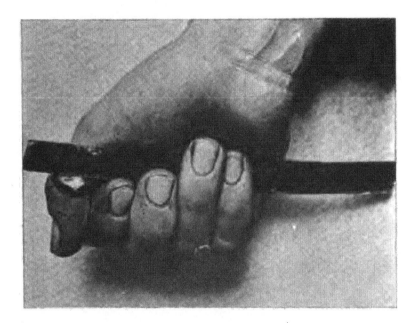

FIG. 110 *b*. — CORDONNIER.

qui travaillent le cuivre, le plomb, et dans les professions à poussières.

Mais c'est spécialement aux mains et aux ongles que les
marques professionnelles se révèlent de la manière la plus fréquente et la plus caractéristique. C'est ainsi qu'en examinant
les mains on peut retrouver soit des durillons, soit d'autres
altérations de la peau, soit des colorations à la base des ongles,
soit des poussières sous les ongles, qui accusent la profession de

l'homme qui veut cacher son identité ou à qui la mort a fermé pour toujours les lèvres. M. Tardieu et M. Vernois ont décrit

FIG. 110 c. — CORDONNIER.

d'une manière complète les différentes catégories de marques professionnelles. Nous donnons quelques photographies bien caractéristiques se référant aux marques professionnelles du cordonnier, du mégissier-tanneur, du passementier et du ciseleur sur bronze, prises au service d'identité judiciaire de M. Alphonse Bertillon, à Paris.

CORDONNIER.

1) Durillon caractéristique au bas de la première phalange du

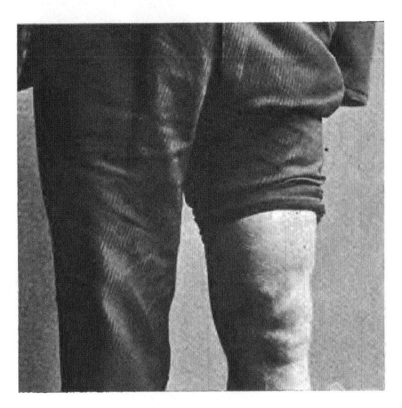

FIG. 110 *d*. — CORDONNIER

pouce droit, face antérieure (figure *a*) et présence fréquente d'un deuxième durillon moins prononcé au-dessus, sur la première articulation, causé par le maniement du tranchet (figure *b*).

.Fig. 110 *e*. — Cordonnier.

2) Sur la main droite, callosité habituelle due au marteau, notamment sur l'éminence hypothénar.

3) Epaississement de l'épiderme du bord interne de la paume, avec sillon noirâtre à direction horizontale sur la peau et la face dorsale des doigts (caractères communs aux deux mains) (figure *c*).

Ces marques sont occasionnées par la pression de la manicle qui sert à tirer le fil ; coupures occasionnées par ce dernier.

4) Déchiquetures de l'extrémité palmaire des index droit et gauche, occasionnées par l'usure exercée par les têtes de pointes de clous pendant le premier assujettissement avant le coup de marteau.

5) A remarquer aussi l'épaississement noirâtre et glabre sur le bas de chaque cuisse, ou d'une seule (figure *d*), causé par la pression exercée par la pierre pendant le battage du cuir, ou par les souliers pendant l'opération du clouage (figure *e*).

MÉGISSIER-TANNEUR.

La main droite et la main gauche présentent les mêmes callosités et le même aspect rougeâtre avec gerçures noirâtres.

On y remarque notamment :

1) Un durillon entre le pouce et l'index de chaque main (figures *b* et *d*) au niveau de la première articulation de ces deux doigts, avec développement plus accentué à droite qu'à gauche, causé par le maniement du racloir (figure *e*), soit des deux mains, soit de la droite seule.

2) Rétraction des tendons fléchisseurs de la main. Doigts crochus, notamment les auriculaires (figures *a* et *b*). Gerçures et crevasses plus abondantes sur le bout des doigts (figures *b* et *d*). Cicatrices blanchâtres, circulaires, de quelques millimètres de diamètre, laissées sur la face dorsale des mains par une affection furonculeuse, appelée pigeonneau par les ouvriers de la partie (figure *a*). Les causes de ces marques se trouvent dans le

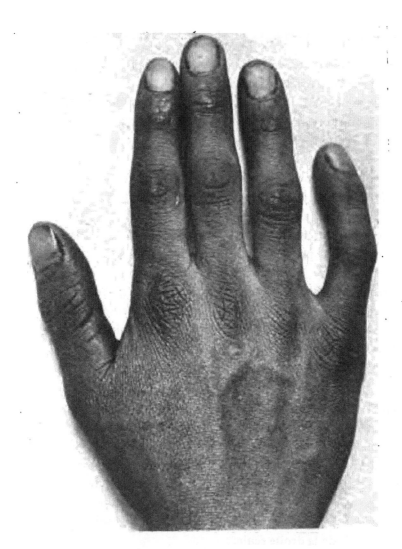

FIG. 111 *a*. — MÉGISSIER-TANNEUR.

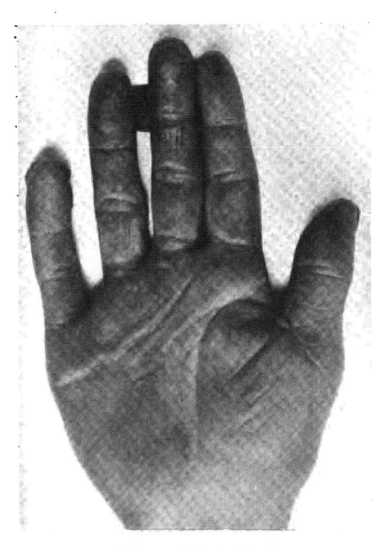

FIG. III *b*. — MÉGISSIER-TANNEUR.

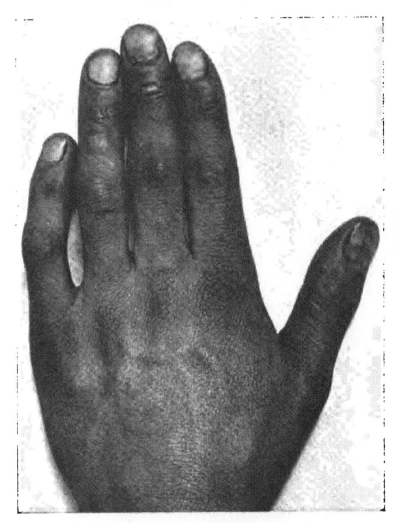

FIG. 111 c. — MÉGISSIER-TANNEUR.

séjour prolongé des mains dans des bains chimiques chargés de composés arsénicaux. Coloration brune des mains et odeur spéciales laissées par le goudron employé en enduit comme préservatif.

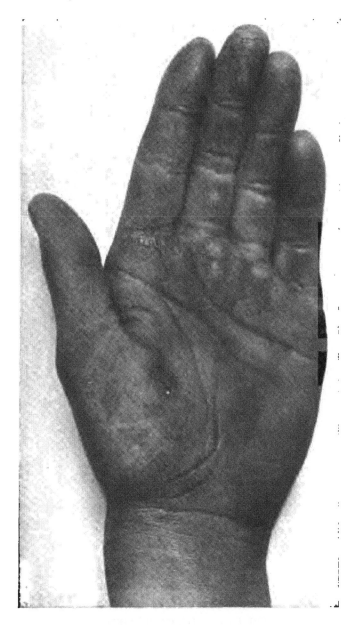

Fig. III *d*. — Mégissier-Tanneur.

FIG. 111 e. — MÉGISSIER-TANNEUR.

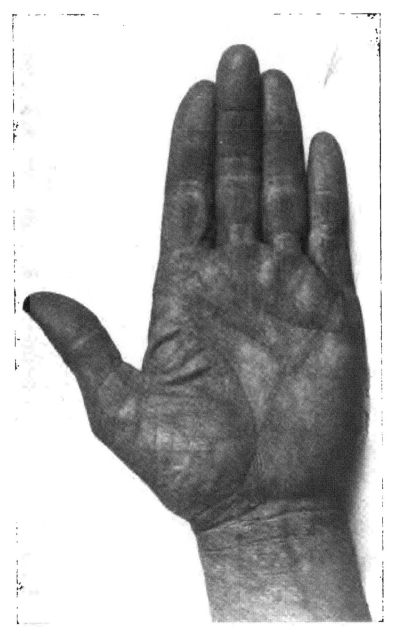

FIG. 112 *a*. — PASSEMENTIER.

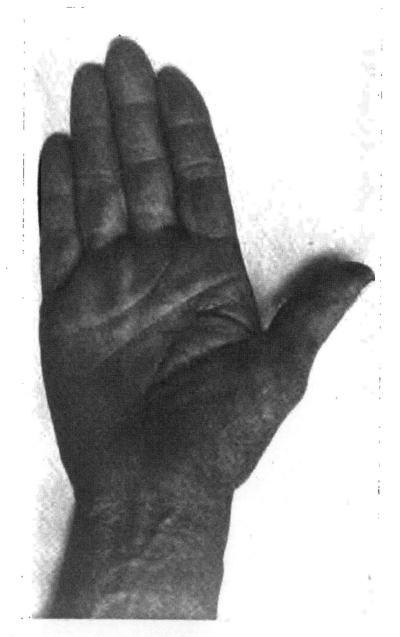

FIG. 112 b. — PASSEMENTIER.

PASSEMENTIER.

Face antérieure des deux mains très lisse et douce au toucher (figures *a* et *b*); durillon souvent très saillant à la face dorsale

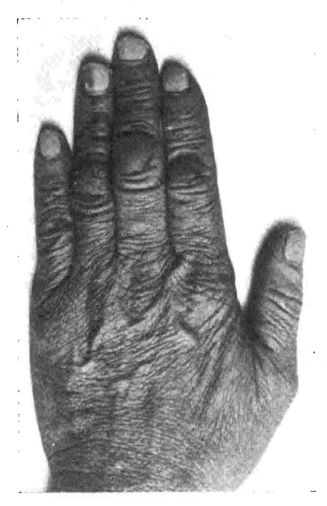

FIG. 112 *c*. — PASSEMENTIER.

des deux mains, au niveau de la deuxième et quelque peu de la troisième articulation de l'annulaire, du médius ʼet de l'index,

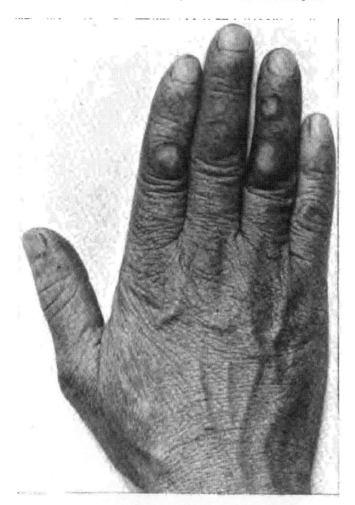

FIG. 112 *d*. — PASSEMENTIER.

au-devant du pli principal correspondant à l'union de la phalange avec la phalangine (figures *c* et *d*) ; ces durillons sont circulaires, aplatis et comme cornés.

Callosités au-devant de la région claviculaire (figure *e*) des
deux côtés, ainsi que des flancs. Développement des mollets.

Les causes de ces marques se trouvent soit dans la pression des grandes pièces de bois mobiles du métier, qui viennent alternativement frapper contre chacune des deux mains, et que

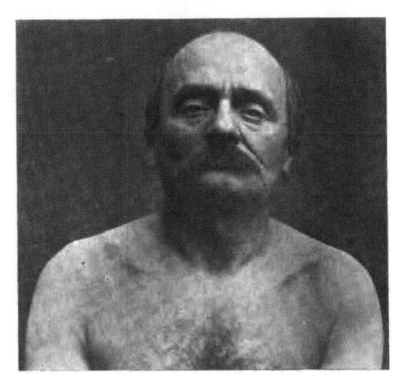

FIG. 112 c. — PASSEMENTIER.

repousse constamment la face dorsale des doigts, soit dans la pression des fils et des barres de bois contre les points indiqués, pendant le lançage de la navette. La pression de la bride du métier sur les épaules et sur les flancs (figure f) est la cause des callosités des épaules.

FIG. 112 *f*. — PASSEMENTIER.

CISELEUR SUR BRONZE.

Il présente à la main droite, face antérieure, des callosités de la paume, communes à un très grand nombre de professions manuelles (figure *a*) ; et sur la main droite, face dorsale, un durillon caractéristique entre le pouce et l'index (figure *b*). Les causes de ces marques sont la pression et le frottement exercés par le manche du rifloir (figures *c* et *f*).

A la main gauche, face antérieure, il présente un durillon

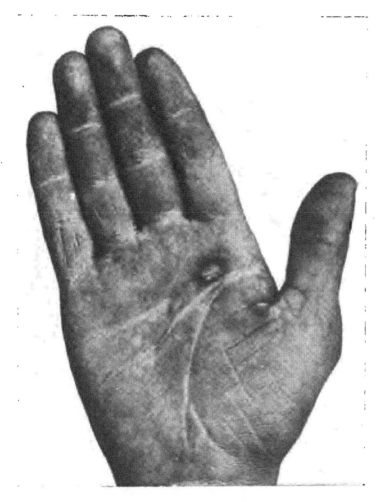

FIG. 113 *a*. — CISELEUR SUR BRONZE.

à direction horizontale en travers de la première phalange de l'auriculaire gauche (figure *d*), causé par la pression exercée par l'extrémité du rifloir lorsqu'on le manie à pleines mains.

A la main gauche, face postérieure, on remarque un épaississement caractéristique de la peau sur les première et deuxième phalanges de l'index (figure *e*), causé par le maniement du

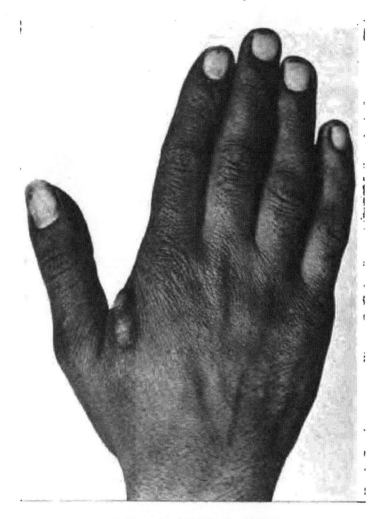

FIG. 113 *b*. — CISELEUR SUR BRONZE.

rifloir manié légèrement en lui donnant ce doigt comme point d'appui.

L'examen des mains, pour y retrouver les marques que nous

venons d'énumérer, se fait à l'œil nu et à la loupe, mais on pourra aussi analyser chimiquement des fragments d'épiderme,

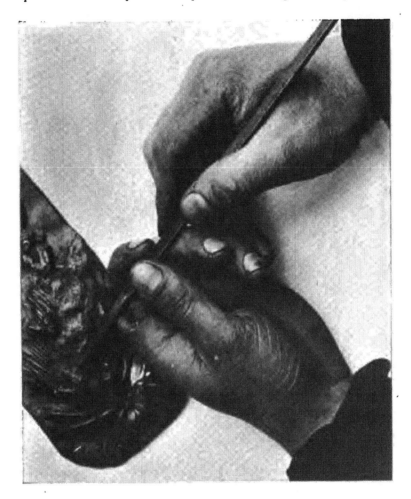

FIG. 113 *c.* — CISELEUR SUR BRONZE.

ou l'eau dans laquelle les mains ont été lavées, pour reconnaître la matière qui a produit la coloration.

L'ongle, enfin, examiné à la loupe ou non, peut présenter cer-

tains signes caractéristiques provenant de travaux plus ou moins
grossiers. Ainsi, dans le crime de Joigny, en mai 1888, la main

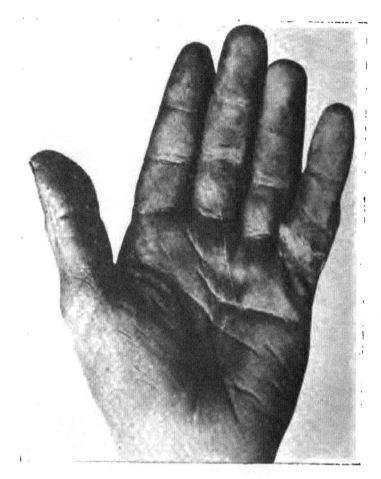

FIG. 113 *d*. — CISELEUR SUR BRONZE.

de l'horloger a été reconnue à l'état de l'ongle du pouce
droit qui sert à ouvrir les boîtiers des montres. L'examen des
ongles, dont nous avons déjà montré toute l'importance pour

l'établissement de la participation d'un sujet à un crime, a donc [une très grande importance pour l'étude des marques

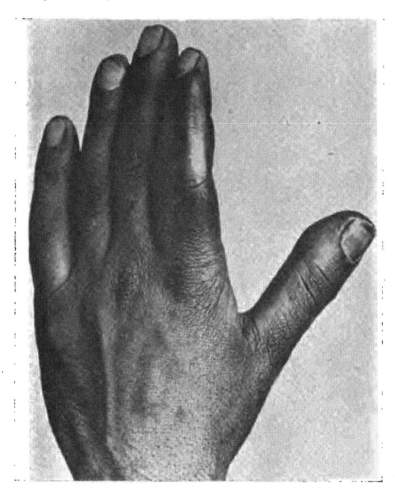

FIG. 113 *e*. — CISELEUR SUR BRONZE.

professionnelles révélatrices ; on examine, à ce propos, dans les ongles : *a*) *la coloration ; b*) *l'excès de développement ; c*) *la poussière* qui s'amasse au-dessous d'eux; *d*) *l'usure.*

FIG. 113 *f*. — CISELEUR SUR BRONZE.

En examinant la *couleur*, on reconnaîtra le rouge acajou des ouvriers qui manient l'acide nitrique, le bleu de l'indigo, le brun noirâtre des ébénistes, le jaune brun du tabac, le rouge sombre des tanneurs ; en examinant l'*excès de développement*, on constatera l'excès de l'ongle de l'index gauche, propre aux ouvrières en dentelles qui se servent de cet ongle pour arracher les épingles du tambour, ou l'ongle épais et dur du pouce gauche propre aux cordonniers ; en examinant la *poussière* et les matières sous les ongles, on reconnaîtra le serrurier à la poudre de fer, les bouchers et les cuisiniers aux corps gras, les coiffeurs aux corps gras parfumés, le charbonnier et même le marchand de marrons à la poussière de charbon; en examinant l'*usure*, on constatera l'usure de l'ongle du pouce et de l'index droits chez les blanchisseurs, celle du pouce droit chez les bijoutiers et les graveurs, celle du pouce et de l'index des horlogers, l'usure de toute la moitié interne du bord lisse des ongles, dans les trois derniers doigts, chez les plieuses, etc. Les poussières et les colorations imprègnent souvent les plis et la surface tout entière de la main et elles peuvent même se retrouver à la figure, dans les cheveux, la barbe et les vêtements. On les étudie alors, pour en reconnaître la nature, par l'examen microscopique ou par l'analyse chimique, après les avoir extraites soit directement, soit par lavage.

* *

Après cette première inspection passée sur les mains (durillons, colorations, poussières sous les ongles, état de l'épiderme, etc.), on pourra rechercher sur le corps tout entier, spécialement aux bras, aux avant-bras et sur la poitrine, l'existence de tatouages révélateurs.

Les tatouages, en effet, ont plus d'une fois joué le rôle de marques révélatrices : ils peuvent faire connaître les initiales du nom de l'individu, la date de sa naissance, sa profession, les pays où il a vécu et les détails de sa vie tout entière. M. Lombroso dans l'Atlas de son *Homme criminel* et dans ses *Palimpsestes des prisons*, M. Lacassagne dans sa monographie sur le *Tatouage (Dict. encycl. des sciences médicales)*, ont publié une grande quantité de tatouages révélateurs, à l'aide desquels on pouvait reconstituer la personnalité et même la vie entière de l'homme tatoué. M. Lacassagne, en outre, dans son étude, a publié une collection de tatouages dits professionnels représentant l'emblème lui-même de la profession exercée par l'homme tatoué (fig. 114-116). C'est là un signe révélateur de la profession. C'est à ce propos que M. Tardieu, dans son étude : *Sur le tatouage considéré comme signe d'identité (Annales d'hygiène*

Mineur.

Tonnelier.

Boulanger.

Lutteur.

FIG. 114. — TATOUAGES RÉVÉLATEURS DE LA PROFESSION EXERCÉE PAR
L'HOMME TATOUÉ. (D'après Lacassagne.)

publique, 1855), a fait remarquer que les emblèmes militaires, armes, uniformes, drapeaux, etc., se rencontrent presque exclusivement chez des hommes qui ont été au service militaire, et à côté de ces tatouages propres aux soldats ou aux marins il en décrit d'autres qui indiquent non moins sûrement certaines professions. Il a trouvé des cordonniers portant sur l'avant-bras

Tailleur de pierres.   Maître d'armes.

FIG. 115. — TATOUAGES RÉVÉLATEURS DE LA PROFESSION EXERCÉE PAR L'HOMME TATOUÉ. (D'après Lacassagne.)

une botte; des menuisiers dont les tatouages figuraient des marteaux, des rabots et des outils divers; des tonneliers et des garçons de marchands de vin avec des brocs, des bouteilles, des tire-bouchons, etc. Une des victimes des assassins Lescluse et Gousset, dont le cadavre en partie décomposé gardait encore, sur l'un des bras, l'empreinte bien conservée d'instruments de charpentier et de signes de compagnonnage, fut, grâce à ce tatouage, reconnue par l'ouvrier charpentier Chauvin.

-Le docteur C. Geill, à Copenhague, a également étudié, sur

les criminels des prisons, les tatouages révélateurs : sur 1.000 hommes tatoués, il a trouvé que presque tous avaient soit les initiales de leur nom, soit leur nom tatoué en toutes lettres, soit la date et le lieu de naissance, soit les emblèmes profes-sionnels, soit le nom de leur maîtresse. D'autres avaient les noms de leur femme ou de leurs enfants, leurs surnoms, ou la date du mariage (1).

Au premier congrès national italien de médecine légale de Turin (1898), M. de Blasio pré-senta le dessin d'un tatouage trouvé sur le cadavre d'un inconnu, à Naples, dessin qui permit d'établir l'identité du sujet (figure 117). Le dessin A signifiait que l'homme était un *camorriste* de la section du Marché ; le dessin B, qu'il avait commencé sa carrière en 1878 comme voleur ; le dessin C, qu'il fut en prison pendant les années 1880 et 1881 ; — il avait été en 1891 le souteneur des filles

Ferblantier.

FIG. 116. — TATOUAGES RÉVÉLA-TEURS DE LA PROFESSION EXERCÉE PAR L'HOMME TATOUÉ. (D'après Lacassagne.)

Concettella et Catarina, et en 1898 de la fille Fortunata Penna (dessin D). En 1895, il avait été encore en prison pour avoir blessé un individu d'un coup de revolver (E).

Le tatouage devient ainsi un indice révélateur de grande importance : c'est une phrase très expressive en même temps que pleine de vérité, que celle de Lacassagne définissant, au

(1) Dans les *Archives de l'anthropologie criminelle*. Lyon, 1902.

point de vue de l'identité, le tatouage comme « une cicatrice parlante ».

Certes, pour pouvoir tirer de bonnes indications d'un tatouage il faut apprendre à le lire, car le tatouage est une écriture émi-

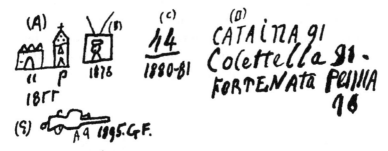

FIG. 117. — TATOUAGE RÉVÉLATEUR, TROUVÉ SUR LE CADAVRE D'UN INCONNU, A NAPLES. — IL A PERMIS D'ÉTABLIR L'IDENTITÉ DU MORT.
(D'après de Blasio.)

nemment symbolique, et il représente quelquefois des signes conventionnels qui ne sont compris que par les malfaiteurs. Ainsi les malfaiteurs napolitains, dits *camorristes*, se servent

FIG. 118. — ECRITURE CONVENTIONNELLE CHEZ LES CRIMINELS A NAPLES.
(D'après de Blasio.)

d'une écriture conventionnelle dont M. de Blasio nous a révélé le mystère: la figure 118 représente une série de ces signes conventionnels usités soit dans l'écriture, soit dans les tatouages. La couronne à trois pointes indique le président du tribunal, et les autres signes successivement le juge, l'inspecteur de police, le procureur du roi, le gendarme, le sergent de ville, un vol, le préfet de police. Les autres marques indiquent les différents grades dans l'association criminelle.

La connaissance, donc, des écritures conventionnelles (espèce d'argot écrit, car l'argot est une arme de défense de l'association qui le parle ou l'écrit [1]) des malfaiteurs d'un pays est souvent nécessaire pour savoir lire un tatouage et en retirer toutes les indications révélatrices qu'il contient. En outre, il ne faudra jamais oublier que les dessins des tatouages sont de véritables hiéro-

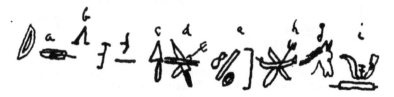

Un tisseur *(a)* est arrêté *(b)*, pour avoir assailli un boucher *(c)* sur la route *(d)*; il lui fit beaucoup de blessures *(e)*, il succomba et dut se rendre. Il avait déjà tué *(h)* un marchand de chevaux *(g)*; il demande à son compagnon de nier *(i)* comme il nie lui-même.

FIG. 119. — ECRITURE CONVENTIONNELLE CHEZ LES CRIMINELS.
(D'après H. Gross.)

glyphes et qu'il faut, par conséquent, les interpréter comme on interprète un hiéroglyphe : il y en a de *figuratifs* (un homme indique l'homme, etc.), de *symboliques* (une pensée représente le souvenir, un cœur indique l'amour) et de *phonétiques* (comme les dessins des *rébus*). On trouvera à la figure 119 un curieux exemple d'une écriture conventionnelle de criminels, que nous empruntons à H. Gross.

On reproduit les tatouages trouvés sur un cadavre ou sur le vivant, par un procédé bien simple : on applique une toile ou un papier transparent sur le tatouage, on le décalque avec un crayon ordinaire, puis on repasse sur les traits avec de l'encre

(1) V. notre ouvrage : *L'Argot chez les criminels et les dégénérés*, etc. Turin, Bocca, éditeur, 1897 (en italien).

bleue, ou noire, ou rouge, suivant le modèle qu'on a sous les yeux. Ces dessins peuvent être reproduits à volonté, envoyés dans toutes les directions, ou conservés, de manière qu'ils peuvent faire reconnaître ultérieurement un inconnu par les personnes qui ont vécu près de lui. En conservant ainsi le dessin des tatouages trouvés sur les cadavres d'inconnus, il n'arrivera plus ce qui arriva dans le cas cité par Casper : le cadavre du prétendu marchand de bétail Ebermann fut déterré cinq mois après la mort, pour qu'on pût examiner s'il se trouvait sur son bras un tatouage qu'il devait avoir. La putréfaction était alors si avancée que la recherche ne donna pas de résultats.

Les tatouages, donc, témoignent de l'identité, de la non-identité, indiquent les antécédents de la personne, ses habitudes, son état social, sa profession, certains événements de sa vie et leur date; souvent un tatouage a figuré comme preuve dans des procès célèbres; chez les aliénés il est quelquefois en rapport avec la nature de leur maladie et de leur délire; chez certains psychopathes il accuse le genre de psychopathie. Toutes ces indications sont d'autant plus précieuses que sur le cadavre le tatouage reste longtemps visible et on le retrouve encore sur la peau verdâtre : l'affaire Tichborne est célèbre à cet égard. Le vrai Tichborne s'était perdu en mer en avril 1854; l'imposteur se présente en 1871 pour réclamer ses biens; alors procès civil, puis procès criminel en 1873. L'affaire se prolonge; beaucoup de témoignages sont recueillis pour et contre. Le vrai Tichborne avait sur le bras des tatouages bleus, représentant divers objets un de ses amis et lui s'étaient tatoués réciproquement; et après 21 ans, cet ami, en déposant contre l'imposteur, venait l'attester en montrant sur son bras le tatouage fait à cette époque. L'imposteur ne présentait aucune trace de tatouage. Cette preuve fu confirmée par d'autres témoignages et l'imposteur fut condamné.

* *
*

On peut vraiment affirmer que chaque partie du corps fournit des indications sur l'identité personnelle des sujets : seulement ce genre de recherches est souvent bien plus du ressort du médecin légiste que de l'officier de police judiciaire. Le médecin légiste peut établir, d'après l'examen d'un sujet dissimulant son identité, ou du cadavre d'un inconnu, les particularités pathologiques ou non, la profession, les habitudes, certaines sortes de psychopathies, etc., et, s'il s'agit de débris de cadavre, — dans les cas de dépeçage criminel, — le sexe et l'âge. Cependant, certaines notions générales sur la recherche de l'identité d'après l'examen du corps humain ne doivent pas être ignorées par l'officier de police judiciaire. Ce dernier peut faire lui-même, dans une première inspection, des observations d'une très grande importance.

Ainsi, l'examen des dents fournira à l'expert des indications précieuses sur l'âge du sujet (quantité, qualités, usure, tubercules, pointes des canines, destruction de l'émail, etc.), mais ce même examen donnera à l'officier de police judiciaire d'autres indications. Chez les fumeurs les dents sont souvent colorées en noir, surtout à la face interne. La pipe laisse des traces certaines : l'usure de l'incisive et de la canine, entre lesquelles est pris le tuyau, affecte souvent la forme d'un véritable anneau. L'anneau est complet quand la bouche est fermée. Ce trou rond peut aussi se trouver entre la canine et la première petite molaire. L'obturation des dents, les traces de prothèse dentaire fournissent également des indications. Si, par exemple, une dent qui manquait a été remplacée, le dentiste reconnaît la pièce qui est son ouvrage. On rapporte la tête du voyageur Powell, massacré en Abyssinie; l'identité doit être établie pour une transmission d'héritage; des dents artificielles sont reconnues par le dentiste qui les avait posées. Egalement dans l'affaire du professeur de Boston, rapportée par Tourdes, assassiné par son collègue, professeur de chimie, on trouva, parmi les débris calcinés du corps un râtelier de quatre dents, intact, posé quatre ans auparavant, — et cette pièce servit à établir l'identité de la victime.

L'examen des dents doit être accompagné de l'examen de l'état des gencives, car leur coloration et leurs lésions constituent des états qui peuvent fournir des renseignements ; les ouvriers qui manient le plomb présentent le liséré gingival plus ou moins caractéristique, gris bleuâtre, verdâtre, violet ; ceux qui ont manié du mercure présentent les fongosités des gencives et l'ébranlement des dents.

D'autres indications encore peuvent être retirées d'un premier examen : la perforation du lobule de l'oreille, chez l'homme, indique que l'homme a appartenu à une classe sociale inférieure ; la circoncision atteste la religion ; dans le cas de dépeçage criminel le sexe féminin sera déterminé par l'état et la forme de la main et l'empreinte laissée par le corset ; chez le cadavre et l'homme vivant l'examen ou l'analyse chimique des vêtements révèleront la profession de l'individu ou les substances qu'il a maniées par les taches qu'ils présenteront. La recherche des anciennes cicatrices aura quelquefois une certaine importance : des cicatrices nombreuses à la tête peuvent indiquer l'épilepsie du sujet (les épileptiques tombant à terre pendant leurs accès se blessent souvent à la tête) ; des lésions arrondies dont la partie centrale est décolorée et la partie périphérique est formée d'un cercle brun (gourmes) dénotent que le sujet a été atteint par la syphilis ; les traînées blanchâtres, dues à la rupture des fibres élastiques, sur le ventre, dans un cas, par exemple, de dépeçage criminel, indiquent que la femme présentant cette sorte de cicatrices a été mère.

Il peut aussi se présenter le cas où il faut établir si un inculpé — qui a tout intérêt à cacher qu'il est gaucher — l'est vraiment. On laisse alors tomber comme par accident un objet près de lui et on surveille de quelle main il se sert dans son premier mouvement irréfléchi pour le ramasser ; on observe aussi les durillons de ses mains, s'il y en a : si les durillons sont plus développés à gauche qu'à droite, on a là une indication assez importante. On pourra aussi examiner son développement physique à droite et à gauche en sachant que l'homme droitier est plus développé à droite qu'à gauche, dans la partie supérieure du corps (1).

Dans un examen sur un vivant qui cache son identité, ou sur un cadavre d'inconnu, il est aussi bon quelquefois de pouvoir déterminer le type ethnique du sujet. Dans les recherches d'investigation judiciaire scientifique, des données d'anthropologie générale nous paraissent indispensables, et aujourd'hui, avec les facilités et la rapidité des communications, il est nécessaire que les magistrats et les officiers de police judiciaire puissent décrire et caractériser un type ethnique.

Le type ethnique résulte de l'ensemble des caractères suivants : la taille, la forme du crâne et de la face, le teint, la coloration des yeux et des cheveux. M. A. Bertillon a dessiné des cartes géographiques de la France, où la taille, la forme du crâne (indice céphalique), la coloration des yeux, celle des cheveux et la largeur bizygomatique sont données pour chaque arrondissement. D'autres cartes semblables — ou presque — existent pour l'Italie (2), l'Espagne, la Belgique, l'Angleterre, etc. C'est en recueillant tous ces matériaux qu'on peut dresser une véritable carte géographique de l'Europe présentant la distribution géographique des différents types ethniques dans la population de l'Europe contemporaine : on a décrit le type dolichocéphale blond, de grande taille, du nord d'Europe ; le type

---

(1) V. F. LÉON FAURE : L'Homme droit et l'homme gauche, thèse de Lyon, 1902.

(2) Celles de l'Italie, remarquables sous tous les rapports, ont été dressées par le Dr Livi. V. son Antropometria militare, deux volumes. Rome, 1896 et 1905.

brachycéphale brun de taille moyenne, celte, du centre d'Europe ; le type brachycéphale brun de taille plus haute, très fréquent chez les populations dites slaves ; le type dolichocéphale brun, de petite taille, du midi d'Europe, dans le bassin méditerranéen. (Deniker, Sergi, etc.)

Les modernes recherches sur la valeur de la forme du crâne comme indice de race (méthode de Sergi) nous suggèrent de conseiller aux investigateurs qui tâchent de déterminer le type ethnique d'un sujet d'après l'examen du crâne de ce même sujet, de ne pas se contenter d'examiner l'indice céphalique du sujet, mais d'étudier la forme générale du crâne qui, d'après la classification des formes du crâne de Sergi, permet vraiment de fixer d'une manière exacte le type anthropologique et qui, par conséquent, jointe aux autres caractères, permet de pouvoir dire les probabilités qu'il y a que tel sujet appartienne à telle ou à telle autre partie d'Europe.

.*.

On a, finalement, donné une grande quantité d'indications pour pouvoir fixer l'âge d'un sujet. Il est quelquefois assez important de pouvoir le faire, soit qu'il s'agisse d'un individu qui cache, avec son identité, son âge, soit dans le cas de recherches d'un sujet dont on possède l'indication de l'âge et un signalement plus ou moins fragmentaire. Nous nous bornons à grouper dans le tableau qui suit les principales indications sur les signes de l'âge.

LES PRINCIPAUX SIGNES DE L'AGE
A L'EXCEPTION DE CEUX QU'ON NE PEUT CONSTATER QU'A L'AUTOPSIE

ASPECT GÉNÉRAL	Impression d'ensemble. Les chances d'erreur sont plus grandes de 40 à 60 ans et dans l'extrême vieillesse.
ETAT DE LA PEAU	Au delà de 30 ans elle perd sa fraîcheur. Elle commence à s'altérer à la face, au cou, aux mains.
RIDES.	Ordre probable de l'apparition des rides : vers 30 ans les froncements péri-oculaires ; peu après le plissement du front, puis le trait qui descend le long des joues, vers les commissures des lèvres ; enfin les plis nombreux qui sillonnent la face.
SYSTÈME PILEUX .	La chevelure s'éclaircit entre 30 et 40 ans. La calvitie commence par le sommet de la tête. La canitie aux tempes : elle débute entre 30 et 40 ans. Chez les femmes, pour la période de 40 à 50 ans, il se présente un duvet plus épais au menton et aux lèvres.
ONGLES.	Ils deviennent secs, friables et perdent leur éclat avec le progrès de l'âge.
DENTS.	Jusqu'à la fin de la dentition elles accusent l'âge par leur nombre. La dentition terminée, l'âge s'apprécie par leur usure. Le changement de forme de la mâchoire inférieure est très caractéristique lorsque l'âge a amené la chute des dents.
L'ŒIL	Vers la 60e année il se manifeste le *cercle sénile* dans la cornée.
FONCTIONS ORGANIQUES	Le pouls et la respiration ralentissent avec l'âge.
TAILLE, POIDS, CIRCONFÉRENCE DE LA TÊTE, CIRCONFÉRENCE DU THORAX	Ces indications anthropométriques fournissent des caractères importants aux époques du développement. Chaque âge ou chaque groupe d'âge ont une taille, un poids, une circonférence du thorax et du crâne, et même une force, qui leur sont caractéristiques. Les anthropologistes ont recueilli sur un grand nombre d'observations la moyenne de chacune de ces mesures pour chaque âge. Se servir de ces chiffres. Il faut cependant tenir rigoureusement compte pour l'appréciation de ces dimensions, du sexe, de la race, de l'hérédité, et même, comme nous l'avons démontré *(Les Classes pauvres)*, des conditions sociales du sujet. L'augmentation de la tête fournit une des indications les plus utiles jusqu'à 16-17 ans.

CHAPITRE VIII

Le signalement scientifique

A). L'ANTHROPOMÉTRIE JUDICIAIRE ET LA DACTYLOSCOPIE.

La question de l'identité, en matière de police judiciaire, se pose, pour ainsi dire, chaque jour. Qu'il s'agisse d'individus ayant déjà subi une ou plusieurs condamnations et arrêtés pour un nouveau crime ; qu'il s'agisse du cadavre d'un inconnu et sur lequel il est nécessaire de mettre un nom ; qu'il s'agisse de répandre dans tout un pays le signalement exact d'un individu recherché, ce sont toujours les mêmes problèmes qui, tout en paraissant bien détachés les uns des autres, reposent cependant tous sur les mêmes données : les données du signalement scientifique.

Nous n'avons pas l'intention d'exposer d'une manière très détaillée la théorie du signalement scientifique (1) ; nous voulons seulement indiquer les idées générales sur lesquelles repose le signalement scientifique, afin de montrer combien grande est

(1) Voyez à ce propos, Alphonse Bertillon : *Instructions signalétiques*, Milan, 1893 ; et aussi: le *Portrait parlé*, par M. R.-A. Reiss, Paris, 1905 ; Schlachter, éditeurs, — et l'*Etude résumée des principaux caractères du signalement descriptif, dit portrait parlé* (méthode Bertillon), par M. Camille Pierre ; Paris, 1905, Lavauzelle, éditeur.

la place que cette heureuse application de l'anthropologie à l'investigation judiciaire occupe dans le cadre de la police et de l'enquête judiciaire scientifiques.

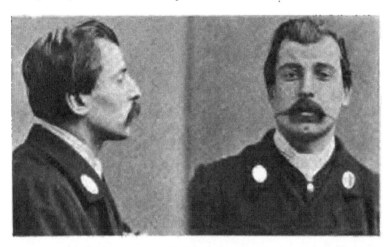

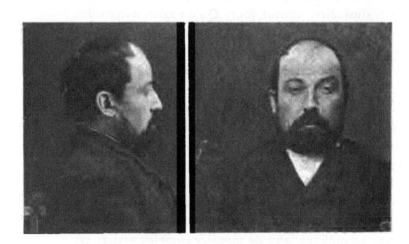

FIG. 120 — DEUX PHOTOGRAPHIES DU MÊME INDIVIDU.
CAS DE DISSEMBLANCE.

Le signalement d'un individu se faisait, il y a quelques années, et il se fait encore dans quelques pays, à l'aide d'une description sommaire, et bien souvent très naïve, des caractères physiques de l'individu ; c'est dans ces signalements préhistoriques que les mots : coloration brune, visage ovale, bouche

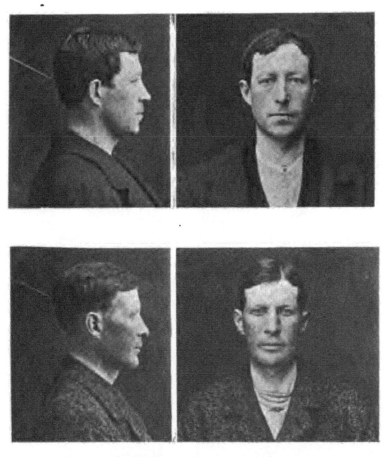

FIG. 121. — PHOTOGRAPHIES DE DEUX INDIVIDUS DIFFÉRENTS.
CAS DE RESSEMBLANCE.

régulière, menton régulier, etc., reviennent à chaque instant. M. Aubry en France et M. Anfosso en Italie ont montré, avec des exemples nombreux, l'inutilité de ces signalements qui peuvent s'appliquer à mille personnes différentes. La photographie du criminel, jointe à la description de son signalement tel que nous venons de le montrer, a fait faire quelques pro-

FIG. 122. — LES MENSURATIONS D'ANTHROPOMÉTRIE JUDICIAIRE.
(Service de l'identité judiciaire de Paris.)

a. — TAILLE.   b. — GRANDE ENVERGURE.

grès au signalement, mais elle n'a pas rendu — faute d'être employée convenablement — les services qu'on attendait d'elle. Tout d'abord, il y avait une grande difficulté à trouver la photographie dont on avait besoin, étant donné le nombre considérable de photographies conservées par la police ; puis il fallait savoir comment *lire* les traits d'une photographie, car

FIG. 122 *(Suite)*. — LES MENSURATIONS D'ANTHROPOMÉTRIE JUDICIAIRE. (Service de l'identité judiciaire de Paris.)

c. — HAUTEUR DU BUSTE.   *d.* — LONGUEUR DE LA TÊTE.

il n'est pas facile de reconnaître l'identité ou la non-identité entre deux photographies ou entre une photographie et un individu. Deux portraits du même individu, même faits à des époques rapprochées, peuvent être dissemblables au point de laisser croire qu'ils représentent deux individualités distinctes (figure 120). Des photographies de deux individus diffé-

FIG. 122 *(Suite)*. — LES MENSURATIONS D'ANTHROPOMÉTRIE JUDICIAIRE.
(Service de l'identité judiciaire de Paris.)

e. — LARGEUR DE LA TÊTE.   *f.* — LONGUEUR DE L'OREILLE.

rents, par contre, peuvent se ressembler au point d'être confondues (figure 121).

Il s'agissait donc de trouver un système de signalement qui, d'une part, aurait donné pour chaque individu des indications signalétiques assez précises pour qu'il n'y eût plus d'erreur possible et, d'autre part, aurait appris à *lire* les traits d'une physio-

FIG. 122 *(Suite)*. — LES MENSURATIONS D'ANTHROPOMÉTRIE JUDICIAIRE.
(Service de l'identité judiciaire de Paris.)

ɡ. — PIED GAUCHE　　　　　　　　*h*. MÉDIUS GAUCHE.

nomie, soit sur une photographie, soit sur le vivant, en appelant chaque disposition de traits avec des noms caractéristiques. Il fallait, en outre, que le système de classement des différents signalements fût tel qu'il supprimât toute longueur dans les recherches opérées dans un répertoire de signalements.

Ce sont ces problèmes que M. A. Bertillon a résolus avec son

FIG. 122 *(Suite)*. — LES MENSURATIONS D'ANTHROPOMÉTRIE JUDICIAIRE.
(Service de l'identité judiciaire de Paris.)
i. — COUDÉE GAUCHE.

système. Il a été guidé, dans ses études, par l'idée que la variabilité des caractères physiques des hommes est telle qu'il est absolument impossible de trouver deux hommes qui soient exactement semblables et qui n'aient pas, par conséquent, des caractères qui les différencient l'un de l'autre. Cette loi découle d'une loi plus générale qui peut s'énoncer ainsi : chaque homme a une *individualité* propre, impossible à être confondue avec celle d'un autre homme même dans les manifestations qui, à première vue, semblent être exécutées de la même manière par plusieurs hommes. Non seulement les différentes parties d'un organisme humain se développent d'une manière *indi-*

viduelle, en prenant des dimensions qui sont spéciales à l'individu, mais aussi les gestes, l'écriture, la démarche, etc., sont strictement *individualisés.* Même la façon dont les hommes se fatiguent est rigoureusement individuelle. On peut la traduire, pour chaque homme, dans une forme graphique (à l'aide de l'ergographe de Mosso) et cette forme restera toujours la même pour le même individu placé dans les mêmes conditions. Il ne sera pas possible de la confondre avec la courbe de la fatigue d'un autre individu : on peut ainsi dire que chaque sujet, en inscrivant sa fatigue, trace, sans le savoir, une sorte d'autographe, une signature ergographique qui est suffisante, dans certaines conditions, pour faire reconnaître cette personne.

Par conséquent, si l'on prend, sur un individu adulte, plusieurs mensurations anthropométriques choisies parmi celles qui ne changent pas, ou presque pas, pendant la vie de l'homme, on obtient une première série de caractères fixes et bien déterminés pour établir le signalement de cet individu. Les mensurations que M. Bertillon prend sur ses sujets, afin de déterminer cette première partie du signalement, sont les suivantes :

  1) Taille (hauteur de l'homme debout).
  2) Envergure des bras.
  3) Buste (hauteur de l'homme assis).
  4) Longueur de la tête.
  5) Largeur de la tête.
  6) Diamètre bizygomatique.
  7) Longueur de l'oreille droite.
  8) Longueur du pied gauche.
  9) Longueur du doigt médius gauche.
  10) Longueur de l'auriculaire gauche.
  11) Longueur de la coudée gauche.

Les figures qui précèdent (fig. 122 *a-i*), prises au service de l'identité judiciaire de Paris, montrent comment on procède pour obtenir ces différentes mensurations : au-dessous de chaque figure est représenté le détail de chaque opération.

Il va sans dire que ces mensurations doivent être relevées d'une façon rigoureusement uniforme et précise. Cependant, dans ces mensurations comme dans toute sorte de mensurations

20

anthropométriques et autres, l'exactitude est impossible, et si un même opérateur mesurait dix fois de suite le même sujet, il obtiendrait presque certainement dix mensurations différentes, les variations étant, chaque fois, de quelques millimètres. Il est très difficile, par exemple, d'obtenir à deux reprises l'ensemble des mêmes chiffres millimétriques de taille et de buste. Aussi, lorsqu'on se trouve en présence de la partie du signalement qui se réfère aux mensurations anthropométriques, et qu'il faut comparer le signalement anthropométrique d'un sujet avec le signalement inscrit sur une fiche, il faut savoir quel est le maximum d'écart tolérable, ou encore le degré d'approximation à exiger pour chaque mensuration. C'est ce que M. Bertillon a recherché en établissant un tableau de chiffres qui permet de calculer pour chaque mensuration quel est l'écart qu'on peut tolérer. Cet écart, en plus ou en moins, ne doit pas dépasser 7 millimètres pour la taille ; 10 pour l'envergure ; 7 pour le buste ; 6,5 pour la longueur et la largeur de la tête et pour la longueur du médius ; 1 pour la longueur de l'oreille droite ; 1,5 pour la longueur du pied gauche ; 0,7 pour la longueur de l'auriculaire gauche ; 1,5 pour la longueur de la coudée (1).

(1) M. Anfosso, juge au tribunal de Saluzzo (Italie), a inventé un *tachi-anthropomètre* qui permet de prendre, mécaniquement et rapidement, sur un même individu, une grande quantité de mensurations anthropométriques, parmi lesquelles la taille, l'envergure, la longueur et la largeur de la tête, qui sont d'une si grande utilité pour l'établissement d'une fiche anthropométrique. Voyez l'ouvrage de M. Anfosso : *Il Casellario giudiziario centrale*, Turin, 1896. Dans ce même ouvrage M. Anfosso propose d'établir la fiche d'identité pour chaque criminel grâce au profil de son crâne (qu'on peut tracer sur une feuille de papier à l'aide d'un instrument spécial dit craniographe d'Anfosso) et au degré d'ouverture entre l'index et le médius (triangle digital). On y ajouterait les signes particuliers et la photographie de face et de profil. La classification des fiches ainsi recueillies serait faite en se servant des chiffres tirés des dimensions du dessin cranien, du dessin digital et des éléments des signes particuliers.

* *
*

Après avoir pris les mensurations anthropométriques que nous venons d'énumérer, on passe à l'examen et à la notation des *caractères chromatiques* (coloration des yeux, de la barbe,

des cheveux, et teint). Les nuances de l'œil, qui sont les plus importants de ces caractères chromatiques, sont aussi d'une appréciation délicate, mais il est impossible de se tromper en suivant exactement les instructions suivantes.

L'examen doit se faire à la lumière du jour, l'œil à examiner faisant face à la lumière. L'observateur verra un globe blanchâtre, au milieu duquel se trouve un petit point toujours noir; c'est la pupille, dont on n'a pas à s'occuper. Mais autour de la pupille l'observateur remarquera un anneau coloré; c'est l'iris, sur lequel doit porter son attention.

FIG. 123. — EXAMEN DE L'ŒIL AU SERVICE DE L'IDENTITÉ JUDICIAIRE DE PARIS.

Il suffit de quelques observations pour s'apercevoir que la couleur de l'œil, ou pour mieux dire de l'iris, résulte de la juxtaposition d'éléments indépendants : la nuance du fond de l'iris, ou *périphérie.* — qui oscille entre les deux extrêmes bleu azuré et bleu ardoisé, — et l'*intensité de la pigmentation jaune-orange* qui est groupée superficiellement en *auréole* autour de la pupille (voir la figure 124).

Il faut donc, pour arriver à une notation exacte, considérer séparément chacune des deux zones composantes : c'est l'auréole jaune-orange qui présente les éléments distinctifs les plus nets et les plus aptes au classement.

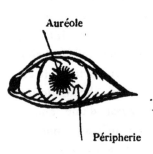

Auréole

Péripherie

FIG. 124. — ŒIL.

On classifie les nuances de l'*auréole* de la manière suivante : *pâle* (avec des stries blanchâtres rayonnant du centre vers la périphérie, mais dépourvues de matière jaune); *jaune; orange; châtain; marron.* Cela permet de diviser les yeux en sept classes : 1re, yeux impigmentés (avec ou sans auréole pâle); 2e, yeux à auréole jaune; 3e, yeux à auréole orange; 4e, yeux à auréole châtain; 5e, yeux à auréole marron, groupée en cercle, autour de la pupille; 6e, yeux à auréole marron, recouvrant imparfaitement la totalité de l'iris; 7e, yeux à auréole marron recouvrant uniformément la totalité de l'iris.

Quant à la nuance du fond, on la note : azurée, intermédiaire, ardoisée mais quelquefois (dans les yeux jaunes et orangés) le fond apparaît, par endroit, jaunâtre ou verdâtre.

On indique cette particularité par l'addition à la nuance de la périphérie du mot : *verdâtre* ou *jaunâtre.*

Il faut remarquer que le signalement chromatique des yeux est pris toujours sur l'œil gauche.

Quant aux *cheveux* et à la *barbe*, on les marque avec les désignations suivantes :

Roux (vif, blond, ordinaire, châtain).

Blond (albinos, clair, roux, ordinaire, châtain).

Châtain (clair, roux, ordinaire, foncé).

Noir.

Le *teint* provient de deux éléments : 1) le degré de pigmentation de la peau ; 2) l'état sanguin, qui donne à la physionomie une coloration plus ou moins rouge. On note donc l'état de la *pigmentation* et l'état de la *coloration*, en se servant, pour chacun de ces caractères, des mots : *petit, moyen, grand.*

FIG. 125. — EXAMEN DES MARQUES PARTI-
CULIÈRES AU SERVICE DE L'IDENTITÉ
JUDICIAIRE DE PARIS.

* *

Après la notation des mesures anthropométriques et des caractères chromatiques, on passe à l'examen et à la notation des *marques particulières* que l'individu peut présenter sur sa figure, sur son cou, sur sa poitrine, sur son dos, sur ses bras et sur ses mains (figure 125).

Il est impossible de trouver une personne qui ne présente au moins une marque particulière (cicatrice, nævus, tatouage). Tout le monde a, en effet, des marques particulières et souvent à son insu. Seulement, la notation de l'existence d'une marque particulière n'a presque pas de valeur si l'on ne détermine pas d'une manière très rigoureuse sa forme, sa direction, ses dimensions et sa localisation.

Supposons qu'un signalement annonce que le nommé X..... a une cicatrice sur la poitrine. Ce renseignement n'a qu'une faible importance; mais cette importance redouble si l'on ajoute: *sur la moitié gauche* de la poitrine. L'importance redouble encore si l'on ajoute qu'il s'agit d'une cicatrice à direction *oblique*. Que l'on indique encore que cette obliquité est *interne* ou *externe*, et l'importance de la notation redouble encore une fois. En d'autres termes, la notation : *cicatrice oblique interne sur la moitié gauche du thorax*, a une importance huit fois plus grande que la notation primitive générique, qui se borne à indiquer simplement l'existence d'une cicatrice sur la poitrine. Si l'on ajoute encore à ces indications la localisation exacte de la cicatrice, par exemple à 3 centimètres au-dessous du téton gauche et à 5 centimètres de la ligne médiane ; si l'on spécifie aussi la forme de la cicatrice et sa longueur en millimètres, on verra que la notation ainsi faite prend une importance signalétique de premier ordre.

C'est ainsi qu'étant donnée une marque particulière quelconque, elle sera notée dans les détails suivants :

1° *Description* (Cicatrice ? Nævus ? Scrofule ? Tatouage ?).

2° *Forme* (Rectiligne ? Courbe ? Circulaire ?).

3° *Direction* (Horizontale ? Verticale ? Oblique ?).

4° *Localisation* (Emplacement par rapport à un point connu) (1).

En examinant notre figure 126, le lecteur trouvera un exemple de notation des marques particulières : la figure représente la

(1) On a choisi, à cet effet, sur le corps humain des points de repère très évidents, comme les tétons, la fourche sternale, l'articulation cubitale, et on a en outre divisé le corps par une ligne idéale allant du sommet du crâne par le sternum vers le bas du corps. Les marques particulières sont localisées par rapport à ces points de repère et à la ligne médiane.

tête d'un homme couverte de marques particulières dont chacune est indiquée par un chiffre. Elles se déterminent ainsi :

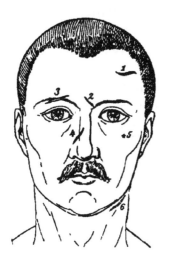

FIG. 126.— EXEMPLE DE DÉTERMINATION DE MARQUES PARTICULIÈRES.

Marque n° 1. Cicatrice rectiligne, horizontale, de 2 centimètres de longueur, à 3 centimètres au-dessus de la pointe externe du sourcil gauche.

Marque n° 2. Cicatrice rectiligne, oblique, de 1 centimètre de longueur, entre les sourcils.

Marque n° 3. Cicatrice rectiligne, oblique, de 2 centimètres de longueur, sur le milieu du sourcil droit.

Marque n° 4. Cicatrice rectiligne, oblique, de 1 centimètre et demi, sur le côté droit du nez.

Marque n° 5. Nævus, petit, à 2 centimètres sous la pointe extrême de l'œil gauche.

Marque n° 6. Cicatrice ou trace de scrofule, oblique, de 2 centimètres et demi, sous le maxillaire gauche.

* * *

Toutes ces notations (mensurations anthropométriques, renseignements chromatiques et marques particulières) sont inscrites sur une *fiche*. On pourrait croire, à première vue, qu'il faut beaucoup de temps pour relever et inscrire le signalement d'un sujet tel que nous venons de le décrire. C'est une erreur. Ceux qui ont assisté à cette opération dans le bureau de l'identité judiciaire de Paris savent qu'il ne faut pas plus de 5 minutes pour relever et inscrire sur la *fiche* le signalement complet d'un individu ; cela tient à la grande habitude que les opérateurs ont de leur tâche, mais aussi à la méthode elle-même parfaitement simple et logique, ainsi qu'à un système très ingénieux d'abréviations.

S'il fallait écrire tous les renseignements signalétiques que nous venons d'indiquer, sans se servir d'aucune abréviation, plusieurs pages ne suffiraient pas, mais, au contraire, on se sert d'un système d'abréviations tel que tous les renseignements signalétiques sont notés sur une *fiche* qui a 16 centimètres de largeur et 16 1/2 de haut.

Cette fiche porte d'abord un formulaire imprimé où sont énoncées toutes les indications auxquelles il faut répondre; celui qui écrit n'a qu'à remplir la fiche ainsi préparée et il le fait en se servant d'un système d'abréviations dont nous ne donnons que quelques exemples.

La notation :

$$Cic.\ r.\ de\ 1\ b\ \varepsilon\ ml.\ 2^e\ f.\ M.\ g.\ \rho$$

signifie :

Cicatrice rectiligne, de la dimension de 1 centimètre, oblique externe (b = oblique, ε = externe) *sur le milieu de la deuxième phalange du médius gauche, face postérieure* (ρ).

La formule :

$$\frac{\begin{array}{c} 3 - 2 \\ r.\ j.\ f. \end{array}}{a\zeta.\ m.}$$

se réfère à la coloration des yeux et elle signifie :

Degré de pigmentation intermédiaire entre la 2e et la 3e classe (jaune et orange). *Auréole jaune foncé, qui occupe la plus grande partie de l'iris* (ce qui est indiqué par la ligne qui est au-dessous de *r. j. f.*). *Le fond de l'iris est azuré moyen.*

⁎

Munie du signalement tel que nous l'avons sommairement décrit, la *fiche* n'est pas encore complète. Elle doit porter en

outre les empreintes des dix doigts des deux mains du sujet et
la photographie de face et de profil du même sujet.

Le relevé des empreintes est très simple. Nous en avons déjà
fait la description dans les pages précédentes. Les empreintes
sont faites sur la *fiche* elle-même, qui les conserve ainsi pour
toujours.

Dans les *fiches* dressées en province, non accompagnées de
photographies, on prend d'abord les empreintes des quatre doigts
de chaque main (index, annulaire, médius, auriculaire) en les
faisant appuyer *ensemble* ; on prend ensuite les empreintes des
dix doigts *séparément*, l'une après l'autre. Les empreintes
simultanées sont prises afin d'éviter que le prévenu parvienne
pendant l'opération à donner deux empreintes d'un même doigt,
ce qui apporterait une très grave erreur dans la rédaction de la
fiche.

La photographie se prend de face et de profil, selon les instructions très détaillées données par M. Bertillon dans sa *Photographie judiciaire* et dans ses *Instructions signalétiques* déjà citées.
Le photographe judiciaire ne doit avoir aucune préoccupation
artistique ; il ne doit faire aucune retouche, les cicatrices, rides,
taches pigmentaires et nævus étant des moyens très com-
modes d'identification. Par conséquent, les qualités essentielles
du cliché doivent être la netteté et la finesse des détails. Le portrait de face est pris dans une position légèrement tournée vers
la droite, de façon à laisser apercevoir quelque peu l'oreille
gauche, car les photographies entièrement de face présentent la
saillie du nez en raccourci et quelquefois la déforment. La
photographie de profil met en évidence les détails de l'oreille,
le profil du front et du nez, etc. (1).

---

(1) La photographie de profil est préférable pour reconnaître un individu
inconnu ; celle de face sert surtout lorsqu'il s'agit d'un individu connu.

Dans la vie quotidienne nous voyons presque toujours les gens de face ou
de trois quarts. Nous nous souvenons donc de la face des individus, plutôt

L'éclairage est de face ; le format est celui dit carte de visite augmenté de 0ᵐ01 dans sa largeur (0ᵐ085×0ᵐ060); la réduction est de 1/7 ; avec ces dimensions on arrive à juxtaposer les deux images (face et profil) sur une seule plaque 9×13, obtenue elle-même en coupant en deux la plaque 13×18.

La chaise où l'on fait asseoir les sujets à photographier est construite d'après des indications spéciales. Sa disposition la plus importante a pour but d'assurer la même réduction pour les poses de face et de profil. Ce serait une erreur de croire que, pour prendre à la même réduction le profil de droite après la pose de face, il suffise d'immobiliser la chaise et de faire asseoir le sujet de côté, le bras gauche contre le dossier. En réalité, par ce mouvement de conversion, la tête du sujet se trouve rapprochée de l'objectif d'une longueur égale à la moitié de la largeur des épaules, et l'image de profil est grossie proportionnellement à ce rapprochement.

Pour éviter cette cause d'erreur on a construit une chaise tournante qui, le mouvement de conversion accompli, se fixe d'elle-même. Elle tourne sur un pivot *excentrique*, grâce auquel le profil du sujet se trouve. être déplacé de façon que la réduction est absolument égale à celle obtenue dans la photographie de face. Le point excentrique où passe le pivot qui permet à la chaise de faire son mouvement de rotation correspond au point où se rencontrent les deux diagonales d'un carré idéal construit sur la ligne qui va de l'œil droit à la ligne médiane du nez. Les documents qui se réfèrent à cette théorie de la chaise tournante sont recueillis dans notre figure 127. On y verra que la position

que de leur profil. Mais la forme du visage vu de profil est plus caractéristique que celle du visage vu de face ; elle présente un plus grand nombre de détails qui frappent l'observateur et contribuent à différencier un profil d'un autre. Par conséquent, s'il est possible de reconnaître un individu connu par l'examen de son portrait de face, on recherchera plus facilement un inconnu au moyen de sa photographie de profil.

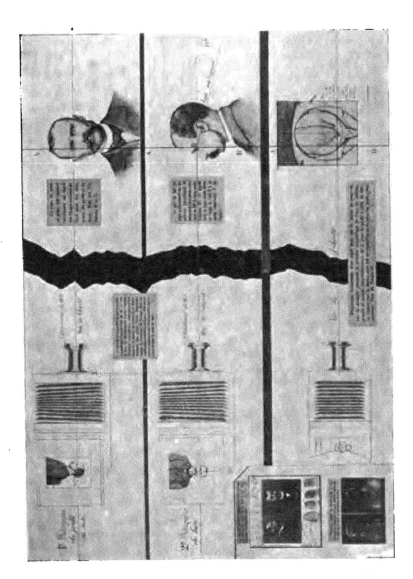

FIG. 127. — THÉORIE DE LA CHAISE DE POSE, A PIVOT EXCENTRIQUE,
EMPLOYÉE AU SERVICE DE L'IDENTITÉ JUDICIAIRE DE PARIS, POUR
LES PHOTOGRAPHIES DE FACE ET DE PROFIL.

excentrique de l'axe de rotation du siège sur lequel le sujet est assis permet de passer consécutivement de la pose de profil à

FIG. 128. — FICHE ANTHROPOMÉTRIQUE. — RECTO.
(Service de l'identité judiciaire de Paris.)

celle de face en conservant toujours le même plan A B de réduction et de mise au point, sans déplacer l'axe de l'objectif.

* *

La *fiche* ne contient pas seulement les mensurations anthropométriques, les renseignements chromatiques, les marques particulières, les empreintes digitales et la photographie de face et de profil, elle contient aussi les nom et prénoms du sujet, ses surnoms et pseudonymes, la date et le lieu de sa naissance, le nom de ses parents, sa profession, le lieu de sa dernière résidence, l'énumération de ses papiers d'identité et les renseigne-

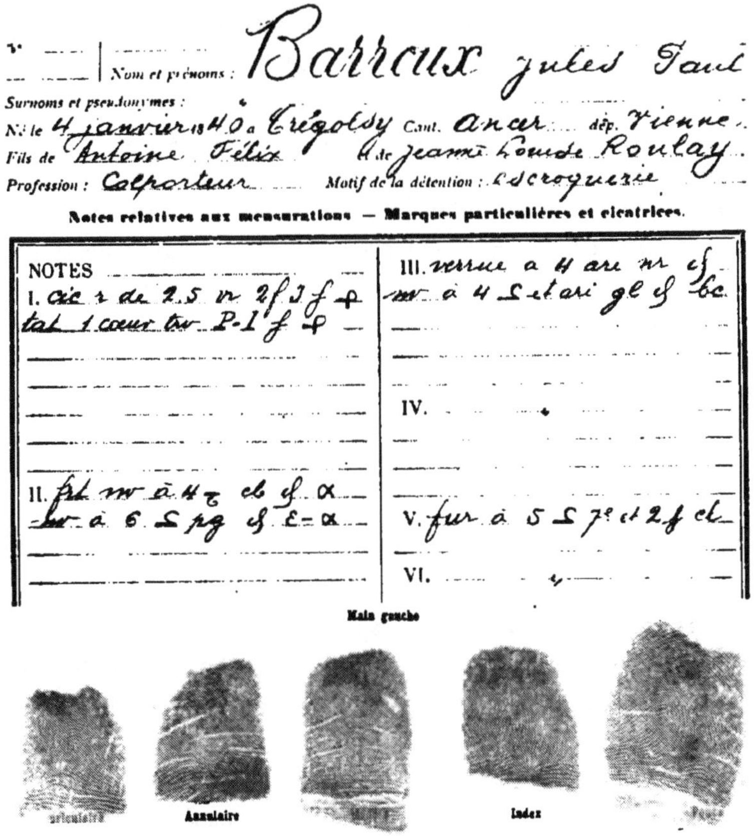
Nom et prénoms : Barraux jules Paul
Surnoms et pseudonymes :
Né le 4 janvier 1840 à Trégolsy Cant. Ancer dép. Vienne.
Fils de Antoine Félix et de Jeanne Louise Roulay.
Profession : Colporteur Motif de la détention : escroquerie

Notes relatives aux mensurations — Marques particulières et cicatrices.

NOTES
I.
II.
III. verrue à 4 arc nr
IV.
V.
VI.

Main gauche

Auriculaire Annulaire Index

FIG. 129. — FICHE ANTHROPOMÉTRIQUE. — VERSO.
(Service de l'identité judiciaire de Paris.)

ments sur ses condamnations (nombre, cause, lieu de détention), sur le délit actuel et sur le service militaire. La *fiche* contient donc le signalement le plus complet et le plus exact, un signalement vraiment parfait, de l'individu. On trouvera à nos figures 128 et 129 le modèle de la *fiche*, vue au recto et au verso (1).

.*.

Le service de l'identité judiciaire de Paris a collectionné plus de 100.000 *fiches* d'hommes adultes. Quel est le procédé adopté pour classer et conserver cette énorme quantité de *fiches*, de manière qu'il soit possible de retrouver rapidement celle qu'on cherche ?

Il se peut, en effet, qu'un individu arrêté cache son nom, ou qu'il en donne un faux. On prend alors son signalement, on établit une *fiche* et on cherche si, parmi les 100.000 *fiches* conservées au service, il en existe une qui concerne l'individu en question. Avec les données fournies par le signalement scientifique qu'on vient de prendre, la recherche est très simple, grâce au système très ingénieux de classement trouvé par M. Bertillon.

Fixons à 90.000 le nombre des *fiches* réunies dans une collection anthropométrique. Elles sont classées en trois grandes catégories, suivant la *longueur de la tête* (petite jusqu'à 183 millimètres ; moyenne de 184 à 189 ; grande 190, et plus). Ces différences entre les trois valeurs ont été calculées sur la base de l'examen de la courbe binomiale de la longueur de la tête, de manière que chaque catégorie compte un nombre presque égal de *fiches*. Chaque groupement formé suivant la longueur de la tête est à son tour divisé en trois catégories suivant la *largeur de la tête* (petite, moyenne, grande), ce qui réduit les groupements à des catégories de 10.000 fiches. Chacune de ces caté-

---

(1) Les emplacements marqués aux chiffres I, II, III, IV, V, VI sont remplis par la notation des marques particulières. Dans la rubrique I, on inscrit les marques se trouvant au bras gauche ; II, les marques au bras droit ; III, à la face et au-devant du cou ; IV, à la poitrine ; V, au dos ; VI, aux jambes.

gories est encore divisée en trois groupes suivant la *longueur du médius gauche*, de manière que les sous-groupes ainsi formés ne comptent plus que 3.300 *fiches* environ. La *longueur de la coudée* fournit une quatrième indication qui produit une nouvelle subdivision en trois catégories contenant chacune 1.100 photographies que l'on réduit ensuite en groupes de 400 en prenant pour base le *diamètre bizygomatique*. Ces paquets, composés de 400 *fiches* chacun, sont à leur tour subdivisés en paquets toujours plus petits, suivant la *forme des empreintes digitales*. La combinaison des différentes formes d'empreintes digitales permet un classement qui réduit, grâce à des éliminations successives, les paquets des différentes subdivisions jusqu'à ce qu'ils ne contiennent plus que 8 à 10 *fiches*. C'est parmi celles-ci qu'on recherche ou que l'on place la *fiche* en question.

Les empreintes digitales dont on tient compte pour le classement des *fiches* sont seulement celles du pouce, de l'index, du médius et de l'annulaire de la main droite. Suivant les dessins formés par les lignes des empreintes, chaque empreinte reçoit le nom d'une de ces quatre lettres : E, I, O, U. La lettre *E* indique les empreintes dont les dessins — au nombre de deux au moins — sont formés par des lacets à direction oblique externe (voir le grand tableau qui suit, n°s 1 à 6); la lettre *I* indique des lacets à direction oblique interne, au nombre de deux au moins (voir le même tableau, n°s 7 à 12); la lettre *O* indique des lacets de forme ovale, en cercle, ou en spirale, ou en forme de volutes; il doit y avoir quatre lacets circulaires au moins (voir le même tableau, n°s 13 à 22). La lettre *U*, enfin, signifie des sillons en forme d'arcs superposés (voir le même tableau, n°s 23 à 28).

Employées comme subdivisions de chaque paquet de 400 *fiches*, les empreintes digitales des quatre doigts de la main droite permettent de faire 32 subdivisions de chaque paquet de 400 *fiches*.

Ayant constaté que les empreintes accolées de la lettre E sont
de beaucoup plus nombreuses (sauf pour l'index), on a adopté
la convention suivante : la lettre E reste E pour tous les doigts ;
pour le pouce, le médius et l'annulaire les lettres I, O, U, sont
classées X ; pour l'index les lettres I, O, U, conservent leur
valeur alphabétique. De cette manière on arrive à la répartition
indiquée au tableau ci-dessous, contenant les 32 subdivisions.

e e e e	e i e e	e o e e	e u e e
e e e x	e i e x	e o e x	e u e x
e e x e	e i x e	e o x e	e u x e
e e x x	e i x x	e o x x	e u x x
x e e e	x i e e	x o e e	x u e e
x e e x	x i e x	x o e x	x u e x
x e x e	x i x e	x o x e	x u x e
x e x x	x i x x	x o x x	x u x x

*
* *

Les *fiches* étant ainsi classées dans un répertoire anthropométrique, la recherche de l'une d'elles devient extrêmement facile.
Un individu arrêté et ayant déjà passé par le service d'identité
ne peut dissimuler son véritable nom ; une recherche de quelques
minutes dans le répertoire anthropométrique suffit pour que
l'opérateur trouve la *fiche* qui le concerne, contenant son nom,
le lieu de sa naissance, son âge, sa photographie, etc.

Supposons, par exemple, qu'il faille rechercher dans le répertoire anthropométrique la *fiche* d'un individu qui a été arrêté et
qui prétend n'avoir jamais eu maille à partir avec la justice.
On procède de cette manière : après avoir pris le signalement
complet du sujet, on cherche d'abord la division de longueur de
tête à laquelle il appartient ; dans celle-ci on cherche la subdi-

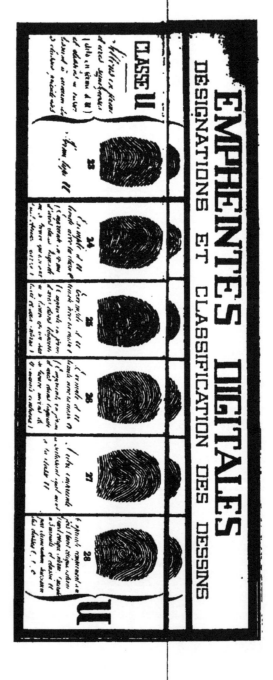

FIG. 130. — CLASSEMENT DES EMPREINTES DIGITALES. (Service de l'identité judiciaire de Paris.)

vision de la largeur de tête, ensuite celle du médius, et ainsi de suite, jusqu'à ce qu'on arrive, après les éliminations successives, au petit paquet final de 10 *fiches* parmi lesquelles doit se trouver la *fiche* avec la photographie de l'individu, s'il a été déjà mensuré par le service d'identité.

On a calculé que le service de l'identité judiciaire de Paris opère

FIG. 131. — UNE RECHERCHE DANS LE RÉPERTOIRE ANTHROPOMÉTRIQUE DU SERVICE DE L'IDENTITÉ JUDICIAIRE DE PARIS.

de cette manière presque 1.000 reconnaissances de récidivistes chaque année, les récidivistes s'étant présentés sous de faux noms. Les diagrammes exposés par le service de l'identité judiciaire de Paris à l'Exposition internationale de Liège montrent que, grâce à cette classification, il a été reconnu, au 1er janvier 1905, 12.614 récidivistes. Ce nombre, quoique considérable, est encore dépassé par le chiffre des individus qui, ayant donné lors de leur arrestation un faux état civil, avouent spontanément leur véritable nom en arrivant à l'anthropométrie, sachant, par expérience, ou par ouï-dire, qu'il ne leur servirait à rien de dissimuler plus longtemps. Il arrive aussi, quelquefois, qu'une personne ayant besoin de son casier judiciaire s'aperçoive avec stupéfaction qu'il relate des condamnations qu'elle n'a jamais eues ; c'est parce que son état civil a été usurpé par un criminel professionnel. Dans ce cas le signalement anthropométrique permet de faire rayer du cahier les condamnations indûment portées, et une recherche dans le répertoire anthropométrique donnera le nom de l'usurpateur.

La *fiche* que nous venons de décrire est la *fiche* française ; parmi les différents pays qui possèdent un service de l'identité judiciaire, quelques-uns ont adopté un système de *fiche* identique ou presque (Suisse, Roumanie, Russie, Mexique, Espagne, Portugal) en adoptant en même temps les mesures anthropométriques et les empreintes comme critérium du classement des *fiches* dans le répertoire ; d'autres pays se servent simultanément de deux genres de *fiches*, l'une dressée selon le principe de la *fiche* française, mais avec quelques modifications et classée selon les données de l'anthropométrie, l'autre dressée simplement à l'aide des empreintes digitales, de quelques renseignements sur le signalement, et classée exclusivement selon le critérium des empreintes digitales, d'après le système Windt-Kodicek : ce sont l'Autriche et l'Allemagne.

L'Angleterre et les Indes anglaises se servent d'une fiche où ne figurent que les empreintes digitales ; l'Italie, l'Indo-Chine et tous les Etats de l'Amérique du Sud suivent un système mixte avec empreintes, photographie de face et de profil et le signalement. Le classement se fait toujours à l'aide des empreintes digitales, soit par le système Vucetich, soit par le système Galton-Henry, soit par le système Pottecher. Le lecteur aura une idée exacte du système de *fiche* fonctionnant dans chaque pays en consultant le tableau pages 316-317, que nous empruntons au docteur Locard (1).

Comme on le voit, dans certains pays, comme l'Angleterre et

(1) On trouve la description sommaire de ces *fiches*, pour chaque pays, dans le mémoire du docteur Edmond Locard, préparateur au Laboratoire de médecine légale de l'université de Lyon : *Les Services actuels d'identification et la Fiche internationale*, publié dans les *Archives d'anthropologie criminelle* de Lyon, 1906. M. Locard, qui nous promet un intéressant volume sur *L'Identification des criminels*, est l'auteur d'un modèle de *fiche* internationale qui contient les dix empreintes successives et roulées des doigts, les mêmes empreintes simultanées, les signes particuliers et le portrait parlé. Le classement serait fait d'après les empreintes, selon la méthode Vucetich.

les Indes anglaises, la *fiche* ne présente que les dix empreintes digitales ; pour la plus grande partie, le classement se fait au moyen des empreintes en suivant différentes méthodes de classification. Nous allons les exposer rapidement.

1) *Méthode de Vucetich.* — Elle est très simple et très ingénieuse. M. Vucetich, directeur du service de l'identité judiciaire de la République argentine (1), a divisé en quatre grandes catégories les dessins formés par les empreintes digitales : à *arc* (figure 71 A), à *lacet interne* (figure 71 B), à *lacet externe* (figure 71 C), à *verticille* (figure 71 D) et il désigne chacune de ces catégories par un chiffre et une lettre, de la manière suivante :

Arc = A ou 1.

Interne = I ou 2.

Externe = E ou 3.

Verticille = V ou 4.

On prend sur la fiche les empreintes des dix doigts et chacune de ces empreintes est appelée par son numéro, *excepté les empreintes des pouces qui sont désignées par leurs lettres.* La formule d'un individu s'établit donc par un nombre formé d'une lettre et de quatre chiffres pour la main droite, suivi d'un second nombre formé par une lettre et quatre chiffres pour la main gauche. Exemple : A 3421, V 1334.

La combinaison de ces dix désignations alphabétiques ou chiffres offre une énorme quantité de formules différentes qui permettent la classification des fiches.

Le système de Vucetich a été presque universellement accepté. La France, l'Angleterre, les Indes anglaises, l'Indo-Chine, l'Allemagne et l'Autriche suivent d'autres systèmes.

2) *Méthode de Pottecher.* — Elle est en vigueur dans l'Indo-Chine ; les empreintes forment quatre catégories principales : les *stratifications*, les *concentriques*, les *tournants*, les *vortex*.

(1) Voir son livre : *Dactiloscopia comparada.* La Plata, 1904.

ÉTATS	DIMENSIONS DE LA FICHE (en millimètres)	ANTHROPOMÉTRIE	PHOTOGRAPHIE	PORTRAIT PARLÉ
FRANCE . . I. Alphabétique. . .	155 × 145	+	+ (1)	+
II. Anthropométrique	145 × 145	+	+ (1)	»
BELGIQUE	145 × 145	+	+	»
SUISSE . . . I. Alphabétique. . .	160 × 140	+	»	+
II. Anthropométrique	150 × 140	+	+	»
ROUMANIE . I. Alphabétique. . .	145 × 145	+	»	incomplet
II. Anthropométrique	145 × 145	+	+	»
RUSSIE.	160 × 135	+	+ (2)	»
MEXIQUE.	140 × 145	+	+	+
ESPAGNE . . I. Photographique .	145 × 145	+	+	+
II. Dactyloscopique .	160 × 140	+	»	+
ITALIE . . . I. Ottolenghi (Rome)	145 × 280 (plié)	+	+	signalement
II. Turin.	190 × 310	»	»	signalement
INDES ANGLAISES	330 × 210	»	»	»
ANGLETERRE	330 × 210	»	»	»
AUTRICHE . I. Anthropométrique	145 × 140	+	+	»
II. Dactyloscopique .	330 × 210	+	+	+
ALLEMAGNE I. Anthropométrique	160 × 145	+	»	+
II. Dactyloscopique .	330 × 210	»	+	signalement
PORTUGAL . I. Anthropométrique	160 × 165	+		complet
II. Dactyloscopique .	175 × 220	»		
EGYPTE . . I. Criminels	185 × 235			
II. Domestiques . . .	470 × 335 (plié)	inc		
INDO-CHINE.	145 × 145			
ARGENTINE.	95 × 160			
BRÉSIL.	95 × 160			
URUGUAY.	95 × 160			
CHILI	95 × 160			

(1) Seulement sur les fiches parisiennes.

DES FICHES ACTUELLES

le signe » l'absence d'indication sur la fiche)

LOCARD.)

TATOUAGES ET CICATRICES	COULEUR DE L'IRIS	DACTYLOSCOPIE		MODE DE CLASSEMENT
		EMPREINTES	FORMULE	
+	+	10 roulés	»	Ordre alphabétique.
»	+	10 roulés 8 contrôle	»	Anthropométrie.
+	+	10 roulés	Bertillon	Anthropométrie.
+	+	»	»	Ordre alphabétique.
+	+	6 posés	»	Anthropométrie.
+	+	»	»	Ordre alphabétique.
+	+	4 posés	»	Anthropométrie.
+	+	»	»	Anthropométrie.
+	+	»	»	Anthropométrie.
+	+	»	»	Ordre alphabétique.
+	+	»	Oloriz	Anthropométrie.
+	+	10 roulés	Vucetich	Dactyloscopie Vucetich.
+	»	»	»	Ordre alphabétique.
»	»	10 roulés 6 contrôle	Galton-Henry	Dactyloscopie Galton-Henry.
»	»	10 roulés 8 contrôle	Galton-Henry	Dactyloscopie Galton-Henry.
+	+	4 roulés	»	Anthropométrie.
+	+	10 roulés 8 contrôle	Windt-Kodicek	Dactyloscopie Windt-Kodicek.
+	+	6 posés	»	Anthropométrie.
»	»	10 roulés 8 contrôle	Windt-Kodicek	Dactyloscopie Windt-Kodicek.
+	+	»	Galton-Henry	Anthropométrie.
+	»	10 roulés 8 contrôle	Galton-Henry	Dactyloscopie Galton-Henry.
+	»	10 roulés 8 contrôle	Galton-Henry	Dactyloscopie Galton-Henry.
+	»	»	»	Non classées.
+	+	main droite	Pottecher	Dactyloscopie Pottecher.
+	»	10 roulés	Vucetich	Dactyloscopie Vucetich.
+	»	10 roulés	Vucetich	Dactyloscopie Vucetich.
+	»	10 roulés	Vucetich	Dactyloscopie Vucetich.
+	»	10 roulés	Vucetich	Dactyloscopie Vucetich.

Les *stratifications*, les *tournants* et les *vortex* présentent des formes dérivées, de manière que les empreintes peuvent se classer, en tenant compte de ces formes dérivées, en huit catégories dont la description se trouve dans le tableau suivant. Le classement se fait en tenant compte des doigts dans cet ordre : index, pouce, médius, annulaire, auriculaire.

DÉSIGNATION DES QUATRE FORMES ET DE LEURS DÉRIVÉS

Types principaux		Dérivés Signes abrév.
— Les stratifications	sont les lignes papillaires qui partent de l'axe de l'empreinte et descendent à peu près parallèlement en se dirigeant vers la droite de l'empreinte. L'axe ou l'âme du dessin est formé par un trait noir ou un intervalle blanc légèrement incurvé.	— — *droite* . . . . **S D** *intermédiaire.* **S I** *gauche.* . . . **S G**
. ‾ Les concentriques	Le dessin est formé de cercles ou d'ovales concentriques, avec ou sans point central, ou de deux spirales opposées, dont les volutes s'entrecroisent sur une certaine étendue, pour se terminer en spirales droite ou gauche.	. . . . . . **C**
Les tournants	Le dessin part du centre et se développe en spirale.	*à droite* . . . **T D** *à gauche*. . . **T G**
Les vortex	présentent l'aspect d'un tourbillon dans l'eau. Caractéristique : la ligne centrale se replie sur elle-même, **S** ou **Ɛ**.	*droit.* . . . . **V D** *gauche.* . . . **V G**

3) *Méthode Galton-Henry-Windt-Kodicek*. — Les empreintes sont divisées en deux grandes catégories : la *boucle* (qu'on

indique avec la lettre L) et le *tourbillon* (qu'on indique W). On groupe les empreintes de la manière suivante :

Pouce droit	Index droit	
Médius droit	Annulaire droit	
Auriculaire droit	Index gauche	Annulaire gauche
Pouce gauche	Médius gauche	Auriculaire gauche

Dans chacune de ces fractions on remplace le W indiquant le tourbillon par le chiffre 16 dans la première fraction, 8 dans la seconde, 4 dans la troisième, 2 dans la quatrième, 1 dans la dernière. La boucle (L) est toujours notée 0. De manière que, si l'on a la formule dactyloscopique suivante :

$$\frac{L}{L} \quad \frac{W}{L} \quad \frac{W}{W} \quad \frac{W}{L} \quad \frac{L}{W}$$

on l'écrit :

$$\frac{0}{0} \quad \frac{8}{0} \quad \frac{4}{4} \quad \frac{2}{0} \quad \frac{0}{1}$$

On additionne membre à membre, on ajoute 1 à chaque total, et on renverse la fraction totale; ce qui, dans notre cas, donne $\frac{6}{15}$. Cette fraction est la formule dactyloscopique de l'individu.

B) LE PORTRAIT PARLÉ.

Le *portrait parlé* consiste dans le relevé des caractères particuliers de la physionomie qui sont propres à chaque individu et permettent de l'identifier dans toutes les circonstances et à toutes les époques de la vie.

Chaque partie de la figure humaine, en effet, présente une forme, une dimension, une direction et des particularités, qui permettent de la caractériser très exactement. Seulement, il faut que chaque particularité d'anatomie externe dont la présence suffirait, à elle seule, pour faire reconnaître un individu entre mille, reçoive un nom qui permette d'en emmagasiner dans la mémoire la forme et la valeur signalétique ; sans quoi elle resterait non perçue et serait comme n'existant pas.

C'est la classification de chaque trait de la physionomie et le vocabulaire spécial répondant mot pour mot à des réalités anatomiques objectives existant dans la figure humaine, mais que personne ne s'était encore avisé de classer et de baptiser, que M. Bertillon a créés avec son système du *portrait parlé*. Il a donc suggéré le moyen de *lire* une physionomie dans tous ses détails, c'est-à-dire d'en classer exactement chaque trait, et d'*écrire* une physionomie, sans besoin d'avoir recours à la photographie ou au dessin.

En dressant, à l'aide de ce système, le signalement d'un sujet, on arrive à faire un véritable portrait parlé.

Le mode de description employé est basé sur la loi de répartition de Quételet : « Tout ce qui vit, croît ou décroît, oscille entre un minimum et un maximum. Entre ces deux extrêmes viennent se grouper toutes les formes, d'autant plus nombreuses qu'elles avoisinent davantage la moyenne ; d'autant plus rares qu'elles s'en éloignent. » De cette loi découle tout naturellement l'emploi de trois termes : *petit, moyen, grand*, pour les dimensions, mais à son tour chacun des extrêmes de cette tripartition (*petit* et *grand*) peut fournir d'autres catégories analogues, de manière que la primitive tripartition se trouve former cette graduation à sept termes :

Très petit . . . . . qui s'écrit	$\underline{\text{p}}$
Petit.	p
Légèrement petit	(p)
Moyen	
Légèrement grand	(g)
Grand	g
Très grand.	$\underline{\text{g}}$

C'est en combinant la graduation à sept termes avec la forme, ou la direction, ou les dimensions de chaque partie anatomique de la figure humaine, qu'on arrive à tracer un portrait parlé de l'exactitude la plus rigoureuse, et tel que son emploi suffise pour donner le signalement le plus pratique et le plus exact qu'on ait jamais trouvé.

Nous ne ferons ici que résumer les règles de ce signalement descriptif.

FRONT

1) Le front est examiné d'abord au point de vue de l'*inclinaison* (vu de profil). Ce profil peut être *vertical, oblique* (ou *fuyant*), ou *intermédiaire*, et grâce à la loi indiquée plus haut, les

FIG. 132. — PROFIL DU FRONT. INCLINAISON.

deux termes extrêmes de cette tripartition (vertical et oblique) peuvent se tripartir. Le front *vertical* sera *proéminent, vertical* ou *légèrement vertical*; — le front *fuyant* sera *légèrement fuyant, fuyant* ou *très fuyant*. D'où la classification de sept types de profils de front (figure 132) ayant chacune son nom spécial (1).

(1) Il est entendu que dans nos figures les notations p, p, (p), (g) g, g, signifient respectivement : *très petit, petit, légèrement petit, légèrement grand, grand, très grand*. Lorsqu'il n'y a pas de notation, il s'agit d'un caractère *moyen*. La parenthèse atténue le caractère descriptif ; la barre l'accentue.

2) Le front est examiné ensuite au point de vue de sa *hauteur*. Elle sera également *petite, moyenne, grande* (figure 133) et les deux dimensions extrêmes seront elles aussi triparties ;

FIG. 133. — HAUTEUR DU FRONT (vu de profil).

on aura une hauteur du front *légèrement petite*, une hauteur du front *petite*, une hauteur du front *très petite*, et ainsi de suite.

C'est ici le cas de rappeler les dimensions relatives de la « figure normale ». On a appelé « figure normale » une figure dont on peut diviser le profil dans les trois parties suivantes de hauteur égale : 1, la partie *frontale*, allant de la ligne d'insertion des cheveux jusqu'à la racine du nez ; 2, la partie *nasale* allant de la racine du nez jusqu'à la base du nez ; 3, la partie *buccale* allant de la base du nez jusqu'au bas du menton. Par conséquent, un front dont la hauteur sera inférieure à celle de la partie nasale ou buccale sera appelé *petit*, etc.

3) Le front est ensuite examiné au point de vue de sa *largeur* (de face) qui s'exprime par les termes suivants (figure 134) :

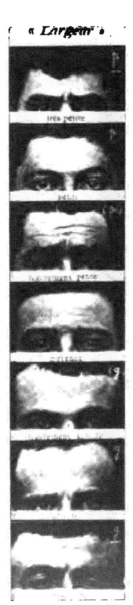

« Largeur »

FIG. 134. — LARGEUR
DU FRONT (de face).

Largeur petite

$\left\{\begin{array}{l}\textit{très petite.}\\ \textit{petite.}\\ \textit{légèrement petite.}\end{array}\right.$

Largeur moyenne.

Largeur grande

$\left\{\begin{array}{l}\textit{légèrement grande.}\\ \textit{grande.}\\ \textit{très grande.}\end{array}\right.$

On considère ensuite le degré de saillie des *arcades sourcilières*, qu'on note : *petites, moyennes, grandes* (vues de profil), avec tripartition (v. fig. 135) — et les particularités du front : *fossette frontale*, placée au milieu du front, au-dessus de la racine du nez, les *bosses frontales*, les *sinus frontaux* et le *profil courbe* (voir la figure 136).

Nez

Le nez constitue une des parties les plus caractéristiques du signalement. La figure 137 donne le dessin schématique du nez avec la nomenclature de ses différentes parties, adoptée pour le portrait parlé.

1) Le nez est observé d'abord au point de vue de la *profondeur de la racine*. Il y a trois sortes de profondeur de racine : *petite, moyenne, grande* (voir figure 138), mais les deux termes extrêmes de cette tripartition se subdivisent à leur tour en : *profondeur*

très petite, profondeur petite, profondeur légèrement petite,
d'une part, et *profondeur légèrement grande, profondeur*

FIG. 135. — PROEMINENCES DES ARCADES SOURCILIÈRES.

FIG. 136. — QUELQUES PARTICULARITÉS DU FRONT.

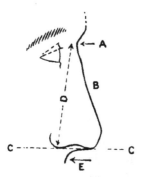

FIG. 137. — A, PROFONDEUR DE LA RACINE ; B, DOS DU NEZ ; CC, DIRECTION DE LA BASE ; D. HAUTEUR : E, SAILLIE.

grande et *profondeur très grande,*
de l'autre.

2) Au point de vue de son *dos* (vu de profil) le nez peut avoir trois formes : forme *cave*, forme *rectiligne*, forme *vexe*. Une variante de cette dernière est la forme *busquée*. Nos figures 139, 142, 143, 144 donnent les exemples de ces quatre variétés de profils de nez : le nez *busqué* se différencie du nez *vexe* par une cassure brusque de la ligne du dos. Chacune des

formes : cave, vexe et busquée, se partage, comme les autres
caractères du portrait parlé, en trois catégories : *légèrement*

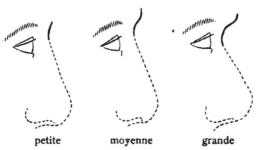

petite   moyenne   grande

FIG. 138. — PROFONDEUR DE LA RACINE DU NEZ.

*cave, cave, très cave ; — légèrement vexe, vexe, très vexe;
— légèrement busqué, busqué et très busqué.*

En outre, chacune de ces trois formes (cave, rectiligne, vexe)
peut présenter une sinuosité, qu'on exprime
avec la notation complémentaire : *sinueux*.
On peut ainsi avoir un profil du dos du nez,
*cave sinueux, — rectiligne sinueux, — vexe
sinueux,* — etc., etc., comme l'on voit à la
figure 140, où nous avons donné l'exemple de
ces combinaisons.

FIG. 139. — DOS
DU NEZ, VU
DE PROFIL.
DOS RECTI-
LIGNE.

3) On observe ensuite la *base* du nez qu'on
examine au point de vue de la direction
générale du bord libre de la narine droite,
comparée à une ligne horizontale. On classe
la base du nez en trois catégories : *relevée,
horizontale, abaissée,* et chacune des deux catégories extrêmes
fournit les trois subdivisions habituelles, de façon qu'on
a une base *légèrement relevée, relevée, très relevée,* — et
une base *légèrement abaissée, abaissée* et *très abaissée* (v. la
fig. 141).

Notre figure 145 indique les différentes combinaisons qui résultent de la forme du profil et de la base d'un même nez.

4) La *hauteur du nez* se calcule, non pas d'après la ligne du dos, déjà examinée, mais verticalement (D de la figure 137) par comparaison avec l'ensemble du visage, le nez de hauteur

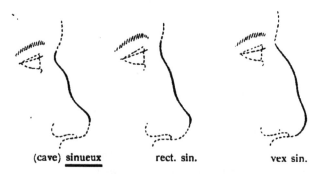

(cave) sinueux   rect. sin.   vex sin.

FIG. 140. — PROFIL SINUEUX DU DOS DU NEZ.

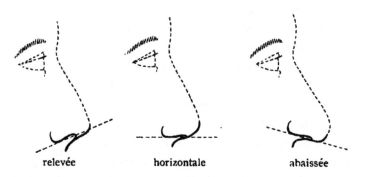

relevée   horizontale   abaissée

FIG. 141. — BASE DU NEZ.

moyenne égalant environ un tiers de l'ensemble du visage, pris de la racine des cheveux à la pointe du menton. La hauteur du nez est *grande*, *moyenne* et *petite*. Les deux termes extrêmes se subdivisent en : *légèrement grande*, *grande*, *très grande*, d'un côté, — et *légèrement petite*, *petite* et *très petite* de l'autre (fig. 146).

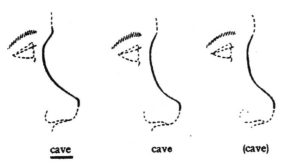

cave   cave   (cave)

FIG. 142. — DOS CAVE.

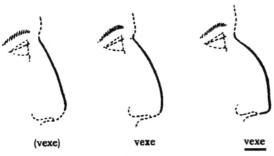

(vexe)   vexe   vexe

FIG. 143. — DOS VEXE.

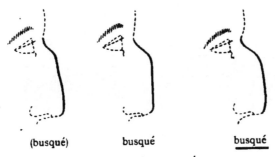

(busqué)   busqué   busqué

FIG. 144. — DOS BUSQUÉ.

FIG. 145. — COMBINAISONS DES DIFFÉRENTES FORMES DU PROFIL ET DE LA
BASE DU NEZ (1).

(1) Voici, par ordre, en commençant de gauche, en haut, les formes de ce
tableau : 1, dos cave, base relevée ; 2, dos cave, base horizontale ; 3, dos cave,

5) La *saillie du nez* (E de la figure 137) qui est la ligne allant de la base de la narine au bout du nez, est *grande, moyenne* et *petite*, avec la tripartition des deux termes extrêmes. Notre

FIG. 146. — HAUTEUR DU NEZ

figure 147 indique des exemples de trois catégories différentes de hauteur et de saillie du nez : on y trouvera pour les nez de toute hauteur les exemples des différents degrés de saillie (petite, moyenne, grande).

6) On procède enfin à la notation de la *largeur du nez*. Elle doit être vue de face (figure 148), et elle est *petite, moyenne, grande* avec tripartition des termes extrêmes.

Si le nez, en outre, présente quelques particularités, soit de profil, soit de face, on en fait la mention et on signale entre autres :

base abaissée ; 13, dos cave-sinueux ; 4, dos rectiligne, base relevée ; 5, dos rectiligne, base horizontale ; 6, dos rectiligne, base abaissée ; 14, dos rectiligne sinueux ; 7, dos vexe, base relevée ; 8, dos vexe, base horizontale ; 9, dos vexe, base abaissée ; 15, dos légèrement busqué-sinueux ; 10, dos busqué, base relevée ; 11, dos busqué, base horizontale ; 12, dos busqué, base abaissée ; 16, dos busqué-sinueux.

22

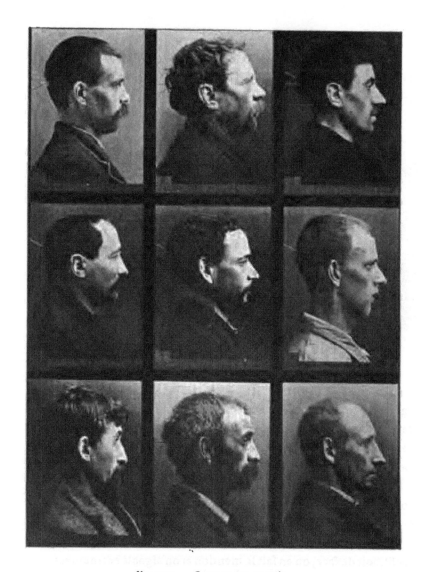

FIG. 147. — SAILLIE DU NEZ (1).

(1) Voici les différentes désignations : 1, nez, hauteur petite, saillie petite ;
2, hauteur petite, saillie moyenne ; 3, hauteur petite, saillie grande ; 4, hauteur
moyenne, saillie petite ; 5, hauteur moyenne, saillie moyenne ; 6, hauteur
moyenne, saillie grande ; 7, hauteur grande, saillie petite ; 8, hauteur grande,
saillie moyenne ; 9, hauteur grande, saillie grande.

petite   moyenne   grande

FIG. 148. — LARGEUR DU NEZ.

le nez épaté ou écrasé, le nez dévié, le nez gros, le nez pointu ou effilé, le méplat du dos (élargissement osseux du dos), le

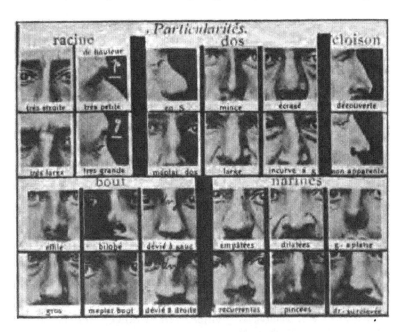

FIG. 149. — PARTICULARITÉS DU NEZ.

méplat du bout (bout aplati), le dos du nez en S, le dos mince, le dos large, le bout du nez bilobé, le bout du nez dévié, la cloison découverte, les narines empâtées (collées à la sous-cloison du nez), les narines dilatées, les narines pincées, la racine très étroite ou très large. Nous avons groupé les particularités du nez dans le tableau de la figure 149.·

OREILLE

On pourrait dire que l'oreille constitue, à un certain point de vue, la partie la plus importante du signalement. C'est, en effet, l'organe qui donne le plus grand nombre d'indications signalétiques précises. L'oreille présente une telle variété de formes suivant les individus, et par contre une telle invariabilité sur le même individu, que la notation exacte de ses caractères pourrait à elle seule établir l'identité d'un sujet. A cause de cela nous avons émis l'idée de prendre, avec notre méthode, ce que nous avons appelé la *photographie naturelle* de l'oreille, dans tous les cas où l'on ne prend pas la photographie du sujet, ce qui arrive dans presque toute la province, en France, où la fiche signalétique ne comporte pas la photographie du criminel.

Il faut examiner dans l'oreille : la bordure, le lobe, l'antitragus,

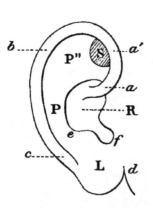

FIG. 150. — NOMENCLATURE DES DIFFÉRENTES PARTIES DE L'OREILLE.

a, bordure originelle ; *a' b,* bordure supérieure ; *b c,* bordure postérieure ; *e f,* antitragus ; *P* et *P",* pli de l'oreille, dont *P,* pli inférieur et *P",* pli supérieur ; *L,* lobe ; *c d,* contour du lobe ; *R,* conque ; *S,* fossette digitale ; *d f,* adhérence du lobe ; *f a,* tragus.

le pli (inférieur et supérieur), l'écartement et les particularités. On trouvera à notre figure 15o l'indication des parties
anatomiques de l'oreille qui portent ces noms.

1. *Bordure de l'oreille.*

Commençons l'examen de l'oreille par la *bordure* ou ourlet,
l'*hélix* des anatomistes. La bordure originelle s'examine au

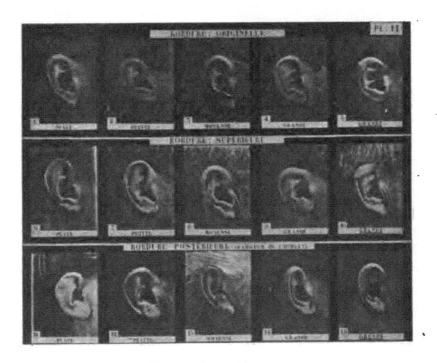

FIG. 151. — OREILLE, BORDURE.

point de vue de sa *longueur*. Elle peut être *petite*, *moyenne*,
grande, avec la tripartition des termes extrêmes. La bordure
supérieure (*a' b*) et la bordure postérieure (*b c*) s'examinent
au point de vue de la *largeur* de l'ourlet; elles peuvent

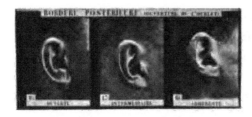

FIG. 152. — OUVERTURE DE LA BORDURE.

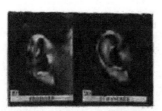

être : *plate, petite, moyenne* et *grande* ; et les termes extrêmes de la tripartition *(petite* et *grande)* sont à leur tour tripartis (voir la figure 151, numéros 1-15).

On passe ensuite à l'examen du *degré d'ouverture* de l'ourlet de la bordure postérieure. Certaines bordures postérieures sont très ou-

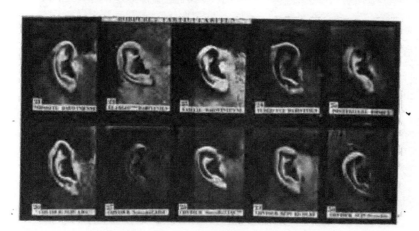

FIG. 153. — PARTICULARITÉS DE LA BORDURE.

vertes, d'autres sont plus ou moins repliées. Nous désignons le degré d'ouverture par les mots *ouvert, intermédiaire, adhérent* (voir figure 152).

Les particularités de la bordure, enfin, sont nombreuses : bordure *froissée, échancrée* (échancrure sur la limite de la bordure supérieure et de la bordure postérieure), *nodosité* darwinienne, *élargissement* darwinien, *saillie* darwinienne, *tubercule* darwinien, *bordure postérieure fondue* (la partie inférieure de la bordure postérieure est fondue avec le pli inférieur), *contour supérieur aigu, contour supéro-antérieur aigu, contour supéropostérieur en équerre, contour supérieur bicoudé, contour supérieur bicoudé à angle obtus-aigu.* Le lecteur trouvera à notre figure 153, nᵒˢ 19-30, un exemple de chacune de ces particularités dans le même ordre avec lequel nous venons de les énoncer.

2. *Lobe de l'oreille.*

Le *lobe* est étudié au point de vue de la forme de son contour, de l'adhérence à la joue, du modelé, de sa hauteur et des particularités.

Le *contour du lobe* (c d) peut se présenter soit avec une ligne descendante, soit avec la forme d'un angle presque droit

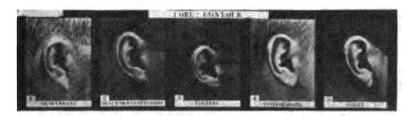

FIG. 154. — CONTOUR DU LOBE.

(équerre), soit avec la forme d'une courbe remontant vers le haut (golfe), soit dans des formes intermédiaires. Toutes ces formes sont représentées à notre figure 154 (nᵒˢ 1-5) et elles prennent chacune les dénominations suivantes : contour *descendant*; contour à *équerre* ; contour *descendant-équerre*; contour *intermédiaire* ; contour *golfe*.

L'*adhérence du lobe* (d f) étudie le degré plus ou moins fort de raccordement que le lobe présente avec la joue. Si le lobe est complètement attaché à la joue, on dit que l'adhérence est *fondue*. Si le lobe est complètement détaché, l'adhérence est *isolée*. Si le lobe se présente sous une forme intermédiaire, on dit que l'adhérence est *intermédiaire*. Finalement si le lobe est séparé de la joue par un sillon formé par la peau même du lobe, l'adhérence est *sillonnée*. On a ainsi quatre principales formes d'adhérence (telles qu'on les voit à la figure 155).

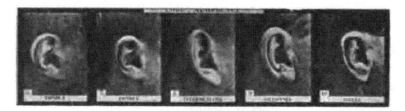

Fig. 155. — Adhérence du lobe.

Le *modelé du lobe* (L) donne lieu aux observations suivantes : il peut être *traversé*, c'est-à-dire creusé par un grand sillon bien net, — *uni*, c'est-à-dire sans sillon, — ou *intermédiaire*, lorsqu'il est creusé d'une façon incomplète par un sillon peu profond. On peut avoir aussi une quatrième forme du modelé, la forme

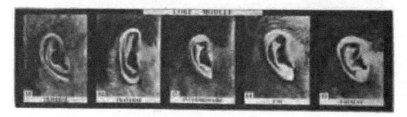

Fig. 156. — Modelé du lobe.

éminente, lorsque le modelé se présente comme s'il était gonflé ou bombé. Toutes ces formes sont représentées à la figure 156.

La *hauteur du lobe* s'apprécie à l'œil et se partage en : *petite*, *moyenne*, *grande*. Les deux termes extrêmes sont tripartis, comme d'habitude (figure 157).

Les particularités du lobe, enfin, sont les suivantes : *lobe*

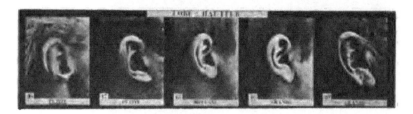

FIG. 157. — HAUTEUR DU LOBE.

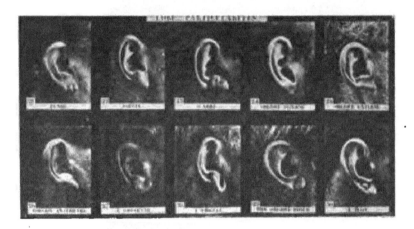

FIG. 158. — PARTICULARITÉS DU LOBE.

fendu, pointu, carré, oblique (interne ou externe), *tordu, à fossette, à virgule, à ride, à îlot*, dénominations elles-mêmes qui indiquent assez clairement les formes qu'elles représentent ; on trouvera, d'ailleurs, à la figure 158, les photographies de ces différentes particularités dans l'ordre même avec lequel nous venons de les énoncer.

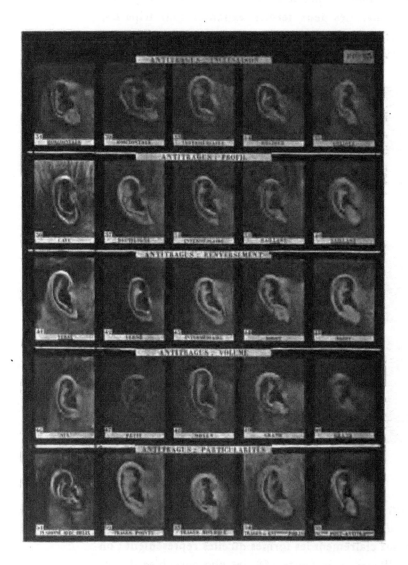

FIG. 159. — ANTITRAGUS.

3. *Antitragus.*

On examine, ensuite, l'*antitragus* (*e f*) qui est, dans l'oreille elle-même, une des parties les plus importantes au point de vue signalétique, car son aspect et sa forme sont très variés et il peut ainsi caractériser l'individu. Dans l'antitragus on note le degré d'inclinaison, la forme de son profil, le renversement, le volume et les particularités.

En ce qui concerne le degré d'*inclinaison*, l'antitragus est : *horizontal, oblique, intermédiaire* (figure 159, nᵒˢ 31-35, où l'on a noté l'exagération ou l'atténuation des termes extrêmes, comme toujours, en soulignant le mot ou en le mettant entre parenthèses).

Le *profil* de l'antitragus se lit presque comme le profil du dos du nez. Il est *cave* s'il présente une concavité, — *rectiligne* s'il est droit, — *saillant* s'il remonte vers sa moitié, — et *intermédiaire*. Notre figure 159 (nᵒˢ 36-40) montre les exemples de ces quatre formes du profil de l'antitragus. La forme saillante est tripartie en : légèrement saillante, — franchement saillante, — très saillante.

L'étude du *renversement* de l'antitragus note de combien le bord libre de l'antitragus est versé en dehors de la conque. Le renversement très prononcé est noté : *versé*. Si le renversement en dehors manque complètement et si, par conséquence, le bord libre de l'antitragus est droit, on note : *droit*. Entre ces deux termes il y a la forme intermédiaire. Quelquefois le bord libre de l'antitragus est légèrement renversé dans la conque ; on le note alors : *très droit* (voir figure 159, nᵒˢ 41-45).

Le *volume* de l'antitragus est noté : *nul, petit, moyen, grand* (voir figure 159, nᵒˢ 46-50).

Les particularités du tragus et de l'antitragus ne sont pas nombreuses : le lecteur en trouvera les exemples à la fig. 159, nᵒˢ 51-55.

4. *Le pli* (inférieur et supérieur).

Le *pli inférieur* (P) est *cave* s'il est enfoncé par rapport à une ligne horizontale imaginaire qui va de la pointe du tragus à la

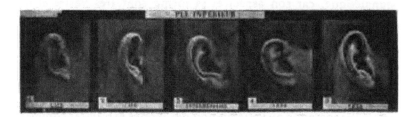

FIG. 160. — PLI INFÉRIEUR.

bordure (pour l'apprécier on peut appuyer un crayon horizontalement, à plat, sur ces deux points); il est *intermédiaire* s'il affleure cette ligne; — s'il s'élève vers elle ou même fait saillie

FIG. 161. — PLI SUPÉRIEUR.

au-dessus d'elle il est *vexe* (figure 160). Il est inutile de rappeler que les deux termes extrêmes de la série sont comme d'habitude tripartis.

Le *pli supérieur* (P") passe par toutes les gradations qui vont du pli nul au pli très accentué. On a ainsi les notations suivantes : *nul, effacé, intermédiaire, accentué, très accentué* (voir figure 161).

5. *Ecartement, forme et particularités de l'oreille.*

L'*écartement* de l'oreille s'étudie en regardant l'oreille de front : il est *supérieur* si l'oreille est écartée à la partie supérieure; *postérieur* si seulement la partie postérieure du pavillon est écartée de la tête; *inférieur* si l'oreille n'est écartée qu'à sa

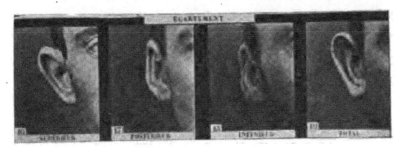

FIG. 162. — ECARTEMENT.

partie inférieure; *total* si l'oreille est écartée sur toute sa surface (figure 162).

La *forme* générale de l'oreille peut être *triangulaire, rectangulaire, ovale* ou *ronde*. On trouvera les exemples caractéristiques de ces formes à la figure 163.

Il y a, enfin, à étudier les particularités de l'oreille. En

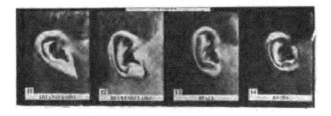

FIG. 163. — FORME.

dehors des particularités déjà signalées, on note, à cet égard (voir la figure 164), la dimension excessive de l'oreille, tant au point de vue de la hauteur qu'à celui de la largeur, son insertion *verticale* (n° 25) ou *oblique* (n° 30), les particularités de la conque qui peut être *étroite* (n° 21), *large* (n° 22), *basse* (n° 23), *haute* (n° 24); les particularités du pli qui peut se présenter divisé en *plusieurs branches* (n° 26), ou *joignant la bordure externe* (n° 27) ou avec *hématome* (n° 28). Dans ce dernier

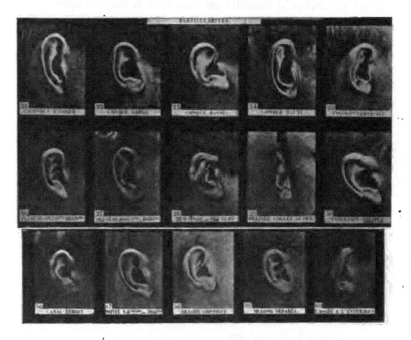

FIG. 164. — PARTICULARITÉS.

cas toute la partie supérieure de l'oreille est remplie de boursouflures. Toujours dans ces particularités du pli on note les *sillons contigus* (n° 58), les *sillons séparés* (n° 59) et la *fossette auriculaire en pointe* (n° 57).

* *

Un examen complémentaire, qui se sert aussi d'une nomenclature spéciale, se fait ensuite sur les caractères morphologiques

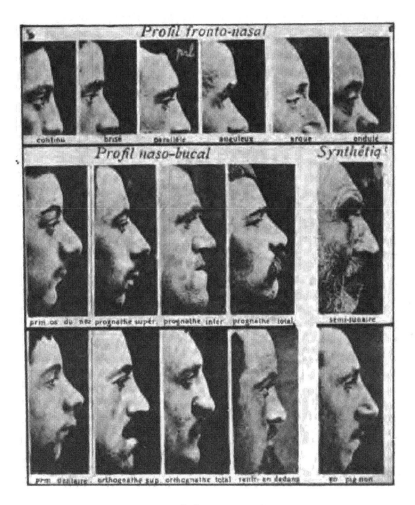

FIG. 165. — CONTOUR GÉNÉRAL DE LA TÊTE VUE DE PROFIL.

suivants: contour général du profil de la face; contour général de la face; direction et forme des sourcils; ouverture, modelé et particularités des paupières; saillie et particularités du globe de l'œil; particularités et forme des orbites; rides frontales, oculaires et buccales; menton; bouche; cou; expression; cor-

pulence; état graisseux; attitude; hauteur, proéminence, bordure et particularités des lèvres; allure; voix; cheveux; barbe;
teint; œil; marques particulières.

Comme nous ne faisons que résumer la description des

FIG. 166 A. — CONTOUR GÉNÉRAL DE LA FACE SYNTHÉTIQUEMENT.

caractères du portrait parlé, nous n'entrerons pas dans les
détails de l'examen des caractères morphologiques que nous
venons d'énoncer. Qu'il nous suffise d'indiquer la nomenclature
des plus importants.

Contour de la tête, vue de profil

Le contour général de la tête, de profil, peut se présenter, dans sa partie fronto-nasale, *continu, brisé, parallèle, anguleux, arqué, ondulé,* et dans sa partie naso-buccale, *prognathe* (en dehors), *orthognathe* (droit) ou *rentré en dedans* (voir figure 165).

Contour de la tête, vue de face

Le contour général de la tête, vue de face, synthétiquement, peut se présenter en *toupie,* en *losange,* en *pyramide, bicon-*

FIG. 166 B. — Contour de la tête, vue de face.

cave, carré, large, rond, asymétrique, rectangulaire, long. La figure 166 A reproduit ces exemples dans l'ordre même où nous venons de les donner.

Après avoir examiné le contour de la face synthétiquement, on procède analytiquement et on note les *pariétaux* écartés ou rapprochés, les *zygomes* rapprochés ou écartés, les *mâchoires* écartées ou rapprochées, la face *pleine* ou *osseuse* (voir fig. 166 B).

23

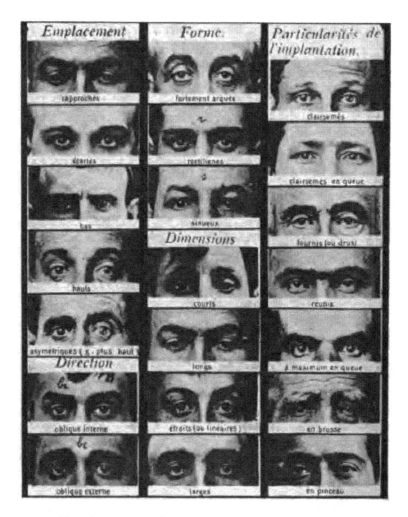

FIG. 167. — EMPLACEMENT, DIRECTION, ETC., DES SOURCILS.

SOURCILS

Les sourcils, en ce qui concerne leur *emplacement*, sont *rapprochés*, *écartés*, *bas*, *hauts* ; pour leur direction, ils

sont *obliques internes*
ou *obliques externes* ;
pour leur forme *arqués,*
rectilignes , sinueux ;
pour leur dimension,
courts, longs, étroits,
larges. On note aussi
leurs particularités :
clairsemés, fournis,
réunis, etc. (voir figure
167).

PAUPIÈRES

L'ouverture des pau-
pières est considérée
dans sa direction hori-
zontale et dans sa hau-
teur. On aura ainsi la
paupière *peu fendue* ou
très fendue (ouverture
horizontale) et la pau-
pière *peu ouverte* ou
très ouverte (ouverture
verticale) (fig. 168).

La paupière supé-
rieure est appelée *recou-*
verte si la bande fixe
de la paupière couvre
entièrement la partie
mobile ; — *découverte,*
dans le cas contraire.

On note aussi les

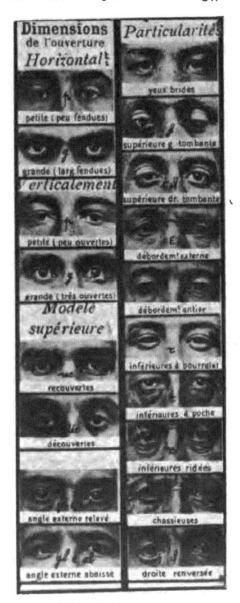

FIG. 168. — PAUPIÈRES.

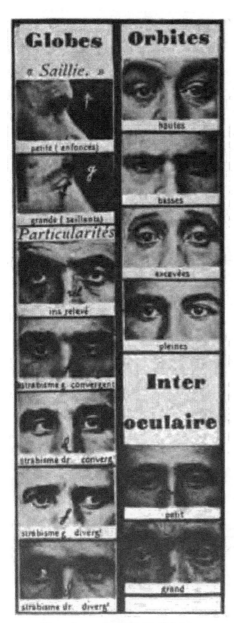

FIG. 169. — GLOBES ET ORBITES.

nombreuses particularités.

L'inclinaison de la fente palpébrale est à *angle externe relevé* ou à angle *externe abaissé* (fig. 168).

GLOBES ET ORBITES

Les globes oculaires sont *saillants* ou *enfoncés*.

Les orbites sont *hautes* ou *basses, excavées* ou *pleines*.

L'espace interoculaire est *petit* ou *grand*.

On note comme particularités l'*iris relevé* et le *strabisme* (voir figure 169).

MENTON

Le menton, au point de vue de l'inclinaison, est *fuyant* ou *saillant*; au point de vue de la hauteur, *petit, moyen, grand ;* considéré au point de vue de la largeur, *pointu* (petit) ou *carré* (large); au point de vue de ses particu-

larités, *plat*, à *houppe*, à *fossette*, à *fossette allongée*, *bilobé* et
avec *sillon accentué* (voir figure 170).

BOUCHE

La bouche est (considérée dans ses dimensions) *petite*,
moyenne, *grande*, et pour ses particularités elle est notée : *pincée*

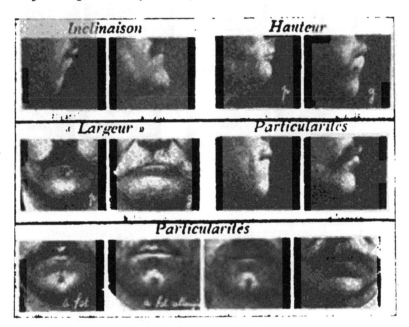

FIG. 170. — MENTON.

ou *bée*, à coins *relevés* ou *abaissés*, *à coin* (*droit ou gauche*)
abaissé, *oblique* (à *droite* ou à *gauche*), en *cœur* et *lippue*. On
note aussi les incisives découvertes et les incisives saillantes
(voir figure 171 où tous ces caractères sont représentés dans
l'ordre où nous venons de les exposer).

LÈVRES

Dans la bouche on examine d'abord la hauteur naso-labiale

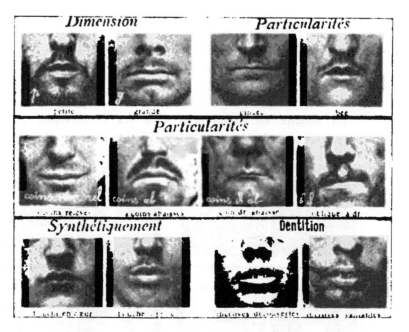

FIG. 171. — BOUCHE

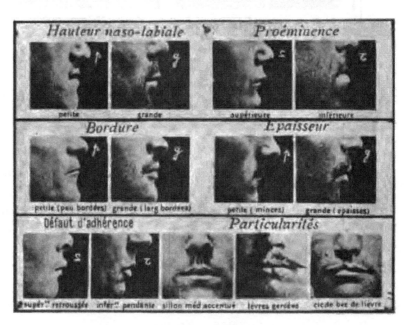

FIG. 172. — LÈVRES.

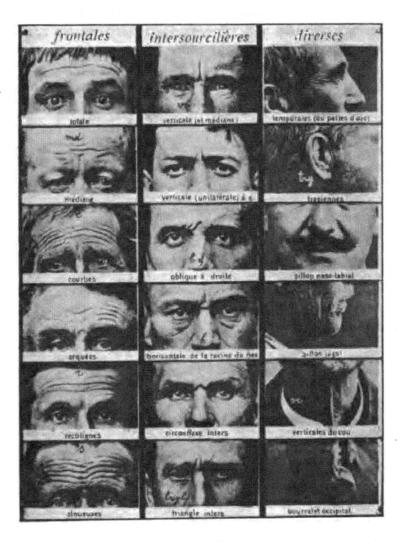

FIG. 173. — RIDES.

(petite, moyenne, grande); ensuite la proéminence (de la lèvre supérieure ou inférieure); la bordure des lèvres (*peu bordées* ou *largement bordées*); leur épaisseur (petite, moyenne, grande) et leurs particularités (voir figure 172).

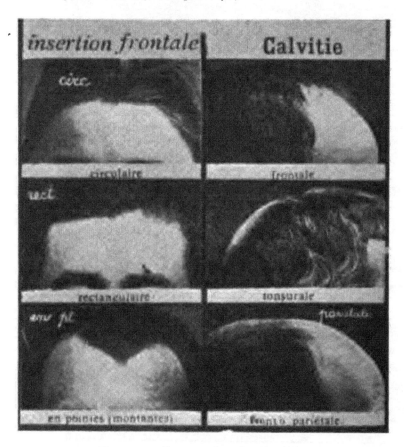

FIG. 174. — CHEVEUX (*insertion et calvitie*).

RIDES, CHEVEUX ET CARRURE

On note aussi les rides, qui se partagent en trois catégories : *frontales, intersourcilières* et *diverses* (fig. 173) ; l'état des che-

veux, au point de vue de leur *insertion* et de la *calvitie* (fig. 174),
et finalement l'état du cou (longueur, largeur et particularités)
et la carrure (horizontale ou oblique) (voir figure 175).

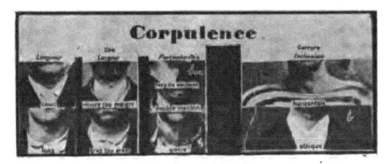

FIG. 175. — CARRURE.

*
* *

Toutes ces notations s'inscrivent sur une *fiche* où le formulaire est déjà imprimé; il suffit de répondre. Contrairement à ce
qu'on pourrait croire, l'inscription des caractères signalétiques
du portrait parlé se fait avec la plus grande rapidité. Chose qui
simplifie énormément la rédaction de la fiche, *tous les caractères « moyens » et « intermédiaires » ne doivent pas être notés*,
à l'exception du dos et de la base du nez. La fiche portant
toutes les rubriques imprimées, toutes les fois que l'opérateur
a à noter devant une rubrique : « moyen » ou « intermédiaire », il laisse un blanc. Il s'ensuit que les rubriques
d'une fiche qui n'ont été l'objet d'aucune notation correspondent à des formes ou à des dimensions intermédiaires ou
moyennes.

En outre, chaque mot de la nomenclature du portrait parlé
ne s'écrit qu'en forme abrégée. Nous avons déjà eu l'occasion
de montrer que les indications de *petit* et *grand*, par exemple,

s'indiquent respectivement avec les lettres p̲ et g̲. On met les lettres entre parenthèses lorsque le caractère est atténué. Ainsi, le dos du nez légèrement vexe se note (v); s'il est for-

FIG. 176. — FICHE DU PORTRAIT PARLÉ. — RECTO.

tement vexe on le note v̲. L'antitragus légèrement oblique est noté (b); s'il est fortement oblique il est noté b̲, et ainsi de suite.

On trouve ici le modèle d'une fiche de portrait parlé, vue au recto et au verso : outre toutes les rubriques concernant le portrait parlé, la fiche contient les indications relatives aux observations anthropométriques et aux renseignements chromatiques, la photographie de face et de profil du sujet, et l'indication des marques particulières (fig. 176 et 177).

Il est à remarquer que, dans les rubriques de la *fiche* du portrait parlé, les termes entre guillemets indiquent que le caractère en question doit être examiné de face, si dans la

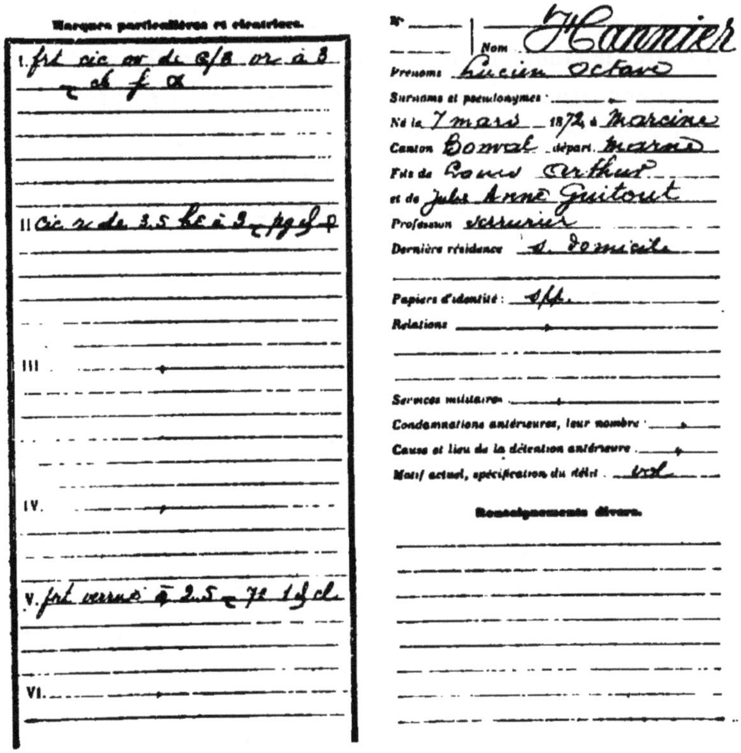

Marques particulières et cicatrices.

I.

II

III

IV.

V.

VI.

Nom Hannier

Prenoms Lucien Octave

Surnoms et pseudonymes

Né le 7 mars 1872 à Marcine

Canton Bonval départ. Marne

Fils de Louis Arthur

et de Jules Anne Guitout

Profession serrurier

Dernière résidence s. domicile

Papiers d'identité : s/p.

Relations

Services militaires

Condamnations antérieures, leur nombre

Cause et lieu de la détention antérieure

Motif actuel, spécification du délit vol

Renseignements divers.

FIG. 177. — FICHE DU PORTRAIT PARLÉ. — VERSO.

plus grande partie des rubriques il est examiné de profil, et *vice versa* qu'il doit être examiné de profil si dans la plus grande partie des rubriques il est considéré de face. Ainsi le front, que l'on considère, dans la plus grande partie des rubriques, de profil, est considéré, pour la largeur, de face, et le mot largeur est mis entre guillemets. Par contre, dans la rubrique paupières, globes et orbites, dont les caractères sont étudiés de face, on trouve la *saillie* entre guillemets, ce qui indique que ce caractère est apprécié sur le profil de l'individu.

En outre, le commencement d'un mot des rubriques de la fiche, par une lettre majuscule, indique que l'on est en présence d'un caractère de *dimension*, qu'il faut noter par : petit, moyen, grand. Les mots, au contraire, commençant par une lettre minuscule sont de caractères de *forme* ou de *direction* qu'on note avec des termes autres que petit, moyen, grand.

Ces dispositions facilitent singulièrement la tâche du rédacteur de la fiche.

Lisons maintenant la notation du portrait parlé dans la *fiche* de la figure 176. Après les notations anthropométriques et chromatiques, se présentent les données du portrait parlé. Rien n'est noté aux rubriques concernant le front, ce qui signifie que tous les caractères du front sont moyens ou intermédiaires. En ce qui concerne le nez, on remarque que la profondeur de la racine est légèrement petite (p) ; que le profil du dos est rectiligne, r, et légèrement sinueux (s); la base du nez est légèrement relevée, (rel) ; la largeur est légèrement grande (g). La hauteur naso-labiale est grande, g ; la hauteur du menton est légèrement grande (g). Dans l'oreille on remarque la bordure originelle légèrement grande (g), la bordure supérieure petite, p ; comme ainsi la bordure postérieure, p ; le degré d'ouverture est noté ouvert, o. Le lobe est noté, en ce qui concerne son adhérence, séparé, sep ; le volume de l'antitragus est petit, p ; le pli inférieur est légèrement vexe (vex) ; le pli supérieur est légèrement accentué (acc). Les sourcils sont, dans leurs dimensions, légèrement longs (longs) et étroits ; le modelé supérieur des paupières est légèrement recouvert (recouvert).

C. Le carnet d'identité

La *fiche* anthropométrique et celle du *portrait parlé* pourraient certainement trouver des applications heureuses même dans les questions d'identité pour les hommes non criminels : passeports, permis de chasse, permis de séjour, permis de port d'arme, carnets d'identité personnelle, actes de l'état civil, etc. Il suffirait de quelques notations seulement pour donner à ces pièces une garantie sérieuse ; les empreintes digitales, accompagnées par la notation de certaines particularités de l'oreille — ou même notre *photographie naturelle* de l'oreille — suffiraient pour établir d'une manière indiscutable un excellent carnet d'identité personnelle.

L'utilité des carnets individuels d'identité se fait sentir dans une foule de cas. Ainsi dans les grandes catastrophes, dont les victimes sont souvent défigurées au point d'être méconnaissables, il est très difficile et même impossible de constater l'identité des cadavres, soit pour la famille, soit pour le médecin : on en a eu les preuves dans les grands incendies de théâtre, dans les grandes explosions et dans les accidents de chemin de fer. Nous citerons comme exemples l'incendie du Bazar de la Charité et celui de l'Hospice de Rennes. Dans les décombres de ce dernier on trouva douze cadavres plus ou moins carbonisés et dont il était, pour la plupart, impossible d'établir l'identité (1896). La même chose arrive dans les cas d'inondation et d'éboulements. A Toulouse, le 23 juin 1873, une inondation soudaine envahit une partie de la ville, et 95 cadavres de noyés furent allongés les uns à côté des autres, dans une salle de l'Hôtel-Dieu, pour être reconnus.

Après les naufrages, la mer rejette souvent des cadavres méconnaissables, ainsi que cela est arrivé dans la catastrophe du *Sirio*, sur la côte d'Espagne (1906).

Dans les cas d'éboulement, les individus sont écrasés et rendus méconnaissables ; dans les mines, après une explosion de grisou, les corps sont déformés par les brûlures et les blessures ; quelques cadavres tirés du puits d'Uccle, en Belgique, ne purent pas être identifiés (1906) ;. des erreurs d'identification furent commises après l'affaire de Courrières où un millier de mineurs trouvèrent la mort.

Les explosions ont des effets non moins terribles. Tardieu fait ainsi la description du cadavre d'un jeune homme victime d'une explosion (*Des blessures*, p. 296) : « La colonne vertébrale, presque tout entière, était séparée du reste du corps. On retrouvait onze vertèbres auxquelles adhéraient à peine quelques débris de chairs noires, desséchées, déchiquetées, comme en charpie. La peau du dos avait été enlevée en un large morceau comme sur un écorché ; elle était noircie et incrustée du sable de la rue. Des lambeaux de muscles pendaient arrachés. Une des oreilles restait attachée à un débris de cuir chevelu taillardé et troué. On reconnaissait des fragments du bassin, de l'os coxal, de la tête du fémur, comme hachés. Il restait encore des portions de la rate, des poumons, du menton, garni d'une barbe longue, châtain foncé, de la mâchoire inférieure, incrustée d'éclats de vitre ; puis des lanières de peau de différentes longueurs et plus ou moins étroites ; des morceaux d'ossements broyés ; enfin une masse de débris tout à fait informe. »

On conçoit aisément qu'il devient extrêmement difficile et souvent impossible d'établir l'identité de ces restes humains : si l'usage de la *fiche* anthropométrique et du signalement scientifique était adopté par tout le monde, de manière que chaque individu possédât chez soi son carnet personnel d'identité, avec son signalement scientifique plus ou moins complet, le problème de l'identité dans les cas de grandes catastrophes serait bien simplifié. La famille, en possession du signalement scientifique du disparu, pourrait comparer soit les mensurations, soit les empreintes digitales, soit les signes caractéristiques, soit le portrait parlé de l'oreille, etc., contenus dans la *fiche* qu'elle possède avec les restes du cadavre.

C'est, du reste, ce que l'on tâche de faire dans les cas de catastrophe, avec cette différence cependant que le signalement dont la famille ou les amis se servent est très vague et presque toujours insuffisant ; et alors, si les traits de la physionomie ont été détruits, la reconnaissance devient impossible. Hoffmann a raconté un cas où une certaine caractéristique des ongles (ongles rongés) a pu être invoquée par les parents afin de reconnaître un cadavre. Il s'agissait d'une jeune femme qui allaitait, dont le cadavre fut recherché par sa famille parmi les 248 victimes brûlées au Ringtheater qui étaient déposées dans les corridors et dans les salles de l'hôpital. L'émotion de la famille et l'aspect terrifiant de cette quantité de cadavres carbonisés fit perdre complètement la tête à ces gens, de sorte qu'ils prétendaient reconnaître la victime à la vue du premier cadavre de femme. Enfin, on arriva à un cadavre de jeune femme sur lequel on trouva tous les signes indiqués par la famille, et en particulier l'état des mamelles et aussi les ongles rongés, car la jeune femme — comme la famille l'avait indiqué — se rongeait les ongles. La famille déclara reconnaître avec certitude le cadavre de leur parente. Malgré cela, il fut découvert que cette femme n'était pas celle qu'on avait cherchée, car cette dernière était une israélite, et le cadavre reconnu portait une croix au cou, d'où il résultait que c'était le cadavre d'une catholique. Ce ne fut que plus tard qu'on découvrit le véritable cadavre et que l'on trouva à celui-ci les ongles rongés.

On comprend que ces moyens incertains et vagues de reconnaissance disparaîtraient si les empreintes digitales, ou l'empreinte de l'oreille, ou les mensurations, ou le *portrait parlé* accompagnaient soit l'acte de naissance, soit le carnet personnel d'identité.

Une très curieuse application, couronnée de succès, de ces idées

à l'établissement de l'identité du cadavre a été faite par les docteurs Papillault et Capitan, de l'École d'anthropologie de Paris,
à propos des restes de l'amiral américain Paul Jones. Le compte
rendu de cette opération a été présenté à l'Académie des sciences
par le professeur Dastre (1905). On sait qu'on avait trouvé,
dans l'ancien cimetière des protestants étrangers, à Paris, rue
Grange-aux-Belles, plusieurs cercueils en plomb, renfermant
des corps bien conservés. D'après certaines indications on crut
voir dans l'un de ces corps les restes de l'amiral ; aucune inscription extérieure ne subsistait : les plaques de métal — d'argent,
sans doute, — sur lesquelles le nom du défunt est habituellement
gravé, avaient disparu. Les cercueils avaient d'ailleurs été dé-
placés, à une époque indéterminée ; on les trouva bourrés de
paille, dans le but probable d'éviter les heurts lors de ce dépla-
cement. Il s'agissait d'identifier nettement le cadavre qu'on sup-
posait être celui de l'amiral Jones et on chargea de cette tâche
les docteurs Capitan et Papillault. Le cadavre de l'amiral Jones
se trouvait dans un remarquable état de conservation ; il était
momifié sans rétraction, de sorte que ses dimensions avaient
très peu varié et qu'on put les comparer à ce qu'on savait au
sujet de la taille et des traits de l'amiral.

On eut recours, à cet égard, à des renseignements d'ordre
domestique et à un buste très ressemblant de l'amiral Jones, dû
au ciseau de Houdon et appartenant à la ville de Philadelphie.

Paul Jones était mort à 45 ans. L'âge du cadavre indiquait
bien 45 ans environ ; la taille du cadavre était de 1ᵐ71, Paul
Jones avait un peu plus de 1ᵐ70. Le buste exécuté par Houdon
était absolument pareil au crâne, pour l'insertion des cheveux, la forme du front, la saillie des arcades sourcilières,
la forme du nez et du menton, l'insertion de l'oreille, etc.
(portrait parlé).

Quant aux mensurations de ce crâne, en voici la comparaison
minutieuse :

	Buste	Cadavre
Hauteur du visage (racine des cheveux au menton).	19.5	19.5
Hauteur, de la racine des cheveux au point sous-nasal	12.7	12.9
Hauteur, du point sous-nasal au menton.	7.5	7.4
Hauteur de la lèvre supérieure (point sous-nasal aux incisives supérieures)	2.4	2.5
Hauteur de la lèvre inférieure et du menton	4.6	4.6
Largeur minimum du front	10.4	10.2

En continuant l'examen du corps, on trouva dans le poumon gauche des foyers de broncho-pneumonie chronique, et, dans les reins, des lésions révélant une néphrite avancée.

Or on savait que Paul Jones avait eu des accidents pulmonaires à la fin de sa vie, de l'œdème des membres inférieurs et une affection rénale grave.

Devant ces diverses constatations, il n'y avait plus de doute : on se trouvait bien en présence du cadavre de Paul Jones (1).

D) L'IDENTIFICATION DES CADAVRES INCONNUS.

Il est facile de comprendre que l'existence d'un casier anthropométrique, dans lequel sont classées les 100.000 fiches et plus des hommes qui ont passé par le service d'identité judiciaire, permet d'établir non seulement l'identité d'un détenu qui cache son nom et de retrouver la *fiche* d'un criminel qui a laissé les empreintes de ses doigts sur le lieu du crime, mais aussi d'établir l'identité des cadavres d'inconnus. Il arrive souvent, en effet, surtout dans les grandes villes, que la police se trouve en

(1) Voyez la *Revue de l'École d'anthropologie*, 1905.

FIG. 178. — SYSTÈME ADOPTÉ A LA MORGUE DE PARIS POUR PRENDRE LA PHOTOGRAPHIE SIGNALÉTIQUE, DE FACE ET DE PROFIL, A LA RÉDUCTION DE 17, D'UN CADAVRE D'INCONNU.

présence d'un cadavre dont l'identité n'est pas établie, même après l'exposition à la Morgue. Mais il se peut que cet homme ait été mesuré au service d'identité et que sa *fiche* soit conservée dans les casiers. On dresse alors la fiche complète du cadavre inconnu, absolument comme s'il s'agissait d'un homme vivant (figure 178), puis on cherche, dans les répertoires anthropomé-

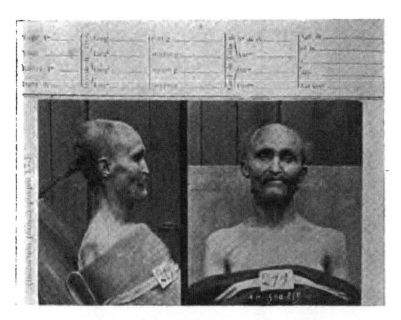

FIG. 179. — FICHE SIGNALÉTIQUE DU CADAVRE D'UN INCONNU.
(Service de l'identité judiciaire de Paris.) *(Voir aussi les fig. 178 et 180.)*

triques du service de l'identité judiciaire, s'il existe une *fiche* identique. Il n'est pas rare que la recherche soit couronnée de succès.

Nos figures 179 et 180 concernent une affaire de ce genre. La première représente la photographie signalétique du cadavre d'un inconnu photographié à la Morgue de Paris, à l'aide de l'appareil signalétique judiciaire. La mensuration du cadavre a permis de trouver dans le répertoire anthropométrique du service de l'identification la *fiche* identique, telle qu'on la

FIG. 180. — FICHE RETROUVÉE DANS LE RÉPERTOIRE ANTHROPOMÉTRIQUE PERMETTANT D'ÉTABLIR L'IDENTITÉ DU CADAVRE D'UN INCONNU. (Voir figure précédente.)
(Service de l'identité judiciaire de Paris.)

voit à la figure 180. Il s'agissait d'un nommé G... qui avait été mensuré et photographié à l'identité judiciaire seize ans avant sa mort, lors d'une arrestation sous l'inculpation de vagabondage. L'identité fut ainsi établie.

PRÉFECTURE DE POLICE

CABINET
& M. HAMARD

Commissaire Divisionnaire
Chef du Service de Sûreté

Nº 354 des courriers de
PARIS

Prière de répondre dans la
réponse le nº 32.945.

Le lundi à
photographie en
Il répond au
Âgé de 15
complétement
et tailles aux
partie dégarnie
quadrille bleuté
cheveux en flan

noyé blanc et bl
velours avec un

Il porte un
rouge avec fran

Il était p
lesquelles étaie

Sur ce papier foncer. Il était vêtu tout d'une pour
Jésus avec é métal blanc

incompréhensibilement noir, manche tournant coulot et
va fin de la pr

Dans la p faire présenter dans les gares et les défil
Photograp et, dans le cas où elle serait reconnue de
Chaussé d'ver, Juge d'instruction, à Paris, chargé d
Il avait sur les tefevres, à Paris

et me je cedres   à toucourir en exécution

pour le efflux du donner

HAMARD

Moufferaed (1)

rue Monfa 1824

Moufletart

Jésus o jarpu et
Alphasor, Elion Esaghia
Aldo

Lorsqu'on ne trouve pas la *fiche* correspondant au cadavre, le même service de l'identité de Paris procède d'une autre manière pour arriver à établir son identité. La figure du cadavre est photographiée de face et de profil; les principaux objets qui ont été trouvés sur lui et qui peuvent servir à mettre sur la trace de son identité (montre, souliers, canne, etc.) sont également photographiés ; puis on lance une circulaire (figure 181), contenant la reproduction de toutes les photographies ainsi prises, sans y oublier le signalement du sujet.

Le service photographique de l'identité judiciaire de Paris possède un système de tirage extrarapide de photographie, de manière à pouvoir lancer dans toutes les directions, quelques heures après la découverte d'un cadavre d'inconnu, une multitude de photographies, soit du cadavre, soit des objets qui le concernent.

La reproduction des objets trouvés sur le cadavre ou à côté du cadavre est de toute importance. Ces objets pourront être, dans les cas de suicide ou d'assassinat, des armes, des instruments d'effraction ou autres. Dans le cas de mort naturelle, la photographie reproduira les vêtements, les chaussures, etc. Il importe, en effet, de rechercher l'origine de ces objets et de trouver le marchand qui les a vendus afin d'arriver à connaître l'acheteur lui-même ou son signalement. La rapidité d'exécution dans le tirage des photographies de ces objets est alors nécessaire. On y arrive en se servant du papier couché au gélatino-bromure d'argent, qui peut donner, après quelques secondes de pose et un court passage dans un bain de développement et de fixage, des images positives très belles. Un cabinet spécial, dans les ateliers de photographie judiciaire à Paris, est destiné à l'impression des papiers positifs au gélatino-bromure d'argent ; on en trouvera la description détaillée dans l'ouvrage de M. A. Bertillon : *la Photographie judiciaire.*

.*.

Lorsqu'on aura à photographier un cadavre dans le but d'établir son identité, il faudra prendre quelques précautions afin de rendre à la physionomie du cadavre l'expression que la mort ou le commencement de la putréfaction lui ont enlevée. La cessation de la vie modifie les signes extérieurs : l'œil s'éteint, et les coups ou les blessures que présentent souvent les cadavres d'inconnus rendent le visage méconnaissable. Pour éviter cet inconvénient il faut recourir aux moyens qui ont pour but de bien rétablir les traits et de modifier les colorations putrides : lotions répétées de la face avec une solution de chlorure de chaux, bain prolongé dans une solution de chlorure de sodium additionnée d'acide hydrochlorique ; lotions de sulfate d'alumine sur l'œil pour le ranimer. Après avoir ainsi procédé à ce qu'on pourrait appeler la *toilette du cadavre*, on fait la photographie, et la figure inanimée et déformée du mort se présentera comme une figure vivante, avec toute son expression.

MM. H.-J. Gosse, à Genève, et R.-A. Reiss, à Lausanne, procèdent à la toilette du cadavre en frottant la figure avec du talc, en étendant sur les lèvres une coloration de carmin et en injectant dans l'œil, pour lui donner la vie, de la glycérine (1). Le portrait de notre figure 182 est la tête d'un cadavre, détachée du tronc et photographiée après avoir subi la toilette, selon ce système. Elle a une telle expression qu'on ne pourrait pas croire qu'il s'agit d'une tête coupée.

Au service de l'identité de Paris, comme à celui de Bucarest, on procède à la toilette du cadavre en frottant le visage du cadavre avec du talc et en appliquant sur les yeux du mort des yeux artificiels, de la nuance des yeux du sujet. On obtient ainsi des

(1) Voyez l'article du Dr H.-J. GOSSE, *la Photographie après décès*, dans la *Revue suisse de photographie*, janvier 1897.

portraits vraiment vivants, tels qu'on les voit dans notre figure 183.

D'une manière ou de l'autre, la toilette du cadavre permet de

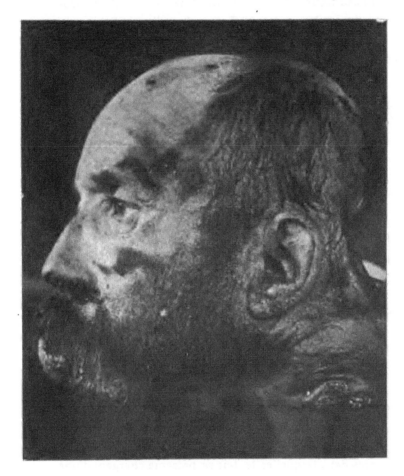

FIG. 182. — TOILETTE DU CADAVRE. TÊTE DÉTACHÉE DU TRONC.
(Document communiqué par M. Reiss.)

rendre à la figure morte et déformée l'air et l'expression de la vie qui lui manque, et rend ainsi plus facile la reconnais-sance du mort par ceux qui l'ont connu.

* *
*

Il faut remarquer que la question des cadavres trouvés abandonnés au beau milieu de la rue se rattache à une foule de problèmes que le magistrat et les officiers de police judiciaire ne
peuvent pas ignorer. Ces problèmes touchent, généralement,
aux cas où les cadavres d'individus tombés victimes, dans la rue

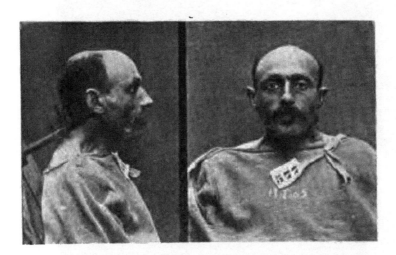

FIG. 183. — TOILETTE DU CADAVRE. YEUX ARTIFICIELS.

ou ailleurs, d'une mort subite, font naître le soupçon — pendant les premières investigations, — qu'il s'agit d'une mort provoquée par des manœuvres criminelles. Cette fausse appréciation
est d'autant plus facile à émettre qu'il arrive très souvent que les
circonstances dans lesquelles le fait se présente chargent d'une
manière très grave les soupçons et font même quelquefois
penser qu'il n'existe aucun doute sur l'origine criminelle de la
mort.

C'est précisément cette erreur que l'investigation judiciaire doit
savoir éviter, et c'est de ces premières appréciations que les offi-

ciers de police, et même l'opinion publique, doivent rigoureusement se garder. Une grande quantité de causes peuvent déterminer la mort subite, en arrêtant tout à coup le jeu des organes de
manière foudroyante, et ne laisser que des traces peu appré-'
ciables ; on a vite fait, alors, d'imputer la mort à des circonstances qui ont accompagné le décès, mais qui ne l'ont pas déterminé, ou qui — tout au moins, — ne l'ont occasionné que
d'une manière tout à fait indirecte. La peur, la colère, l'insola-
tion, le froid excessif, la digestion, l'ivresse, et même le changement subit de température, la constriction exercée par les vêtements, un brusque changement d'attitude, un effort, une course
rapide peuvent déterminer sur un organisme, qui déjà présente
des affections cardiaques, pulmonaires, cérébrales ou autres, la
mort subite. Si le fait se passe pendant ou après une rixe, ou
après une simple intimidation, ou lorsque le corps d'un ivrogne,
trouvé sur le trottoir, est transporté dans un corps de garde, ou
après un coup porté à l'épigastre, mais qui, à lui seul, n'aurait
pas suffi à déterminer la mort, tout pourrait faire naître les
soupçons d'une mort provoquée par des actes criminels. Les
chroniques judiciaires sont remplies de faits de ce genre ; on
s'est bien souvent aperçu de l'erreur, mais il ne serait pas auda-
cieux d'affirmer que plus d'une fois on y a persévéré.

Dans les affaires Chassagneux et Montbailly, le docteur Louis
a rendu compte de nombreuses erreurs judiciaires occasionnées
par cette confusion, et déjà au temps de Fodéré, Richard et
Marc, appuyés par le célèbre médecin, ont obtenu la réhabilita-
tion d'un homme condamné pour meurtre dans un cas où la
position du cadavre et une foule de circonstances avaient laissé
croire qu'il s'agissait de manœuvres criminelles. C'est toujours
dans ces cas de mort subite par ivresse qu'une première inspection peut occasionner de fausses appréciations lorsqu'on
attribue à des coups les ecchymoses, les écorchures, les traces
de chute, provenant des mouvements désordonnés de l'ivrogne.

Tourdes et Lacassagne ont raconté plus d'un fait où l'homme ivre, ramassé sur le trottoir et placé au violon, est couché dans un lit; il s'endort et, au bout de quelques heures, on le retrouve sans vie. On attribue alors la mort à des coups ou à des violences, tandis que la mort subite de l'ivrogne peut avoir eu lieu, dans l'intervalle des accès d'ivresse, par rupture vasculaire, congestion pulmonaire, affections du cœur et même asphyxie. Le cas de l'idiot, mort dans un grenier par suite d'ivresse, est très connu : il présentait au cou un sillon rougeâtre, trace de la cravate fortement serrée, et, au bas du thorax, un sillon analogue provenant des vêtements. C'était cette double constriction, dans laquelle aucune main criminelle n'était intervenue, qui avait hâté l'asphyxie.

Ainsi, dans tous les cas de cadavres trouvés dans la rue, l'investigation judiciaire et l'opinion publique ne devront jamais oublier que la mort peut très bien n'avoir aucune cause criminelle, quoique les circonstances semblent dénoter le contraire.

E) L'ALBUM DES RECHERCHÉS.

En combinant le portrait parlé avec la fiche anthropométrique, M. A. Bertillon a créé un des instruments les plus complets et les plus sûrs qui soient, en vue de la recherche des individus en fuite, sur lesquels pèse un mandat d'arrêt.

Il s'agit d'un Album, de forme oblongue, très maniable, dans lequel sont recueillis environ 2.000 photographies signalétiques des individus recherchés et plus précisément :

1° — 1.500 individus figurant sur les « états signalétiques des condamnés atteints par l'article 19 de la loi du 27 mai 1885 » et soumis à l'interdiction de séjour pour deux ans au moins à dater de l'apparition du recueil.

2° — 3 à 400 individus figurant sur les états dits : « signalements des transportés ou relégués évadés des pénitenciers de la Guyane ou de la Nouvelle-Calédonie ».

3° — 80 à 100 individus se trouvant sous le coup d'un mandat d'arrêt ou d'amener, ou d'un jugement par défaut.

Les photographies, de profil et de face, à la réduction du dixième de la grandeur naturelle, portent en abrégé les indications signalétiques suivantes :

En haut et à gauche, la date de naissance, l'âge au moment de la photographie et le nombre d'années écoulées depuis cette opération jusqu'à la date de l'établissement de l'Album, de sorte que la somme des deux derniers nombres indique l'âge actuel du sujet.

En haut et au milieu, la taille, puis la couleur de l'auréole et celle de la périphérie de l'iris gauche.

En haut et à droite, la nuance des cheveux.

En bas et à droite, la nuance de la barbe.

En bas et au milieu, la forme du dos du nez.

En bas et à gauche, les deux premières indications caractéristiques de l'oreille en suivant l'ordre du tableau qui précède l'Album. Ainsi qu'on le verra plus loin, ces deux caractéristiques sont employées, avec le dos du nez et la taille, pour la classification des photographies.

Enfin, *à gauche et vers le milieu*, la longueur de l'oreille droite.

Le rectangle blanc, au-dessous de chaque photographie, contient :

A gauche, un numéro d'ordre qui renvoie, à la fin du volume, à une liste à la fois numérique et alphabétique comprenant tous les sujets représentés dans l'Album.

Au-dessous, mais seulement pour les condamnés visés par la loi de 1885, le nombre d'années pendant lesquelles ils resteront soumis à l'interdiction de séjour, à dater du mois de la libération inscrit au-dessous. Pour les évadés, au contraire, on inscrit la date de l'évasion, et, pour les individus sous le coup d'un mandat ou d'un jugement par défaut, la date du mandat ou du jugement.

A droite, en abrégé, l'indication des marqu'es particulières (généralement au nombre de trois) choisies de préférence parmi celles de la figure ou des mains.

Les photographies sont classées de manièreà retrouver facilement parmi elles celle d'un individu qu'on a devant soi, pourvu qu'il figure dans l'Album. Voici, en effet, le criterium d'après lequel les photographies ont été classées.

Elles ont été réparties d'abord en trois grands groupes, suivant la forme générale du dos du nez, abstraction faite des sinuosités (*cave, rectiligne, vexe*). Chacun de ces trois grands embranchements a été ensuite partagé en sept

FIG. 184. —

ALBUM OUVERT.

groupes, selon les formes suivantes de l'oreille :

1) *Lobe à contour descendant ou équerre* (abréviation DEQ).

2) *Antitragus à profil cave ou rectiligne* (CAR).

3) *Pli inférieur vexe* (VEX).

4) *Lobe à modelé traversé* (TRA).

5) *Lobe à adhérence isolée* (SEP).

6) *Antitragus à profil saillant* (SA).

Le 7e groupe est formé par les oreilles ne montrant aucune des six formes énoncées. Ce groupe s'appelle X.

Pour procéder à cette répartition en sept groupes, on a *d'abord* placé dans le premier groupe toutes les photographies dont le lobe est à contour DEQ ; on a ensuite recherché, *parmi les photographies qui restaient*, toutes celles qui présentaient l'antitragus CAR, et on les a placées dans le deuxième groupe. Parmi celles, ensuite, qui restaient, celles dont le pli de l'oreille est VEX ont formé le troisième groupe, et ainsi de suite pour les autres caractères en suivant toujours l'ordre dans lequel nous avons énuméré les sept groupes.

A leur tour, les cinq premiers groupes (DEQ, CAR, VEX, TRA et SEP) de chaque embranchement ont été eux-mêmes répartis en trois ou quatre sous-groupes (selon le nombre de photographies à classer), toujours d'après les formes caractéristiques de l'oreille : *car*, *vex*, *tra*, *sep*, *sa*, *x*. Ainsi toutes les photographies du premier groupe, DEQ, ont été réparties en sous-groupes présentant respectivement les caractères *car*, *vex*, *tra*, *sep*, *sa*, *x* ; — les photographies du second groupe, CAR, dans les sous-groupes suivants : *vex*, *tra*, *sep*, *x* (1) ; — les photographies du troisième groupe, VEX, dans les sous-groupes suivants : *tra*, *sep*, *sa*, *x* ; — les photographies du quatrième groupe, TRA, dans les sous-groupes suivants : *sep*, *sa*, *x* ; et finalement les photographies du cinquième groupe, SEP, dans les sous-groupes suivants : *sa*, *x*.

Il est évident que le sixième groupe et le septième groupe ne sauraient donner lieu à une répartition de ce genre (2).

Les photographies ont ainsi été réparties en trois embranchements ; chaque embranchement a été divisé en groupes, et chaque groupe en sous-groupes. Chaque sous-groupe, finalement, est réparti selon la taille (qui est inscrite sur chaque photographie) en trois divisions : 1° tailles inférieures à 1ᵐ63, ou petites ; 2° tailles de 1ᵐ64 à 1ᵐ66, ou moyennes ; 3° tailles de 1ᵐ67 et au-dessus, ou grandes.

(1) On a sauté le sous-groupe *sa* parce qu'il réunit les antitragus à profil saillant, et notre groupe *car* n'a que des antitragus caves ou rectilignes.

(2) L'*Album* est appelé D. K. V.

Chaque division de taille est, à son tour, répartie en deux ou trois classes d'après l'âge des sujets. Chaque subdivision par âge est représentée par une planche composée de deux pages qui se font vis-à-vis. Sur cette planche les photographies sont classées d'après la nuance de l'iris : les impigmentés, les jaunes et les orangés clairs dans la page de gauche, les orangés moyens, les châtains et les marrons dans la page de droite.

Ainsi, lorsqu'il s'agit de rechercher si un sujet donné figure dans l'Album des recherchés, on relève d'abord la forme du dos du nez du sujet en ques-

FIG. 185. — L'ALBUM DES RECHERCHÉS, FERMÉ.

tion, les formes caractéristiques de l'oreille en les observant dans l'ordre des sept groupes qu'on a indiqués, la taille, l'âge apparent, la couleur de l'iris gauche, et on cherche ensuite dans l'Album. Comme on peut le voir d'après la photographie 185, l'Album présente, sur ses marges, des encoches permettant de retrouver immédiatement les séparations des différents embranchements, groupes, sous-groupes, divisions et classes. Par éliminations successives on arrivera à trouver la photographie du sujet, portant tous les renseignements signalétiques que nous avons indiqués et qui permettent d'établir, de manière irréfutable, l'identité.

Ainsi, on élimine successivement au moyen :

1º Du dos du nez (lettres noires sur fond blanc en haut de la page de droite) ;

2º De la première caractéristique de l'oreille (lettres blanches sur fond noir, partie supérieure latérale droite de chaque page);

3º De la deuxième caractéristique de l'oreille (lettres noires sur fond blanc au-dessous des index précédents) ;

4º De la taille (lettres blanches sur fond noir, au bas de la page de droite).

5º De l'âge (lettres noires sur fond blanc, bas de la page de droite, près du milieu du livre).

Pas à pas, on atteint ainsi rapidement la seule planche de l'Album dont les index correspondent tous aux indications signalétiques non atténuées, précédemment relevées sur le sujet à rechercher.

Arrivé à ce point, on agira prudemment en vérifiant si tous les index de la planche à laquelle on vient d'accéder correspondent bien aux données certaines du signalement relevé ; ce contrôle effectué, on examine la page de gauche si l'œil est impigmenté, jaune ou orangé clair, et celle de droite si la nuance de l'iris est plus foncée.

Il ne restera plus alors, pour terminer cette exploration, qu'à parcourir les douze cases à photographies dont se compose chaque page.

En pratique, il est assez rare de trouver ainsi, du premier coup, un sujet recherché et figurant réellement dans l'Album. En effet, environ trois fois sur quatre, les différences d'appréciation que présentent entre eux les meilleurs observateurs, lorsqu'ils relèvent individuellement la taille et certaines formes limites de l'oreille ou du nez d'un sujet, les conduisent, en premier lieu, à des pages différentes.

Une première exploration négative de l'Album laisse donc toujours supposer une divergence possible entre le signalement antérieur du sujet recherché et le nouveau qui vient d'être relevé par l'investigateur.

La marche à suivre, pour rectifier le nouveau signalement et remettre la recherche en bonne voie, consiste à comparer chacune des indications relevées avec les index de la planche à laquelle on est arrivé, mais en observant cette fois *l'ordre inverse* de celui qu'on a suivi pour y accéder tout d'abord. Ces rapprochements par ordre régressif, en attirant successivement l'attention du chercheur sur toutes les combinaisons possibles qu'un même signalement peut présenter par suite de l'indécision de certains caractères, ont, comme résultat, de réglementer l'exploration de toutes les pages sans exception dans lesquelles la photographie du sujet visé aurait pu être classée.

CHAPITRE IX

Les applications du signalement scientifique aux recherches artistiques, historiques et biologiques.

Le *portrait parlé*, dont nous avons donné, au chapitre qui précède, une description sommaire, permet donc de *décomposer* — pour ainsi dire — une figure humaine dans tous ses traits, d'analyser chacun de ces traits séparément et, par conséquent, de comparer chaque trait isolé d'une figure avec le trait correspondant d'une autre figure, afin d'en saisir les dissemblances ou les ressemblances.

Nous avons pensé que cette méthode comporterait des applications heureuses et nouvelles dans le champ de l'art, de l'histoire et de la biologie. Nous nous réservons de traiter un jour ces questions à fond en nous servant de nombreux matériaux que nous recueillons, et nous nous bornerons ici à indiquer une à une les principales applications que, croyons-nous, on peut faire, à ce sujet, du signalement scientifique.

On connaît les difficultés que l'artiste, l'historien, l'archéologue et même l'anthropologiste rencontrent lorsqu'ils veulent comparer entre eux plusieurs bustes ou plusieurs portraits, dans le but, soit de résoudre une question d'identité, soit de rechercher les caractères physionomiques caractéristiques d'une famille ou d'une lignée, soit de découvrir, à travers la flatterie ou le mépris qui auraient pu guider le ciseau ou le pinceau de l'artiste, quels étaient les véritables traits du modèle.

On connaît également les difficultés que les anthropologistes et les archéologues rencontrent lorsqu'ils s'efforcent, à l'aide d'une description plus ou moins minutieuse, de décrire le type physique d'une tribu ou d'une race qu'ils ont examinée sur les lieux, ou le type physique d'une ancienne population disparue tel qu'il ressort de ses monuments, de ses statues et de ses bas-reliefs conservés dans les musées.

Ces recherches, bien complexes, tout en paraissant avoir entre elles de profondes différences, reposent toutes sur un fonds commun, et l'historien, l'artiste, l'archéologue et l'anthropologiste qui s'y adonnent ignorent, la plupart du temps, que la meilleure méthode pour étudier une figure humaine est celle qui se propose de l'examiner successivement de face et de profil afin d'isoler les traits composant ces deux images pour les étudier chacun séparément. C'est la méthode, en un mot, du portrait parlé.

Pourquoi n'essayerait-on pas de l'appliquer aux recherches que nous venons d'indiquer ?

Les problèmes artistiques, historiques et anthropologiques qu'on pourrait résoudre à l'aide de la méthode que nous proposons sont plusieurs. Nous ne ferons ici que les indiquer, en ajoutant à nos explications quelques exemples.

*
* *

1° *Etablissement de l'identité d'un ou de plusieurs bustes anciens.*

Le problème peut se présenter de différentes manières. Voici deux bustes anciens, dont l'un représente d'une manière certaine un personnage historique donné, et l'autre est présumé représenter le même personnage. Il s'agit de déterminer s'il y a identité entre les deux images. Ou bien : voici trois bustes anciens, A, B, C, dont le premier (A) et le troisième (C) représentent, d'une manière certaine, deux personnages distincts ; on ignore si le deuxième (B) reproduit le même personnage que A ou le même personnage que C. Il s'agit d'en déterminer l'identité. D'autres combinaisons encore peuvent se présenter. Ce sont là des cas qui arrivent fréquemment et qui offrent les mêmes difficultés que celles qui surgissent lorsqu'il s'agit de comparer deux photographies entre elles, ou un homme et une photographie, difficultés dont nous avons donné une idée en reproduisant, aux figures 120 et 121, deux cas typiques de ressemblance et de dissemblance. Cela est si vrai que dans les musées les étiquettes placées sur les marbres portent souvent le nom du personnage que le marbre est censé représenter, suivi d'un point d'interrogation, et cela quoiqu'on possède souvent, à côté de l'image incertaine, un buste représentant le même personnage d'une manière indiscutable.

Les archéologues et les artistes, bien que doués d'un coup d'œil très remarquable, ne connaissent pas la méthode vraiment rigoureuse et vraiment scientifique pour comparer entre elles deux physionomies; nous croyons que, s'ils en faisaient l'application dans les cas que nous venons d'indiquer et qui se présentent à eux si fréquemment, ils pourraient très souvent résoudre les problèmes qui s'offrent à eux.

Il suffirait d'établir la fiche signalétique, avec photographie de face et de profil, des bustes à l'étude, et d'examiner en détail les caractères physionomiques. Dans les cas de non-identité, les dissemblances profondes et nombreuses qui n'apparaissaient pas à ceux dont l'œil n'est pas exercé à décomposer les traits d'une physionomie à l'aide du portrait parlé seront mises en relief. Le procédé est exactement le même que celui que nous avons décrit à propos de la confection des fiches signalétiques au service de l'identité judiciaire. On remplira les rubriques de la fiche et, après avoir photographié le buste de face et de profil, à la réduction de 1/7, on collera les deux photographies à leur place sur la fiche elle-même. De cette manière, l'observateur ou les observateurs pourront à leur aise continuer leur recherche sur la fiche ainsi établie sans être obligés d'avoir sous les yeux les originaux.

Nous nous hâtons de faire remarquer que dans ces examens et dans ces comparaisons il faut bien tenir présente, avant de conclure, la règle suivante :

Les différents artistes qui ont reproduit un même modèle ont pu avoir, dans l'observation des caractères de la physionomie, des divergences d'appréciation ; mais il est bien difficile que ces divergences portent sur des termes *non consécutifs de l'ordre sérié de 7 termes :* g͟, g, (g), moyen, (p), p, p͟. Ainsi, par exemple, la hauteur d'un même nez pourra être appréciée par un artiste comme très grande : g͟, et par un autre comme grande : g ; mais presque jamais comme très grande par l'un et comme légèrement grande par l'autre. Le dos du nez sera indifféremment apprécié comme légèrement vexe où comme rectiligne, mais il est presque impossible qu'on donne la même forme à un nez légèrement vexe qu'à un nez légèrement cave. Par conséquent, toutes les fois que les différences constatées entre les fiches signalétiques de deux bustes ou de deux portraits peints porteront sur deux termes *consécutifs* de la série à 7 termes, la non-identité ne sera pas démontrée, car ces différences peuvent provenir des divergences d'appréciation de la part du peintre ou du sculpteur. Mais, si les différences portent sur deux termes non consécutifs de la série (par exemple, base du nez légèrement abaissée et base du nez légèrement relevée), elles constituent vraiment une *indication* de non-identité.

Nous disons indication et non pas preuve. S'il s'agissait, en effet, d'opérer sur des photographies réelles, nous dirions qu'une seule dissemblance de ce genre suffirait à fournir la preuve de la non-identité ; mais s'agissant de bustes et de portraits exécutés par des artistes qui souvent, plutôt que de copier fidèlement les traits d'une physionomie, les *interprètent*, nous croyons qu'on ne pourra avoir la preuve de la non-identité que dans le cas où l'on constaterait plusieurs dissemblances sur deux termes non consécutifs de la série.

2° *Etant donné un buste ou un portrait d'un personnage histo-rique, représentant d'une manière très fidèle l'original, comparer ce buste ou ce portrait avec d'autres bustes ou d'autres portraits du même sujet, exécutés par d'autres artistes, afin de découvrir si les artistes ont flatté leur modèle ou bien s'ils en ont exagéré, par mépris, les caractères inesthétiques.*

La solution de ce problème a une certaine importance pour la reconstitution du type de physionomie d'un personnage histo-rique. Certains personnages qui ont joué un grand rôle dans l'histoire et qui ont été l'objet d'enthousiasme en même temps que de haine, ont vu jusque dans leurs bustes et leurs portraits se répercuter les passions qu'ils avaient suscitées. Un artiste admi-rateur de la Révolution rendra la figure de Marat autrement que ne la rendrait un artiste réactionnaire. Les rois, entourés de flatteurs, ont très fréquemment trouvé des courtisans dans les artistes qui reproduisaient leur physionomie. Le docteur Galippe, dans son remarquable travail sur *l'Hérédité des signes de dégénérescence dans les familles souveraines*, n'a-t-il pas démon-tré d'une manière irréfutable que dans nombre de portraits et de gravures de princes et de souverains, les artistes serviles ont supprimé ce caractère inesthétique de dégénérescence qui est constitué par le « prognathisme inférieur », caractère que, cependant, les modèles présentaient ? N'arriverait-on pas à des résultats semblables (découvertes de traces de flatterie) en exami-nant les bustes et les portraits de Louis XIV, qui avait le maxillaire et le nez dans un état pathologique, et qui cependant est représenté, par les artistes adulateurs, sous les traits d'un fort bel homme ?

Il est indéniable que la meilleure méthode pour découvrir et étudier dans une série de bustes, de masques ou de portraits les altérations dues à l'admiration, à la servilité ou à la haine consiste à examiner chaque buste à l'aide du portrait parlé (de face et de profil), de manière à pouvoir *sérier* les dénominations de chaque trait et faire ensuite les comparaisons.

Au Musée du Louvre, dans la salle d'Auguste, il existe quatre bustes de Néron, dont trois présentent les mêmes traits de physionomie dont les plus caractéristiques sont : front de hauteur légèrement petite ; arcades sourcilières légèrement saillantes, lèvre inférieure épaisse, menton petit, à petite houppe, orbites légèrement excavées. Quoique ces caractères ne soient pas précisément esthétiques, on ne pourrait pas dire cependant que le Néron représenté dans ces trois marbres, surtout celui du n° 1221, représentant Néron jeune, soit laid. Mais il existe à côté de ces trois Néron un buste de Néron exécuté à une époque postérieure, où les traits caractéristiques que nous venons d'énoncer sont tous exagérés. Le front est petit, les arcades sourcilières saillantes, la lèvre inférieure tombante, le menton très petit avec une houppe exagérée, les orbites très excavées. En comparant les *fiches signalétiques* de ces différents marbres, on s'aperçoit qu'il y a identité entre tous (nous ne nous préoccupons pas ici du degré de « certitude » de chaque buste), mais il est aussi évident que les caractères inesthétiques de la physionomie de Néron, tels qu'ils sont représentés dans trois des bustes examinés, ont été exagérés dans le quatrième buste, exécuté à une époque postérieure, lorsque déjà le nom de Néron était devenu synonyme de tyran.

Dans les cas où il existe un masque, moulé sur nature, du personnage (par exemple Henri IV, Napoléon, etc.), la recherche que nous venons d'exposer pourra en tirer un profit certain.

3° *Sur plusieurs portraits ou bustes, qui représentent tous, de manière certaine, un personnage historique, dégager le type véritable du personnage en question, en établissant d'abord, pour chaque buste ou portrait, la fiche signalétique du portrait parlé, en sériant ensuite chaque trait et en formant enfin une « fiche composite » dans laquelle chaque rubrique est remplie avec la dénomination qui a été répétée le plus de fois.*

La manière différente dont chaque artiste interprète le visage humain, une plus ou moins grande virtuosité et d'autres causes encore font que tous les bustes ou tous les portraits du même sujet, même s'ils sont faits d'après nature, ne présentent pas rigoureusement les mêmes caractères. Il est facile de s'en rendre compte en examinant, à l'aide du portrait parlé, les bustes d'un même empereur, au Musée du Louvre. Qu'ils aient été faits d'après nature ou qu'ils aient été copiés l'un sur l'autre, ils devraient se ressembler dans chaque trait ; cependant on trouve souvent que le profil du même sujet présente le dos du nez une fois vexe et une fois rectiligne. Or, si l'on pouvait se trouver en présence d'une grande série de bustes ou de portraits sur l'authenticité desquels il n'existât pas de doute, il serait facile d'affirmer que certain trait qui se présente souvent dans la série devait certainement exister dans le visage du sujet.

Galton croyait arriver au même résultat en faisant la photographie composite des bustes. Il nous semble que la méthode que nous proposons, et que l'on pourrait appeler la méthode de la *fiche signalétique composite*, est plus sûre et plus rapide. C'est en se servant de cette méthode qu'on reconstruirait les physionomies qui ont si souvent, et pour différentes raisons, vivement intéressé le public, telles que les physionomies de César, d'Auguste, de Néron, etc.

4° *Etant donnée une série de portraits ou de bustes d'hommes de la même lignée* (Valois, Bourbons, Orléans, etc.), *saisir sur eux les traits caractéristiques de physionomie qu'on pourrait appeler traits de famille.*

Le Dr Galippe, dans son ouvrage cité, a montré toute l'utilité que présente l'analyse des traits familiaux d'une famille. Ajoutons que l'établissement d'une *fiche signalétique* dressée à l'aide du portrait parlé étant la meilleure méthode pour analyser une physionomie humaine dans tous ses traits, le meilleur moyen pour saisir les traits familiaux des différents membres d'une lignée est d'établir pour chacun d'eux une *fiche signalétique* (de face et de profil) et de comparer ensuite les *fiches* entre elles. Nous avons fait une recherche semblable sur les descendants d'Auguste, dont les bustes sont au Musée du Louvre, et, après avoir dressé les *fiches* d'Auguste, de Germanicus, de Caligula et de Claude, nous avons trouvé sur nos sujets la présence des caractères suivants, qu'on pourrait vraiment appeler caractères physiognomoniques d'Auguste et de ses descendants :

Auguste : Face à pariétaux écartés ; oreilles à (écartement supérieur) ; menton de hauteur (petite), de largeur (petite), (houppe) ; front large ; lèvres : proéminence (supérieure) ; nez à dos rectiligne, base horizontale.

Germanicus : Mêmes caractères ; seulement la face est à pariétaux (écartés), et dans le menton la houppe est plus accentuée que chez Auguste.

Caligula : Mêmes caractères, excepté l'écartement des pariétaux.

Claude : Mêmes caractères ; seulement l'écartement des pariétaux est très accentué ; l'écartement des oreilles est très grand ; le front est très large ; le menton est très petit ou pointu. Cette exagération de caractères fait que le contour de la face est en toupie.

Ainsi, l'écartement des pariétaux, l'écartement des oreilles, le menton petit et à houppe, la proéminence de la lèvre supérieure ;

— le tout à un degré plus ou moins accentué — peuvent être considérés comme les signes les plus caractéristiques de la lignée d'Auguste. Tous ces caractères sont surtout très accentués chez l'empereur Claude. L'aliéniste ou le criminaliste qui porteraient leur attention sur ces faits remarqueraient que parmi ces caractères familiaux l'écartement exagéré des pariétaux et des oreilles constituent des anomalies qui pourraient bien être l'indice extérieur d'anomalies psychiques: ces anomalies psychiques ont été très évidentes chez l'empereur Claude, que les historiens s'accordent à nous montrer comme étant atteint de profondes anomalies psychiques. (Voyez l'histoire de la dégénérescence de la lignée d'Auguste dans l'ouvrage de Jacoby.)

5° *L'application du portrait parlé peut intervenir dans certaines questions historiques ou autres ayant pour but d'éclairer un problème de paternité.*

On sait que le docteur Galippe, dans l'ouvrage cité, a choisi une des manifestations héréditaires les plus faciles à constater, le prognathisme inférieur, et il l'a suivi à travers les générations successives de la même famille ; il n'hésite pas à faire intervenir la présence de ce caractère pour la solution de quelques problèmes historiques, comme la naissance de don Juan d'Autriche ou la question du dauphin Louis XVII. Don Juan d'Autriche passa pour être le fils naturel de Charles-Quint. Or Charles-Quint présentait le prognathisme inférieur à un degré tel que sa bouche entr'ouverte laissait voir ses canines et ses incisives supérieures. Tous ses enfants légitimes montrent le même stigmate caractéristique. Seul don Juan d'Autriche n'a ni la lèvre pendante, ni le menton de galoche. « Ce fait, dit M. Galippe, permet d'inférer que Charles-Quint a pu se tromper ou être trompé sur sa paternité. »

Certes, l'argument n'est pas décisif ; mais, si dans les cas où il s'agit de déterminer la paternité et la filiation, on faisait l'ana-

lyse des physionomies à l'aide du *portrait parlé*, on augmente-
rait sensiblement les probabilités d'obtenir des résultats exacts.

Le docteur Lautaud, dans le *Journal de médecine de Paris*
1903, résume ainsi le compte rendu d'une expertise où la
méthode du *portrait parlé* est en partie appliquée. La
comtesse Kwilecka, à Varsovie, était accusée d'une substi-
tution d'enfant et traduite devant la justice. On disait que la
comtesse avait substitué son enfant à l'effet d'obtenir l'héritage
d'un majorat. Des ayants droit à l'héritage prétendaient que la
comtesse Kwilecka avait simulé une grossesse et s'était procuré
un enfant qui aurait été acheté à une nommée Cécile Mayer. Les
témoignages étaient très embrouillés ; on nomma alors une
commission formée de deux médecins et d'un peintre portrai-
tiste qui examinerait l'enfant contesté et le comparerait aux
membres de la famille Kwilecki et à ceux de la famille Mayer.
Les médecins et le peintre ont relevé des particularités qui ont
fait reconnaître comme réelle la maternité de la comtesse
Kwilecka. On constata une assez grande ressemblance entre
l'oreille du jeune comte et celle de l'accusée, sa mère ; les autres
caractères examinés furent la racine du nez, la naissance des
sourcils et la couleur de l'iris. Le petit était, sous ces aspects, le
portrait de sa mère. Par la structure du menton, l'enfant res-
semblait étonnamment aux filles de la comtesse, mais pas à leur
mère. Se basant sur cette expertise, les jurés ont rendu un
verdict d'acquittement. C'est la première fois qu'une expertise
de ce genre fut ordonnée pour servir de base à une décision
judiciaire.

6° *Dans les études d'histoire et de critique d'art, l'analyse des
physionomies humaines, peintes ou sculptées, faite à l'aide de la
fiche signalétique, met en évidence des particularités qui autrement auraient échappé et vient en aide, par cela même, à l'étude
des caractéristiques d'une École d'art.*

Nous ne citerons que quelques exemples.

L'analyse d'une série de bustes ou de portraits au moyen de la *fiche signalétique* nous porte à dire que les peintres ou les sculpteurs ne reproduisent presque jamais l'oreille telle qu'elle est dans l'original vivant. Parmi les bustes anciens du Louvre il est bien difficile de trouver dans deux bustes du même individu deux oreilles (gauche ou droite) présentant les mêmes particularités. L'identité entre deux oreilles du même individu, sculpté dans deux bustes différent, est excessivement rare. D'où la conséquence que les artistes, surtout les anciens, ne copient l'oreille du modèle vivant que d'une façon très sommaire. Cependant lorsque l'oreille présente des particularités très évidentes, comme la longueur excessive ou l'écartement plus ou moins exagéré, l'artiste reproduit ces caractères. On les trouve, en effet, dans les oreilles des descendants d'Auguste, qui sont écartées, dans celles de Trajan père et fils, qui sont très longues, etc.

Donc les artistes, et surtout les anciens, ne reproduisent pas l'oreille telle qu'elle se présente chez leur modèle, mais ils créent une oreille de convention où seuls les caractères les plus frappants sont reproduits. Les caractères normaux de la bordure, du lobe, du tragus, de l'antitragus, de la conque et du pli ne sont indiqués que d'après un type de convention, — type de convention qui, naturellement, a varié suivant les époques et suivant les écoles. Il y aurait là toute une étude à faire qui, peut-être, intéresserait les historiens de l'art. N'a-t-on pas vu, également, la forme des mains, du cou et même du corps tout entier, varier — à travers les époques et les différentes écoles de peinture et de sculpture — en passant d'un type conventionnel à l'autre ?

C'est toujours avec la méthode que nous suggérons qu'on pourra déterminer, d'après l'examen d'un très grand nombre d'œuvres d'art, la manière dont les artistes d'une certaine époque concevaient un type déterminé ou légendaire, comme, par exemple, le diable, l'ange, le Christ, la Madone, ou d'autres types encore, légendaires ou mythologiques ; on pourra suivre les changements que la physionomie du Christ a subis sous l'influence des conceptions artistiques, religieuses et même philosophiques, des différentes époques et des différentes écoles d'art. Une étude détaillée de l'iconographie chrétienne faite à l'aide du portrait parlé pourrait certainement dresser, pour le Christ, pour chaque époque ou pour chaque école artistique, ce que nous avons appelé une *fiche signalétique composite* formée par l'ensemble des caractères observés le plus grand nombre de fois et contenant la description de la physionomie du personnage, tel qu'une école ou une époque donnée l'ont conçue. Une foule de détails très curieux seraient mis en évidence par une recherche de ce genre, car la méthode du portrait parlé offre des garanties de précision, d'exactitude et d'acuité d'observation que nulle autre méthode ne peut donner.

7° *Etant donnée une série de statues et de bas-reliefs anciens, représentant des hommes ou des femmes d'un peuple ancien, reconstruire, à l'aide de ces documents, le type physique prédominant de l'époque.*

Les anthropologistes se sont efforcés, plus d'une fois, de retrouver le type ou les types physiques des anciens peuples, d'après leurs monuments, leurs sculptures et même leurs monnaies. Exemples de ces recherches sont les études d'Ujfalvy sur les types physiques des anciens Perses, celles de Morton et de Sergi sur les types physiques des anciens Egyptiens, etc. Il s'agit d'examiner, une à une, les physionomies du plus grand nombre de sujets possible, telles qu'elles nous sont offertes par les monuments de tous genres, et de dégager ensuite de leur comparaison, et pour ainsi dire de leur juxtaposition idéale, le type ou les types prédominants. Nous croyons que dans ce travail long et laborieux rien ne pourrait plus utilement aider l'anthropologiste que l'application du portrait parlé, dressé pour chacun des sujets à examiner. En permettant la notation exacte de chaque caractère composant la physionomie du sujet, la fiche signalétique force l'attention de l'observateur à se porter sur tous les nombreux détails qui forment une physionomie humaine et permet, de plus, de sérier les caractères observés sur un grand nombre de sujets et de dégager ainsi l'existence d'un ou de plusieurs types. Pour chacun de ces types une *fiche signalétique composite* présentera, dans la forme à la fois la plus synthétique et la plus exacte, la description complète du type qu'un dessinateur pourrait même traduire, trait par trait, dans un dessin représentant la forme idéale du type étudié.

Dans la grande salle des antiquités assyriennes du Musée du Louvre il existe, dans une série de bas-reliefs grands et petits, plus de cent figures de profil représentant des rois, des soldats, des prêtres et des marchands assyriens, et quatre grandes figures qu'on peut étudier de face et de profil. La *fiche signalétique composite* qui résulte de l'examen de tous ces personnages révèle que le type prédominant assyrien peut être ainsi décrit :

Nez : Vexe ou (vexe), à base abaissée ou (abaissée), à saillie grande, de hauteur grande, de largeur grande ou grande; narines épaisses, dilatées; racine du nez très étroite.

Front : de hauteur petite ou (petite), fuyant ou (fuyant), de largeur grande.

Lèvres : bordure grande, épaisseur grande.

Contour général de la face vue de profil : vexiligne.

On ne rencontre guère que le type que nous venons de décrire, ce qui nous fait supposer que chez les Assyriens les représentations sculpturales de l'homme étaient des représentations plutôt conventionnelles, car il est impossible que chez un peuple il ne se trouve qu'un seul type physique. Cependant, tout conventionnel qu'il est, ce type des bas-reliefs assyriens dont certains traits sont si caractéristiques (nez vexe et grand, front fuyant lèvres épaisses) doit certainement reproduire au moins les traits les plus importants du type réel prédominant.

En étudiant, au contraire, avec la même méthode, le type physique des anciens Egyptiens sur leurs monuments, on trouve l'existence de plusieurs types, bien différents, dont le plus fréquent, qui est aussi le plus élégant, peut se décrire ainsi :

Nez : (vexe) à base horizontale, de hauteur (grande), à narines (épaisses).

Front : (fuyant) ou droit, à arcades (proéminentes).

Lèvres : (épaisses).

Menton : petit ou (petit), quelquefois (fuyant).

Contour général de la face vue de profil : (vexiligne).

En comparant les deux catégories de caractères physiques que nous venons d'indiquer, on trouve que le type prédominant chez les anciens Egyptiens présente, sous une forme atténuée, les mêmes caractéristiques que celui des anciens Assyriens. Cette constatation pourrait fournir à elle seule une précieuse indication de la parenté anthropologique de ces deux peuples.

Evidemment les figures des anciens bas-reliefs ou des anciennes statues ne se prêtent pas à un examen complet, tel qu'il est prévu, détail par détail, par la *fiche signalétique* : on ne peut noter qu'une partie des caractères inscrits sur la *fiche*. Un certain nombre, tels que la longueur, la largeur et la forme de la tête, la longueur et la largeur de l'oreille, le teint, etc., doivent être forcément omis. Mais on ne rencontrera pas cet inconvénient lorsqu'on voudra étudier, à l'aide du portrait parlé, les caractères physiques d'une population dont on a sous les yeux les sujets vivants. C'est encore là une nouvelle application qu'on pourrait faire de la *fiche signalétique* à l'anthropologie.

8) *Etant donnés des sujets vivants, appartenant à un peuple ou à une tribu à étudier au point de vue anthropologique, examiner,*

noter et étudier les caractères physiques des individus à l'aide de.la méthode du portrait parlé.

C'est, en effet, la description de la face et de la tête, dans tous ses détails, des sujets composant le groupe à examiner, qui intéresse au plus haut degré les anthropologistes lorsqu'ils cherchent à établir le type ou les types physiques composant un peuple ou une tribu. Les anthropologistes ont fait souvent de ces descriptions, minutieusement détaillées, des véritables chefs-d'œuvre ; ils ont décrit la forme du nez, des pommettes, du front, de l'oreille, de la mâchoire, etc., mais ces descriptions, le plus souvent, ne sont pas tirées d'un dictionnaire commun et sont plutôt des descriptions pour ainsi dire personnelles et subjectives ; elles contiennent aussi, quelquefois, des lacunes, car il n'y a que la méthode du portrait parlé qui puisse forcer et habituer l'œil de l'observateur à décomposer chaque trait, si secondaire soit-il, de la physionomie humaine.

L'application du portrait parlé à l'étude anthropologique des caractères de la physionomie, non seulement fournirait aux différents anthropologistes un langage et un dictionnaire communs pour exprimer leurs observations, — qui deviendraient ainsi rigoureusement comparables entre elles, — mais les contraindrait à un examen plus détaillé de la physionomie. humaine. Enfin cette méthode permettrait, — en opérant sur les *fiches* — de *sérier* chaque caractère et, en tenant compte des caractères individuels et des caractères de « type », de dresser autant de *fiches signalétiques composites* qu'il y a de types dans le groupe observé.

Certes, les anthropologistes possèdent déjà un dictionnaire commun pour décrire les caractères de la physionomie humaine. Le nez est noté leptorhinien, mésorhinien ou platyrhinien, selon qu'il est étroit, moyen ou large ; les orbites sont mégasèmes, mésosèmes ou microsèmes, selon que le rapport entre la longueur et la largeur est plus ou moins grand, etc. ; mais une simple comparaison entre le dictionnaire des anthropologistes et celui du portrait parlé suffit pour montrer que les anthropologistes, *tout en continuant à se servir du dictionnaire qu'ils possèdent déjà,* trouveraient un grand avantage à employer, en même temps, la méthode du portrait parlé. En effet, non seulement elle fournit un dictionnaire plus large que celui des anthropologistes, mais elle constitue aussi une manière d'analyse de la physionomie, très détaillée et très complète.

9° *Un riche répertoire de fiches signalétiques prises sur des individus différents par âge, sexe, condition sociale et autre permet de fixer et d'étudier, — par moyenne et par série, — les lois les plus importantes d'anthropométrie générale, d'anthropologie ou d'anthropologie criminelle.*

La fiche signalétique, considérée comme élément pour l'étude de quelques caractères physiques des hommes en général, a été déjà utilisée par M. A. Bertillon. C'est à l'aide des fiches anthropométriques recueillies dans son service de l'identité judiciaire, qu'il a dressé la carte géographique de la taille, de l'indice céphalique, du diamètre bizygomatique, de la couleur des yeux et des cheveux en France, canton par canton, en contribuant ainsi à l'étude des races qui peuplent la France et de leur distribution géographique sur le territoire français. C'est également à l'aide des mêmes fiches qu'il a étudié le problème des rapports entre les différentes parties de l'organisme humain.

Mais l'anthropologie criminelle pourrait, elle aussi, utiliser le répertoire des *fiches* signalétiques. Elles concernent toutes les catégories de criminels : homicides, escrocs, faussaires, voleurs, vagabonds, coupables de viols, etc., et donnent pour chaque criminel une grande quantité de renseignements concernant ses caractères physiques. Une classification de *fiches* mettant dans la même classe celles qui se réfèrent aux mêmes types physiologiques d'hommes (violents, frauduleux, vagabonds, sexuels, etc.,) permettrait d'étudier les caractères physiques de chaque catégorie de ces hommes et de mettre en relief les différences physiques — si différences physiques il y a —qui existent entre ces différentes catégories de criminels. Les caractères physiques qu'on peut étudier, à ce point de vue, à l'aide de la fiche signalétique sont assez nombreux. Pour chaque catégorie de criminels on peut étudier : la taille, l'envergure, le rapport taille-envergure, le buste, le rapport taille-buste, l'indice céphalique, l'indice de la capacité du crâne, la largeur bizygomatique, la longueur du pied, le rapport pied-taille, la coudée, le rapport coudée-taille, la forme et les anomalies des oreilles, le front, l'indice nasal, la hauteur de la face, le rapport face-crâne, les anomalies de la face, la mâchoire inférieure, les rides, la coloration des yeux et des cheveux, la forme et les anomalies des empreintes digitales, le tatouage.

CHAPITRE X

La méthode dans l'investigation judiciaire

Dans les pages qui précèdent, nous avons suivi l'investigation judiciaire dans toutes ses recherches, depuis l'arrivée sur le lieu du crime jusqu'à l'établissement de l'identité du coupable. Il nous resterait maintenant à décrire, avec quelques détails, le procédé logique que l'investigateur doit employer pour recueillir et examiner les faits, pour les classer, pour en dégager la valeur, pour établir les liens qui les rattachent les uns aux autres, pour remonter successivement à la recherche des causes et, par conséquent, pour arriver à la solution définitive du problème qu'il est appelé à résoudre.

Il serait utile de donner un assez large développement à cette partie de notre sujet, car nous sommes convaincu qu'il est plus que nécessaire que les magistrats et les officiers de police judiciaire soient familiarisés avec les principes de la logique, tels que les études philosophiques de Stuart Mill, de Bain, de Wundt, les ont formulés, tout en suivant les traces anciennes, mais lumineuses, de Bacon et de Descartes. La science des formes qu'il faut donner à la pensée, afin de la coordonner, en vue de la connaissance et, par conséquent de la recherche de la vérité — ainsi que la logique a été définie — ne constitue pas exclusivement l'aide puissante des sciences, mais correspond aussi point par point à tous les moments successifs d'une investigation judiciaire. Pourquoi celle-ci ne devrait-elle donc pas suivre, pour toucher à la vérité, le même procédé de recherche logique que suivent le biologiste, le chimiste ou le statisticien pour arriver à leurs découvertes scientifiques ?

Nous proposant de traiter ailleurs cette question d'une manière complète, nous ne ferons ici que résumer, dans un tableau synoptique et dans quelques lignes d'explications, nos idées sur ce sujet.

L'investigation judiciaire peut théoriquement se diviser en trois parties : une première qui recueille les données du problème ; une deuxième qui étudie ces données ; une troisième où l'investigateur, guidé par l'étude des données, porte ses soupçons sur un sujet, l'examine et enfin croit pouvoir l'accuser (n° I du tableau récapitulatif, placé à la fin du chapitre).

Les *données* sont recueillies d'après plusieurs sources (n° II du tableau) : d'abord par l'*examen* très minutieux des lieux, du cadavre et des objets, suivant les règles exposées aux pages qui précèdent ; tout de suite après, ou en même temps, par une *enquête* complète sur l'affaire et les personnes, grâce à laquelle l'investigateur interroge les amis, les parents, les voisins, etc., sur les trois catégories bien définies de données indiquées au tableau II (*a'*, *b'*, *c'*). On voit qu'elles se complètent les unes les autres.

La première catégorie (*a'*) comprend toutes les données matérielles qui concernent le crime lui-même ; la deuxième (*b'*) révèle les précédents chronologiques et logiques du crime ; la troisième (*c'*) embrasse tous les éléments qui concernent la personnalité de la victime et de tout autre individu qui peut avoir joué un rôle quelconque dans le fait qu'il s'agit d'éclaircir. Tout le drame criminel avec ses antécédents et ses personnages est ainsi mis en relief.

Dans ce long et laborieux travail d'*enquête* basée presque

entièrement sur les témoignages, l'investigateur ne devra jamais oublier tout ce que la psychologie moderne vient de mettre en lumière au sujet de la psychologie du témoin et du témoignage. Malheureusement nous ne croyons pas faire erreur en affirmant que ces études sont presque complètement inconnues de ceux qui devraient précisément les tenir présentes à chaque instant. Il se forme de nos jours, sous le nom de *psychologie légale* (Claparède, Stern), ou *judiciaire* (H. Gross), ou de *technique psycho-judiciaire* (A. Renda), un ensemble de notions strictement scientifiques et à base expérimentale, éclairant la psychologie de tous ceux qui prennent part, ou qui peuvent prendre part, à un procès criminel, à commencer par le dénonciateur pour finir à l'accusé, en passant, comme il est naturel, par le juge d'instruction, l'officier de police judiciaire, le magistrat qui donne le jugement et le témoin. La psychologie du témoignage et des témoins est particulièrement étudiée dans ce nouveau courant d'études. Il n'est pas permis de l'ignorer si l'on veut recueillir de bons témoignages et si l'on désire leur accorder une juste valeur (1).

(1) La psychologie du témoin et du témoignage (voyez surtout l'ouvrage de STERN : *Zur Psych. der Aussage,* Berlin, 1902, et la Revue que Stern consacre à l'étude des questions de témoignage) a mis en évidence, parmi une grande quantité de faits, les faits suivants : les témoignages — ou mieux les dépositions — ne sont jamais, en bloc, fidèles ; ils contiennent souvent des erreurs ; la somme des erreurs et des lacunes touche, en moyenne, à 1/10, tout en variant selon les objets, les conditions où la déposition est faite, le temps, l'âge, le sexe, la culture, etc. ; l'infidélité de la déposition peut très souvent ne pas dépendre de la mauvaise foi du sujet ; les erreurs commises de bonne foi se présentent souvent sous la forme d'un souvenir précis et exact ; les affirmations sur la désignation d'une personne ou d'une couleur ne méritent pas une grande confiance ; plusieurs témoins peuvent même se trouver d'accord, de très bonne foi, sur la même erreur. Tous les problèmes psychologiques, en outre, qui traitent de la suggestion, de l'oubli, des illusions, de la tendance à exagérer, du mensonge hystérique, de la *confabulation* (ainsi que les Allemands appellent ce phénomène de l'esprit qui comble les lacunes des souvenirs par des données subjectives qui altèrent la vérité) se rattachent à ce côté, si important, de l'investigation judiciaire. Il est aussi à remarquer que la fidélité

La *reconstitution de la scène du crime*, finalement (voir tableau, II, 3), peut bien souvent augmenter le nombre des données recueillies par l'investigateur. Des individus répètent exactement la scène telle que l'examen et l'enquête font supposer qu'elle s'est passée, et cette reconstitution de la scène du crime permet assez souvent de vérifier l'exactitude de quelques témoignages, de constater le temps nécessaire pour accomplir tel ou tel fait, de s'assurer si d'un lieu déterminé tel témoin pouvait voir ce qui se passait dans un certain endroit, de saisir de nouveaux détails, et ainsi de suite.

L'examen, l'enquête et la reconstitution accomplis, toutes les données pour la solution du problème sont réunies. D'autres pourront s'y ajouter par la suite, grâce à de nouvelles constatations ; mais pour le moment c'est sur elles que l'investigateur devra commencer son travail. C'est ici le cas de rappeler qu'il faut fixer le plus tôt possible le mobile du crime. Cette détermination découlera tout naturellement de l'examen des lieux, du cadavre, des objets et de l'enquête. L'importance de cette constatation est de premier ordre et il nous semble qu'on ne lui donne pas toujours la valeur qu'elle mérite. Une fausse détermination du mobile du crime suffit, à elle seule, pour diriger les recherches sur une fausse piste et, d'autre part, la détermination exacte du mobile peut conduire, à elle seule, à la prompte découverte du coupable. Dans cette recherche, il faut toujours tenir présent que, dans le cas où le vol a été le mobile du crime, l'assassin, après avoir tué, peut s'être enfui

---

d'une déposition varie extrêmement selon que celle-ci est spontanée ou provoquée dans un interrogatoire. C'est un des mérites du docteur Venturi, aliéniste italien, d'avoir, l'un des premiers, mis en évidence, à propos de l'examen des fous, les profondes différences qui existent entre le discours spontané et celui qui est provoqué par un interrogatoire, où forcément les suggestions abondent, et d'avoir ainsi montré que, si la déposition spontanée peut être quelquefois exacte, la déposition par interrogatoire ne l'est presque jamais. (V. aussi le livre d'A. Binet : *la Suggestibilité*, Paris, 1900.)

épouvanté par 'un bruit ou par la crainte d'être surpris ; la constatation du mobile est alors rendue plus difficile, mais il suffira quelquefois de faire un examen attentif des lieux et une enquête complète pour éviter l'erreur. La réussite d'une investigation peut bien souvent tenir à la fixation exacte du mobile du crime.

Dans ces premières recherches et dans ces reconstructions une foule de connaissances psychologiques sont nécessaires à l'investigateur. D'abord, il ne devra jamais commettre l'erreur si fréquente et si répandue qui consiste à « projecter » sa propre personnalité, sa manière de sentir et de penser, dans la personnalité du criminel, la psychologie criminelle ayant assez bien indiqué de combien la psychologie du criminel s'écarte de celle des hommes chez qui le sens moral est normalement développé. Le même fait n'apparaît-il pas sous une lumière sensiblement différente à deux hommes de différente constitution psychique et ne provoque-t-il pas chez eux, par cela même, des réactions profondément différentes ? C'est donc aussi pour ces raisons que la psychologie criminelle, éclairant les habitudes, la manière d'agir, de sentir et de penser des diverses catégories de criminels, doit être connue sous tous ses aspects par les hommes qui se dédient aux investigations judiciaires.

Ils doivent aussi connaître leur propre psychologie, leur psychologie individuelle, car les recherches psychologiques modernes ayant démontré dans le fonctionnement de la mentalité de tout homme l'existence d'une grande quantité d'illusions (illusions mnémoniques, optiques et autres) qui faussent le raisonnement, il est nécessaire que l'investigateur connaisse à fond sa propre personnalité à lui, afin d'être constamment sur ses gardes contre ses impressions dont il doit être en état de juger la valeur et la portée. Chaque investigateur ou magistrat, dans d'autres termes, devrait connaître, grâce aux connaissances psychologiques les plus modernes, ce qu'on pourrait appeler son « équation personnelle » grâce à laquelle il pourra corriger ses jugements en évitant les erreurs d'origine subjective dues à la manière d'agir de sa mentalité.

Toutes ces conditions, — et nous ne parlons que des plus importantes, — sont nécessaires à l'investigateur pour pouvoir conduire une enquête et un examen des lieux et des objets avec les plus grandes probabilités de réussite.

**

Nous voici à *l'étude des données* (n° III du tableau). Afin de les avoir toutes sous les yeux, l'investigateur pourra les inscrire sur une feuille, de manière à en faire un véritable « *dénombrement* », si entier et si complet qu'on soit assuré de ne rien omettre. Toutes les données, ainsi, seront présentes à l'esprit de l'investigateur, quelle que soit la combinaison qu'il veut faire entre elles. Après avoir dressé la table de dénombrement, la première opération à faire est celle qui concerne la *séparation des données*, c'est-à-dire la séparation, autant qu'il est possible de la faire, des données principales et des données accessoires ; ceci empêchera l'attention de l'investigateur de se faire absorber par des détails de moindre importance ou de les prendre comme point de départ de ses recherches, et la forcera en même temps à se concentrer sur les éléments essentiels du fait. Il est presque inutile de faire remarquer qu'on ne procédera jamais avec assez de précaution à cette « séparation des données », quelques-unes d'entre elles qui ont l'air d'être accessoires pouvant apparaître, plus tard, comme principales. Rien n'empêche, d'autre part, que les données ainsi classées et ainsi choisies comme point de départ d'une série de raisonnements puissent être reprises et disposées dans un classement nouveau, point de départ d'un raisonnement nouveau, si l'on trouve ou si l'on soupçonne que certaines données qu'on croyait principales n'étaient qu'accessoires ou *vice-versa*.

Ayant ainsi recueilli et classifié les données, on peut commencer à construire, sur elles, les premiers raisonnements, à l'aide de l'analyse, de la synthèse, de l'induction et de la déduction. Car, dans ce travail mental, la méthode analytique alterne continuellement avec la méthode synthétique et l'induction avec la déduction. Par la méthode analytique on brise le problème et on sépare chacune des pièces qui le composent, comme fait l'enfant qui, poussé par la curiosité, veut connaître le mécanisme du jouet qui l'étonne ; on étudie un à un les différents éléments qui entrent dans la composition du fait ; on en détermine la valeur. C'est le premier travail à faire dans une investigation ; puis on recourt à la méthode synthétique pour déterminer les rapports qui existent entre les quelques faits qu'on a étudiés analytiquement, pour en apprécier la situation respective ; ainsi, après être arrivé à la limite infinitésimale de l'analyse, l'investigation recourt à la méthode synthétique et revient plus tard, après une synthèse partielle, à une nouvelle analyse, et ainsi de suite. ´

L'analyse et la synthèse, l'induction et la déduction sont donc employées en vue de la reconstitution complète du fait criminel ; mais — à côté de ce travail d'intégration et de désintégration, quelquefois immédiatement après — la méthode des recherches se trouve forcée de recourir à des hypothèses générales qui embrassent tous les faits dans leur ensemble. Il est facile de s'apercevoir que toute science, même strictement expérimentale, se sert de l'hypothèse et ne peut se passer d'elle. En minéralogie comme en biologie, comme en sociologie, les faits et leur analyse suggèrent une hypothèse ; l'hypothèse suggère l'expérimentation ou la recherche, et celles-ci jugent l'hypothèse (1).

Tel est l'ordre logique et naturel des opérations scientifiques

(1) Auguste COMTE, *Principes de philosophie positive,* éd. Littré, 1868, page 92, et Claude BERNARD dans son *Introduction à la médecine expérimentale.*

et intellectuelles. L'hypothèse est donc nécessaire dans les recherches scientifiques et dans l'investigation judiciaire. Comment surgit-elle dans l'esprit de l'investigateur ? On a pendant longtemps cru à la spontanéité de l'esprit, mais nous savons que nulle part, ni dans le monde inorganique, ni dans le monde organique, ni dans le monde intellectuel, n'existe de « spontanéité ». L'hypothèse naît par un jeu profond d'association d'idées, plus ou moins conscient, ou par l'application consciente de la méthode analogique (dans notre cas, de la connaissance des procès et crimes semblables à ceux qu'on étudie). D'où l'utilité, pour l'investigateur, de connaître le plus grand nombre d'affaires criminelles, dans tous leurs détails. L'hypothèse, donc, peut jaillir d'un travail subconscient de réactions intellectuelles, mais elle n'est jamais « spontanée ». Cependant sa facilité de naître et son degré de justesse — ainsi que Cl. Bernard l'a très bien indiqué — sont « un *quid proprium* qui constitue l'originalité... sa nature est tout individuelle ». C'est justement ici que se révèlent l'agilité de l'esprit, l'intelligence, l'expérience — les qualités individuelles donc, — de l'investigateur. Observations, inductions, déductions, analyse, synthèse, hypothèse, expérimentation, contrôle, autant d'instruments précieux, dont la valeur intrinsèque, cependant, n'est mise en œuvre que par la valeur de l'individu qui les manie. Que peut faire l'excellence d'une arme entre des mains qui ne savent pas la manier ?

L'intelligence de l'investigateur est ainsi la condition d'une bonne hypothèse. Elle n'est pas la seule ; il faut une parfaite indépendance d'esprit de la part de celui qui la formule, afin que l'hypothèse ne se transforme pas en idée préconçue ; celle-ci ne conduit qu'exceptionnellement à la vérité. L'idée préconçue devient à son tour un parti pris et son auteur, malgré les faits, reste fidèle à son hypothèse. L'hypothèse a en outre besoin d'un correctif permanent : le doute.

Il faut, enfin, et voici le côté le plus important de la question, que l'hypothèse soit contrôlée. C'est le but même de l'hypothèse, soit en science, soit dans l'investigation judiciaire, de conduire à des conséquences vérifiables. Il arrive, cependant, assez fréquemment, dans les sciences et dans l'investigation judiciaire, que l'inventeur de l'hypothèse, parvenant à la faire cadrer suffisamment avec les faits, oublie qu'il se trouve en face d'une hypothèse non vérifiée et, en croyant tenir la réalité, ne tienne qu'une ombre et arrête ses recherches là où il aurait dû les continuer.

Il est toutefois à remarquer que la formation rationnelle d'une hypothèse et les opérations de son contrôle peuvent conduire souvent l'investigateur à des découvertes, même lorsque l'hypothèse est reconnue, après contrôle, fausse. Il ne sera pas inutile, donc, de dresser, à l'aide de la table de dénombrement, plusieurs hypothèses, de vérifier les conséquences qui dérivent de chacunes d'elles et de les contrôler successivement. Le contrôle des hypothèses se fait, s'il est possible, par l'expérimentation, ou par l'observation des faits qui vont arriver. On le fait aussi, le plus souvent dans notre cas, en examinant de nouveau les données, mais en se plaçant au point de vue des hypothèses successives. Chaque hypothèse forme alors comme le point central autour duquel viennent se ranger les faits dénombrés ; à chaque changement d'hypothèse, ces groupements changent de position et c'est de ces mouvements successifs de faits autour de différents points centraux que se dégage assez souvent la découverte des faits nouveaux. C'est un peu le même procédé par lequel les statisticiens étudient, d'après les données statistiques, les causes des faits sociaux, procédé qui est appelé : *principium divisionis*. Il consiste dans l'opération de grouper les faits selon la cause déterminée qu'on veut étudier ou qu'on suppose avoir influencé les faits qu'on étudie.

La méthode graphique peut rendre des services dans l'étude et le contrôle des hypothèses : les données, classées selon le *principium divisionis* qu'on a adopté, sont inscrites sur une feuille de papier et reliées les unes aux autres par des lignes, des flèches, ou des accolades qui représentent les rapports qui existent ou qui devraient exister entre elles.

Il va sans dire — n'ayant parlé jusqu'à présent que de la période de l'investigation qui précède l'arrestation ou l'interrogatoire du présumé coupable — que toutes les opérations précédentes peuvent être intégrées par les nouvelles données recueillies pendant l'examen de l'inculpé.

* * *

Au n° IV du tableau le lecteur trouvera tout ce qui concerne l'examen du coupable présumé, c'est-à-dire le schéma de la troisième partie de l'investigation judiciaire. Tous les moyens concourent à cet examen : l'enquête, la visite, corporelle ou non, l'étude scientifique de la personnalité, l'interrogatoire, l'épreuve, l'observation suivie. L'application du sphygmographe (appareil enregistreur des mouvements produits par la circulation sanguine) pendant l'interrogatoire et pour l'étude de la personnalité peut être faite avec succès, cet appareil étant si sensible que toute émotion du sujet y est immédiatement inscrite. L'usage général des *mental tests* pour l'étude de la personnalité du criminel a été aussi invoqué dans ce récent mouvement de « psychologie légale » dont nous avons parlé (1). Wertheimer et Klein ont en outre suggéré l'idée d'explorer, pendant l'interrogatoire, la conscience de l'inculpé à l'aide de *tests* spéciaux qui provoquent, par association d'idées, l'inscription, de la part de l'accusé, de mots se référant exactement à des objets du lieu du crime. Cette dernière méthode a été, avec raison, vivement critiquée.

(1) V. Dr G. GUICCIARDI, *l'Applicazione dei « mental tests » nella pratica giudiziaria*, dans le volume de C. LOMBROSO : *la Perizia psichiatrico-legale* Turin, 1905.

C'est dans l'interrogatoire que se manifestera l'habileté du magistrat. Il devra être un véritable psychologue. Il se fera raconter avec détails les faits et leurs circonstances, leur origine et leur développement ; l'interrogé, bien probablement, s'embarrassera et se contredira. On se gardera bien de diriger les réponses par des questions précises, qui n'exigent qu'un oui ou un non ; on laissera la plus grande latitude aux divagations du sujet qui pourra se trahir par ses contradictions et ses incohérences (règle générale à suivre : *laissez parler*) ; on pourra attacher de l'importance à des faits indifférents et on en laissera dans l'ombre d'essentiels, pour y revenir, cependant, au moment opportun. En posant des questions avec habileté, on pourra engager le sujet à accepter des faits faux ou impossibles.

C'est un peu, enfin, la méthode que les médecins adoptent dans l'étude des maladies simulées, et les règles psychologiques qui leur servent dans l'étude scientifique des simulateurs (pendant laquelle l'interrogatoire joue un grand rôle) peuvent avec succès être appliquées dans l'interrogatoire du coupable présumé. Les magistrats, par conséquent, trouveront tout avantage à connaître, outre les études psychologiques sur les témoins et les criminels, les ouvrages classiques sur la simulation des maladies, tels, par exemple, le traité de M. Boisseau et les chapitres que Fodéré, Masson, Orfila, Devergie, Legrand du Saulle, Tylor, Tourdes ont consacrés à cette question dans leurs publications de médecine légale. Qu'est, en effet, dans la plus grande partie des cas, un coupable pendant son interrogatoire, sinon un simulateur ?

.*.

LA MÉTHODE DANS L'INVESTIGATION JUDICIAIRE

I

L'investigation judiciaire se divise théoriquement en trois parties

a) Elle recueille les données.

b) Elle étudie les données et se sert d'elles pour raisonner, établir et contrôler les hypothèses.

c) Elle examine un sujet comme auteur présumé du crime et l'accuse.

II

A. — COMMENT ON RECUEILLE LES DONNÉES ?

1) *Par l'examen*

a) Des lieux.
b) Du cadavre.
c) Des objets.

2) *Par l'enquête*

a') Témoignages sur le fait.
b') Témoignages et informations sur les précédents du fait.
c') Informations personnelles sur la victime et toute personne qui peut avoir eu rapport avec le crime.

3) *Par la reconstitution de la scène du crime.*

III

B. — COMMENT ON ÉTUDIE ET ON SE SERT DES DONNÉES ?

ON LES CLASSIFIE PAR

a) Le dénombrement.
b) La séparation (principales et accessoires).

PREMIÈRES CONSTRUCTIONS LOGIQUES

L'analyse ; la synthèse ; l'induction ; la déduction.

ON FORME ET ON CONTROLE LES HYPOTHÈSES.	a) *Formation*	a) Par association d'idées. b) Par la méthode analogique (crimes semblables).
	b) *Précautions*	a) Absence d'idée préconçue. b) Présence constante du doute.
	c) *Contrôle*	a) Par l'expérimentation (s'il est possible). b) Par l'observation des faits qui sont arrivés ou vont arriver. c) Par un nouvel examen des données. {*principium divisionis*, méthode graphique.}

IV

C. — COMMENT ON EXAMINE LE COUPABLE PRÉSUMÉ ?

PAR L'ENQUÊTE.
- a) Etablissement de l'identité du sujet.
- b) Fixation de ses précédents.

PAR LA VISITE.
- a) De l'habitation du sujet (perquisition).
- b) Du sujet lui-même (visite corporelle pour la recherche des traces).

PAR L'ÉTUDE DE SA PERSONNALITÉ PHYSIQUE, MENTALE ET SOCIALE.
- a) Caractères physiques et physiologiques du sujet.
- b) Sensibilité.
- c) Mentalité.
- d) Caractères pathologiques et héréditaires.
- e) Conditions de vie.

(On peut suggérer l'application des méthodes d'enregistrement graphique et des *mental tests*.)

PAR L'INTERROGATOIRE SUR L'AFFAIRE CRIMINELLE.

Les réponses du sujet sont contrôlées et examinées par rapport aux mobiles du crime, aux données recueillies et à l'état physique et mental du sujet.

PAR L'ÉPREUVE.

    a) Confrontation avec la victime.
    b) Confrontation avec les témoins.
    (Abolir les méthodes d'épreuves indignes ou cruelles : réveil subit, anesthésiques, hypnotisme, torture morale, etc.)

PAR L'OBSERVATION SUIVIE.

    a) A l'état de liberté.
    b) En prison.
    c) A l'hôpital.
    d) A la maison de santé.

CHAPITRE XI

La criminologie et la science de l'investigation judiciaire

L'investigation judiciaire, telle que nous avons essayé de l'esquisser dans les pages qui précèdent, n'est qu'une branche d'une science bien plus large, qui étudie l'homme criminel et les moyens préventifs et répressifs de la lutte contre la criminalité. Nous avons appelé cette science *criminologie*, et dans ce dernier chapitre nous allons en exposer les lignes générales en indiquant aussi quelle est la place qu'y tient l'investigation judiciaire scientifique.

Depuis quelque temps l'horizon de la science qui étudie le crime (le droit pénal orthodoxe) s'est considérablement élargi et il serait à désirer qu'au lieu de continuer à se limiter à l'étude sèche et aride des codes de droit pénal, — telle qu'elle est faite aujourd'hui dans les facultés de droit, — les studieux, les juristes, les futurs magistrats et les futurs officiers de police judiciaire portassent leur attention sur les données scientifiques de toute sorte qui ont jeté une lumière nouvelle sur la notion générale du crime, du criminel et de la lutte contre la criminalité. Les sciences qui ont contribué à élargir le champ de l'étude de la criminalité sont très variées. Les statistiques criminelles, économiques et autres, d'abord, permettent de suivre, à travers le langage si difficile mais si profond des chiffres, les causes des variations et des oscillations dans la vie criminelle collective ; la psychologie criminelle et l'anthropologie criminelle permettent de sonder les sentiments et l'intelligence de l'homme criminel, d'en étudier l'organisme de chair et d'os, et de mettre ainsi en relief les causes individuelles qui l'ont poussé au crime. Enfin la psychiatrie, l'anthropologie générale, l'embryologie, la météorologie, la géologie même, qui paraissent avoir un objet bien différent de la science qui étudie le crime, peuvent éclairer le problème suggestif de la notion du crime et de l'homme criminel.

Pour arriver à la connaissance de la notion du crime et de l'homme criminel, aussi loin que le permettent les découvertes scientifiques actuelles, la criminologie commence par approfondir les causes de la criminalité en général. On peut classifier ces causes en deux grandes catégories et affirmer que le crime résulte : des *causes externes* (milieu géographique social, etc., où l'individu se trouve) et de ce facteur individuel qui s'appelle vulgairement, avec un mot profondément antiscientifique, « volonté » de l'individu, mais qui n'est, en dernière analyse, que sa constitution organique et physio-psychologique (*causes individuelles* ou *biologiques*).

On comprend exactement le mécanisme des causes de la criminalité en se souvenant des règles qui, en mécanique, gouvernent le parallélogramme des forces. Un corps mis sous la pression des forces diverses qui le poussent dans des directions différentes n'obéit à aucune de ces forces, mais il suit une direction qui est la diagonale des parallélogrammes qui peuvent se construire sur les lignes de ces forces. Cette diagonale est la *résultante* des différentes forces qui agissent sur le corps.

L'homme, toujours comparable à un corps sous la pression de mille forces diverses qui cherchent à le pousser dans différentes directions, obéit, comme le corps, à la résultante. C'est ainsi que l'homme, poussé au crime ou éloigné de lui par plusieurs forces, n'obéit qu'à la *résultante*.

L'influence du milieu géographique sur l'activité des individus a été si profondément et si largement étudiée depuis quelque temps que ces études ont formé une branche spéciale de la science, appelée *sociogéographie* (Ratzel) ou *géographie sociale* (Demolins), ou *géographie sociologique*. Avec les mots « milieu géographique » on entend une grande quantité de faits, comme le climat, l'altitude, la luminosité, l'état magnétique de l'atmosphère, la faune, la flore, la mer, la rivière, la nature du sol. Tous ces facteurs exercent plus ou moins leur influence sur toute manifestation de la vie des sociétés et, par conséquent, sur la criminalité.

M. Villermé en 1831, M. Guerry en 1865, M. Quételet en 1869 avaient déjà montré à l'aide de leurs statistiques que la criminalité était influencée par la courbe de la température ; M. Lombroso en 1878, M. Lacassagne, M. Chaussinard en 1888 et M. Ferri en 1889 développèrent cette doctrine en analysant une grande quantité de faits, en élargissant la théorie et en embrassant beaucoup d'autres manifestations de l'activité humaine, telles que, par exemple, la folie, le suicide, les conceptions, les naissances, etc. Toute manifestation physio-psychologique qui est le fruit d'une excitation physique et mentale de l'individu augmente avec la chaleur et diminue avec la basse température : homicides, brigandages (Lombroso), infractions à la discipline dans les prisons (Penta), accès de folie et actes d'indiscipline des aliénés (Œttingen et Virgilio), suicides (Garnier), révolutions et révoltes (Laschi), conceptions (Villermé), crimes contre les mœurs (Lacassagne), événements politiques de grande importance (Mancini), et même, à ce qu'il semble, l'activité productrice des écrivains de talent (Lombroso).

Ces recherches méritent d'être développées d'une façon nouvelle et très large. La physiologie animale nous montrant les liens qui existent entre la chaleur et l'activité de croissance des organismes humains, la physiologie végétale nous faisant connaître les rapports entre la sensibilité de certaines plantes et la chaleur, il nous sera ainsi plus aisé de comprendre les lois météorologiques qui règlent l'activité de toute matière organique, du végétal à l'homme, et, par conséquent, de bien saisir et d'analyser toujours plus profondément les *lois météorologiques de la criminalité*. Il y aurait même de nouvelles recherches à faire, basées sur les observations quotidiennes de la météorologie. Ces observations nous offrent des matériaux précieux sur la périodicité de l'activité solaire, sur les mouvements de l'aiguille aimantée, sur la statistique des aurores boréales, sur la quantité d'électricité atmosphérique ; tous ces phénomènes — qui sont indubitablement liés entre eux — se répercutent sur la température terrestre, sur les phénomènes géographiques de tout ordre qui sont fonction de la température (distribution des pluies, avance ou retard de la végétation) et, par ricochet, sur l'activité humaine. D'où l'utilité de les comprendre, de les étudier, de les analyser, si l'on veut faire un tableau complet des causes géographiques de la criminalité.

Il en est de même pour l'influence des autres facteurs géographiques. M. Collignon et M. Livi, par exemple, ont étudié le rôle de la montagne dans la distribution géographique des races humaines ; — d'autres en ont montré l'influence sur le développement ou l'arrêt de la civilisation et du sens moral collectif, de sorte que la montagne est appelée à jouer les rôles les plus importants dans la formation de ce qu'on peut appeler « zones criminelles ». La plaine, le plateau, la côte ou la vallée constituent aussi autant de facteurs géographiques qui exercent à leur tour leur influence sur la vie sociale et criminelle, et qui doivent être étudiés en comparaison des courbes et des cartogrammes de la criminalité avec l'aide de la géographie, de la sociogéographie et de la statistique.

La nature du sol, enfin, ne peut-elle pas créer ou favoriser la richesse ou la pauvreté, la civilisation ou la barbarie, et amener, par conséquent, soit l'augmentation ou la diminution de la criminalité, soit l'éclosion d'une sorte de criminalité à physionomie spéciale ? Entre la nature du sol (primitif, de transition, sédimentaire), et la richesse, la densité des sociétés qui sont appelées à y vivre, leur développement physique, leur degré de civilisation et de culture intellectuelle et, par conséquent, le genre et la quantité de leur criminalité, il existe des liens indissolubles. Ces liens, souvent bien profonds, quelquefois invisibles à première vue, ont été mis en lumière dans une récente publication (1).

* *
*

Parmi les *causes externes* de la criminalité les causes sociales sont les plus importantes. C'est, parmi celles-ci, la misère qui jusqu'à présent, plus que toute autre cause, a attiré les regards des philosophes. Mais, quoique la misère joue un rôle très important dans la genèse de la criminalité, ce serait une erreur de croire qu'elle est l'unique personnage du drame criminel. C'est à l'aide des statistiques anthropologiques et des statistiques démographiques qu'on peut découvrir le véritable rôle que la misère joue, comme facteur de la criminalité, non seulement à cause de la pression que la tentation et la faim exercent sur l'homme pauvre (ce sont les cas les moins fréquents), mais aussi et principalement à cause de la dégénérescence organique et psychologique qu'elle verse dans le sang, les nerfs et le sens moral de l'homme pauvre.

(1) A. NICEFORO. *Force et Richesse. Etudes sur la vie physique et économique des classes sociales.* Turin, 1906 (en italien et en espagnol: Barcelone, 1907).

L'auteur de ces lignes a longuement démontré que le milieu
social où les pauvres vivent, leur alimentation défectueuse,
l'excès de fatigue auquel ils doivent souvent se soumettre, les
intoxications auxquelles ils sont exposés constituent autant de
causes qui détériorent leur organisme et qui souvent en font
de véritables dégénérés. Or la dégénérescence organique est
un des plus importants facteurs de la criminalité. C'est là principalement qu'il faut chercher le côté le plus important des
rapports entre la misère et la criminalité. C'est une erreur de
croire que la misère ne pousse au crime qu'à cause du besoin,
de la tentation et de la faim. La misère est une grande créatrice
de criminels parce qu'elle est une grande créatrice de dégénérés (1). Cette façon toute nouvelle de considérer l'influence
de la misère sur le crime est le résultat des dernières découvertes de l'anthropologie. Il est avéré maintenant que la misère
n'est pas seulement un fait économique ; elle est aussi un fait
physique : l'organisme humain, martyrisé par elle sans pitié, de
père en fils, tombe dans un état de déchéance physique qui en
fait le terrain le plus propice à la naissance et au développement de la dégénérescence.

Les variations dans l'état économique d'un pays — rigoureusement mesurées par les indices statistiques — offrent aussi
le moyen d'étudier avec exactitude l'influence des causes sociales
sur la criminalité. La comparaison des oscillations de la vie
économique avec celles de la vie criminelle révèle les rapports
qui existent entre la criminalité et la quantité de la production
agricole, les prix des matières alimentaires (blé, vin, pain, etc.),
le mouvement industriel du pays, le salaire des ouvriers, le
mouvement du commerce. Etant données, par exemple, d'une
part la quantité d'heures de travail nécessaires, chaque année,

(1) A. NICEFORO. L'Anthropologie des classes pauvres et ses rapports avec
l'anthropologie criminelle, dans l'Archivio di psichiatria, Medicina legale, etc.
Turin, 1906.

aux travailleurs des industries et des champs pour acheter 100 kilos de blé (c'est le chiffre dont les économistes se servent pour indiquer le coût de la vie), et d'autre part l'intensité de la criminalité, on constate d'une façon générale que les courbes de ces deux phénomènes marchent d'accord. Les conditions économiques s'améliorent-elles ? le chiffre total de la criminalité tend à diminuer. Les conditions économiques se font-elles difficiles ? le chiffre total de la criminalité augmente.

Les statistiques des professions contribuent également à illuminer un autre côté des causes sociales du crime en révélant admirablement l'influence que chaque profession exerce sur la criminalité. Elles nous apprennent que chaque profession a, pour ainsi dire, une atmosphère morale qui lui est propre et qui contribue à développer certaines formes spéciales de la criminalité.

La diffusion de l'instruction et la qualité de l'éducation peuvent être aussi considérées comme des causes sociales influant sur la criminalité, et, si ces études font tomber plus d'une illusion en démontrant clairement quelle profonde erreur commettaient ceux qui disaient : *ouvrez une école et vous fermerez une prison*, elles nous apprennent, en revanche, un fait du plus grand intérêt, — à savoir que l'instruction, plutôt que de détruire la criminalité, transforme et atténue l'aspect sous lequel elle se manifeste. Il y a le crime des illettrés et celui des lettrés, — exactement comme il y a le crime des petites professions et celui des hautes professions, — le crime des pauvres et celui des riches.

***

L'étude des *causes individuelles* de la criminalité, finalement, constitue la partie la plus délicate de cette recherche générale sur les causes. Il s'agit, en effet, de saisir dans la constitution organique et psychologique de l'individu ce qui peut avoir contribué à l'explosion du crime.

Il n'est même pas nécessaire de faire remarquer que les actions humaines sont en rapport très étroit (un rapport de cause à effet) avec la constitution organique de l'homme et sa façon de sentir et de concevoir, c'est-à-dire avec sa psychologie. C'est là une des plus belles découvertes des sciences modernes. C'est donc l'individualité du criminel lui-même qu'on étudie au point de vue organique et au point de vue psychologique, lorsqu'on étudie les *causes individuelles* (dites aussi *biologiques*) *de la criminalité*. L'anthropologie, la psychologie expérimentale, la pathologie générale, la psychiatrie apportent leur puissante contribution à cette étude.

L'étude organique de la personnalité du criminel comprend l'examen de l'état général de santé du criminel, de son développement organique, de tous les caractères physiques du crâne, de la face, de l'organisme entier, qui s'appellent « stigmates de dégénérescence » et qui accusent soit un phénomène d'hérédité morbide, soit un arrêt de développement, soit un désordre dans l'évolution individuelle, soit un désordre dans la nutrition locale des organes.

L'étude psychologique de l'individu criminel, ensuite, comporte plusieurs sortes de recherches. D'abord celles qui concernent l'examen physio-psychologique de l'individu, comme, par exemple, l'étude de la sensibilité à l'aide des instruments qui nous sont offerts par les laboratoires de psychologie expérimentale ; l'étude de la motilité et des autres fonctions organiques, et enfin les recherches sur l'intelligence, sur la conscience, les sentiments, et surtout le sens moral, de l'individu, — sans oublier l'étude de toute manifestation qui pourrait éclairer la psychologie de l'individu, à savoir ses créations esthétiques, son sentiment religieux, son argot, son maintien avant, pendant et après le crime, etc. Et c'est toujours dans le cadre de ces recherches sur la personnalité du criminel que rentre l'étude des notes psychologiques de l'individu en fonction avec l'hérédité physique et morale de ses parents ou les conditions de famille où il a vécu : on construit ainsi l'arbre généalogique de l'individu, mettant en lumière les tares physiques et morales qui peuvent s'y trouver.

Ces études sur les causes individuelles de l'individu ont donné les résultats les plus intéressants : on a trouvé que la morbidité en général et la folie en particulier sont beaucoup plus fréquentes chez les criminels que chez les hommes non criminels, — et que la même chose se répète pour l'insensibilité physique et morale, pour les impulsions, pour l'hérédité pathologique et pour les stigmates de dégénérescence étudiés soit sur le criminel vivant, soit à l'autopsie de son cadavre.

* * *

Il est naturel qu'à la suite de ces nouvelles conceptions sur les causes de la criminalité et sur la personnalité physique et morale de l'homme criminel, la notion juridique du crime, la théorie de la responsabilité, l'étude de l'action pénale et de la répression se présentent sous un jour nouveau.

La connaissance des causes externes et internes (ou biologiques) de la criminalité enseigne que la meilleure méthode pour diminuer la criminalité se trouve, plutôt que dans un système répressif, dans un système préventif qui agit directement sur les causes de la criminalité en les neutralisant ; et, d'autre part, la connaissance de la personnalité physique et morale du criminel enseigne que la manière rationnelle de traiter l'homme criminel doit être bien différente de celle qu'on a employée jusqu'à ce jour. C'est dans ce sens que s'exprimait M. Garçon, professeur à la Faculté de droit de Paris, lorsqu'à la séance d'ouverture du dernier Congrès international de droit pénal (Paris, 1905) il exposait la doctrine de l'école scientifique moderne : « N'est-ce pas, a-t-il dit, un principe définitivement acquis, que la distinction du criminel d'occasion et du criminel d'habitude, avec cette conséquence que, si la peine infligée au premier doit tendre à son amendement, il faut résolument éliminer l'incorrigible ?... Que ce soit sous la forme de la charité ou de l'assistance, sous la forme de la mutualité, sous la forme de la solidarité sociale, ou plutôt que ce soit par tous ces moyens, car tous sont bons pour cette œuvre immense, il faut que ces causes du crime soient, sinon supprimées, du moins atténuées. On le peut et on le doit. »

Les théories que ces nouvelles études sur la nature de l'homme criminel ont fait surgir sont nombreuses. Pour plusieurs, le crime est plutôt l'effet de l'épilepsie, de la neurasthénie, du défaut de nutrition du système nerveux central, du manque d'organisation des centres inhibition, — pour d'autres, il est plutôt la conséquence des influences sociales et économiques, — pour d'autres encore il est le résultat de toutes ces causes à la fois qui agissent de manière différente et en différente proportion. C'est sans doute cette dernière théorie qui est la vraie. Le milieu n'agit sur l'homme qu'en passant, pour ainsi dire, à travers son organisme, et l'homme, d'autre part, ne vivant pas sous une cloche pneumatique, mais dans le sein de la société, est forcément influencé, quelle que soit la constitution de son système nerveux, par les forces du milieu, soit-il social, soit-il géographique, moral, ou autre.

Ceux, d'autre part, qui se sont laissé aller à d'interminables discussions pour savoir lequel des facteurs de la criminalité (milieu géographique ou milieu social, ou facteur biologique, etc.) est le plus important, ont oublié qu'une pareille question ne peut pas être résolue *a priori*. Les différents facteurs agissant, dans les différents cas spéciaux, dans des proportions diverses, il est naturel qu'on ne pourra établir lequel a été le plus important qu'après chaque cas, c'est-à-dire après chaque crime et après avoir étudié chaque criminel. Ce sera le facteur individuel (dégénérescence, épilepsie, etc.,) qui aura exercé une plus grande pression dans tel cas; dans tel autre, au contraire, ce sera le milieu.

* * *

Après avoir ainsi étudié les causes de la criminalité et le criminel lui-même, la criminologie aborde l'étude des systèmes de lutte contre la criminalité. C'est ici que se place l'étude des moyens de prévention et de répression : des systèmes d'amendement pour les corrigibles (orthopédie correctionnelle) et d'isolement, dépouillé de tout sentiment de vengeance ou de souffrance, pour les incorrigibles. C'est ici, aussi, que se place l'investigation judiciaire scientifique constituant en même temps une forme de lutte préventive et répressive contre la criminalité. La police et l'enquête judiciaire sortent complètement transformées de ces nouvelles études, qui donnent au juge d'instruction et aux officiers de police judiciaire une quantité énorme de connaissances scientifiques qu'ils n'avaient pas jusqu'à ce jour (1).

Il est évident que l'étude et l'enseignement de la criminologie, qui comprend aussi, comme nous l'avons dit, l'étude de l'investigation judiciaire scientifique, ne peut pas se faire sans l'aide d'un laboratoire de travail ou musée. L'étude de la science criminelle qui se faisait jusqu'à hier d'une façon abstraite et métaphysique, simplement sur des textes de lois, est devenue, grâce aux nouvelles découvertes de toutes les sciences, une véritable science naturelle qui ne peut pas se passer, comme toute science naturelle, de laboratoire et de musée.

C'est, en effet, dans le laboratoire et dans le musée qu'on grou-

(1) Voyez l'étude remarquable du Dr Bruno Franchi sur l'instruction, la police et l'anthropologie criminelle, dans les C. R. du 5e congrès d'anthrop. criminelle, Amsterdam, 1901, et les autres, du même A. citées dans la bibliographie.

pera tout ce qui concerne l'étude et l'enseignement de la criminologie. C'est là que devront trouver place les tableaux (graphiques et explicatifs), les photographies, les instruments, le
matériel anatomique, les corps du délit, les traces de tout genre,
les objets et les documents se référant à l'inspection du lieu du
crime et du cadavre, à l'identité de la victime, etc., — et c'est à
l'aide de ce matériel riche et varié que le studieux s'instruira
d'une manière pratique et expérimentale. L'étude de la criminalité et de l'homme criminel en général trouvera dans ce laboratoire-musée ses documents et ses instruments de démonstration.
Des tableaux graphiques, explicatifs et iconographiques de toute
sorte montreront les liens qui existent entre le milieu géographique ou social et la criminalité; d'autres exposeront les
généalogies des célèbres criminels et indiqueront ainsi le rôle
que l'hérédité joue dans la création de ce qu'on a appelé « type
criminel »; d'autres encore montreront la distribution géographique de la criminalité générale et de chaque type de criminalité
dans un pays, dans une zone, dans un département; d'autres
enfin reproduiront les tatouages, les graphiques, les dessins et
les écrits des criminels, qui forment une source si importante
pour la reconstitution de la psychologie criminelle.

Les photographies, ou les sujets eux-mêmes, aideront à l'étude
de tout ce qui concerne l'examen individúel de la personnalité
physio-psychologique du criminel, comme, par exemple, des différentes marques de dégénérescence dans la physionomie de ces
criminels qu'on a appelés « criminels nés » pour indiquer que
c'est, chez eux, bien plus le facteur individuel que le milieu
social qui les a poussés au crime, — des différents stigmates de
dégénérescence dans l'organisme tout entier, etc. Les instruments pour l'étude de la sensibilité tactile, dolorifique, gustative,
visive, auditive, olfactive et électrique des criminels trouveront
aussi, dans ce laboratoire-musée, leur place. Les instruments
pour l'étude de la motilité et des émotions fourniront aussi les

éléments d'importantes démonstrations pour l'étude de la personnalité criminelle.

Une collection de corps du délit et de travaux caractéristiques exécutés par les criminels dans leurs prisons, tels, par exemple, qu'on les voit dans le musée d'anthropologie criminelle de M. Lombroso, à Turin, pourra, elle aussi, illustrer l'intelligence, la moralité et les sentiments des criminels, en mettant en évidence, toujours davantage, leur psychologie.

La partie de ce laboratoire-musée de criminologie, — tel que nous le rêvons, — destinée à l'investigation judiciaire scientifique aura, elle aussi, ses instruments et ses documents.

Une collection de plans topographiques et de photographies métriques des lieux facilitera l'étude et l'inspection du lieu du crime ; les documents concernant la photographie stéréométrique du cadavre et l'examen du cadavre lui-même (blessures, position, etc.) mettront sous les yeux des studieux tout ce qui a rapport à l'inspection du corps de la victime et à la conservation de l'aspect de ses blessures ; tout un matériel très varié permettra l'étude pratique pour la conservation, l'étude et la comparaison des traces de tout genre. On habituera l'étudiant à décalquer, à recopier, à photographier, à mouler les traces des pieds nus ou chaussés ; on lui mettra sous les yeux les empreintes indiquant la marche, la station, la course, les particularités du pied nu (difformités, verrues, anomalies) ; on l'habituera à *lire* une empreinte, c'est-à-dire à dégager d'une empreinte toute sa signification; à prendre, à comparer et à classer les empreintes digitales, celles de la forme des doigts et de la main, d'une si grande valeur révélatrice lorsqu'on les trouve sur les objets touchés par le criminel. On se fera la main, par des expériences répétées, à la recherche des traces invisibles, à l'aide de la photographie, du nitrate d'argent, de la teinte plate d'encre, de la mine de plomb, de l'acide fluorhydrique ; on s'exercera à la recherche et à la conservation des taches sur les vêtements, sur le parquet, sur les murailles, sur le corps du délit, à l'aide du décalque, de la photographie, de la teinture de gaïac et autres ; et en même temps on apprendra d'une manière expérimentale à interpréter toutes ces taches.

Des documents photographiques, de grandeur naturelle, enseigneront à connaître la forme et la localisation des marques professionnelles révélatrices de l'identité et donneront les exemples de tatouages révélateurs et de toute autre marque. Tous les documents, les objets et les photographies relatifs au signalement scientifique auront aussi leur place dans ce laboratoire-musée (1).

C'est de cette seule manière que l'étude de la criminalité et de l'investigation judiciaire, nourrie de tous les résultats des sciences modernes, deviendra une véritable science ; les hommes qui sortiront de ces futures écoles, au lieu d'être des juristes ne connaissant autre chose que des formules abstraites, connaîtront d'une façon vraiment scientifique le mécanisme de la vie criminelle et les moyens de lutte contre la criminalité.

(1) M. Hans Gross, qui s'est consacré avec tant d'amour et de compétence à ces études, a créé, à Graz, un musée criminel et a divisé son musée en trente-deux sections, dans lesquelles se trouvent une grande partie des objets concernant les recherches dont nous avons parlé. Egalement au service d'identité judiciaire de Paris on a recueilli un riche matériel pour l'enseignement pratique du signalement scientifique.

FIN

BIBLIOGRAPHIE

I. — L'Investigation judiciaire scientifique en général

Hans Gross. *Handbuch für Untersuchungsrichter als System der Kriminalistik*. Graz, 1894.

C. Lombroso. *L'Uomo delinquente*. Sixième édition, 3e volume. Turin, 1897.

E. Ferri. *Sociologia criminale*, quatrième édition. Turin, 1900 (traduction française, deuxième édition, 1906, Paris).

G. Alongi. *Manuale di polizia scientifica*. Milano, 1897.

Bruno Franchi. *Il Principio individualizzatore nell' istruttoria*, dans la *Scuola positiva*, 1900 ; *l'Instruction et l'Anthropologie criminelle*, dans le *C. R. du Ve Congrès international d'anthropologie criminelle*, Amsterdam, 1901 ; et *Verso la riforma scientifica della polizia*, dans la *Scuola positiva*, 1902.

A. Niceforo. *Guja para el estudio y la enseñanza de la criminologia*. Madrid, 1903.

Friedr. Paul. *Die Kollektivausstellung der Polizeibehörden auf der Städteausstellung in Dresden*, dans l'*Archiv für Kriminal-Anthropologie*. Bd. XIII, 1903.

L.-M. Doyhenard. *La Policia en Sud-America*, avec la collaboration de A. Cortina et J. Vucetich. La Plata, 1905.

LINDENAU. *La Lutte contre la criminalité internationale*, dans
le Bull. de l'Union int. de Droit pénal, 1905.

Actes du VIe Congrès international d'anthropologie criminelle,
Turin, 1906 ; section : la Police scientifique.

II. — Médecine légale

A. TAYLOR. *A Manual of medical jurisprudence*. 1844-1846,
London.

G. TOURDES. Articles : Identité, Cadavre, Sang, Simulation,
Age, Pendaison, Strangulation, Blessures, Cicatrices, Mort,
Submersion, etc., dans le *Dictionnaire encyclopédique de
sciences médicales* de Dechambre.

A. LACASSAGNE. *Précis de médecine légale*. Paris, Masson, dernière édition, 1906.

A. LACASSAGNE. *Vade-mecum du médecin-expert, aide-mémoire
de l'expert, du juge d'instruction, des officiers de police judiciaire, de l'avocat*. Lyon, deuxième édition, 1900.

CH. VIBERT. *Précis de médecine légale*. Paris, dernière édition,
1903.

FR. STRASSMANN. *Jahrbuch der Gerichtlichen Medicin*, Stutt-
gart, 1895. — Edition italienne traduite par le professeur
M. Carrara, avec un Appendice sur *l'Anthropologie criminelle*. Turin, 1901.

C. LOMBROSO. *La Perizia psichiatrico-legale*. Turin, 1905.

A. FILIPPI, A. SEVERI, A. MONTALTI et L. BORRI. *Manuale di
medicina legale*, en 3 volumes. Milan, 1896.

Archives de l'anthropologie criminelle et des sciences pénales.
Lyon, Storck, éditeur; directeurs : Lacassagne, etc.

*Archivio di psichiatria, neuropatologia, antropologia crimi-
nale e medicina legale*. Turin, Bocca éditeur ; directeurs :
Lombroso, Carrara, etc.

Archiv für Kriminal-Anthropologie und Kriminalistik. Leipzig ; directeur : Hans Gross.

La Scuola positiva nella giurisprudenza penale. Roma ; directeur : E. Ferri.

Archivos de psiquiatria y criminologia. Buenos-Aires; directeur : J. Jngegnieros.

Rivista di Polizia giudiziaria scientifica. Palerme ; directeur : A. Niceforo.

III. — De l'Identification en général

A. BERTILLON. *Instructions signalétiques pour l'identification anthropométrique.* Melun, 1893. 2ᵉ édit.

A. BERTILLON. *Notice sur le fonctionnement du service d'identification,* etc., dans *l'Annuaire statistique de la ville de Paris,* 1887.

A. BERTILLON. *Les Proportions du corps humain; exposé des principes qui doivent servir de guide dans le calcul de la reconstitution de la taille au moyen d'un segment humain.* Dans la *Revue scientifique,* 1889.

A. BERTILLON. *L'Anthropométrie judiciaire à Paris, 1889,* dans les *Archives de l'anthropologie criminelle,* 1890.

L. ANFOSSO. *Il Casellario giudiziario centrale.* Turin, 1896.

A.-M. ALVAREZ TALADRIZ. *Manual de antropometría judicial.* Madrid, 1899.

O. KLATT. *Diē Körpermessung der Verbrecher,* etc. Berlin, 1902.

S. OTTOLENGHI. *La Nuova Cartella biografica dei pregiudicati,* dans la *Scuola positiva.* Rome, 1905.

R.-A. REISS. *Le Portrait parlé.* Paris, 1905.

C. PIERRE. *Etude résumée du portrait parlé.* Paris (sans date), publiée en 1905.

O problema da identificação, par VUCETICH, BENAVIDES, MARTINEZ, FARIA, CRUZ, F. PACHECO. Terceiro Congresso scientifico latino americano, dans le *Diario official, Estatos Unidos do Brazil,* 1905.

E. LOCARD. *Les Services actuels d'identification et la fiche internationale, dans les Archives d'anthropologie criminelle,* etc. Lyon, 1906.

G. RAMOS. *Da identificação. Estudo comparativo dos diversos processos de identificação de pessôas.* Rio-de-Janeiro, 1906.

IV. — Quelques problèmes spéciaux concernant l'identification utiles à être connus par les officiers de police judiciaire.

TARDIEU. *Modifications physiques que déterminent certaines professions sur diverses parties du corps,* dans les *Annales d'hygiène publique et de médecine légale.* Paris, 1849.

VERNOIS. *De la main des ouvriers et des artisans,* dans les *Annales d'hygiène publique et de médecine légale.* Paris, 1862.

A. LACASSAGNE. Articles : *Taches, Tatouage,* dans le *Dictionnaire encyclopédique de sciences médicales* de Dechambre.

VILLEBRUN. *Des ongles; leur importance en médecine judiciaire.* Lyon, 1882.

FLORENCE. *Les Taches de sang, leur signification en médecine judiciaire.* Thèse de Lyon. Paris, 1885.

JOBERT. *Les Gauchers comparés aux droitiers au point de vue anthropologique et médico-légale.* Lyon, 1885.

VIALETTE. *Les Cicatrices* (comme signes d'identité) *au point de vue médico-légal.* Lyon, 1886.

A. LACASSAGNE. *Du dépeçage criminel au point de vue anthropologique et médico-judiciaire.* Lyon, 1888.

F. Benoit. *Examen médico-légal des balles déformées dans les tissus.* Lyon, 1888.

E. Rollet. *De la mensuration des os longs des membres dans ses rapports avec l'anthropologie, la clinique et la médecine judiciaire.* Lyon, 1889.

Dumur (1883), Merciolle. *Appréciation de l'examen de la dentition dans les questions d'identité.* Lyon, 1891.

E. Viguié. *De l'égorgement au point de vue médico-judiciaire.* Lyon, 1891.

Tourtarel. *De l'identité établie par l'étude du squelette.* Lyon, 1892.

G. Bertillon. *De la reconstitution du signalement anthropométrique au moyen des vêtements.* Lyon, 1892.

A. Lacassagne. *L'Affaire Gouffé* (2ᵉ édition). Lyon.

Dutrait et Lacassagne. *L'Affaire de Thodure.* Lyon, 1898.

A. Léniez. *Etude médico-légale des lésions du cou.* Lyon, 1894.

Enrico Ferri. *L'Omicidio.* Turin, 1895, avec atlas.

Ch. Perrier. *Le Tatouage chez les criminels.* Lyon, 1897.

Mayrac. *Du tatouage.* Lyon, 1900.

V. — Dactyloscopie

F. Galton. *Finger Print directories.* Londres, 1895.

Welcker. *Daktyloscopie* etc., dans l'*Archiv für Anthropologie.* Berlin, 1897.

E.-R. Henry. *Classification and uses of Finger Prints.* Londres, 1901, 2ᵉ édition.

E. Locard. *L'Identification par les empreintes digitales,* dans les *Archives d'anthropologie criminelle.* Lyon, 1903.

F. Pacheco. *Identification de los delincuentes. Ventajas des sistema dactiloscopico,* dans les *Archivos de psiquiatria y criminologia.* Buenos-Aires, 1903.

WINDT et KODICEK. *Daktyloscopie : Verwertung von Fingerab-drücken*. Vienne, 1904.

JUAN VUCETICH. *Dactiloscopia comparada ; el nuevo sistema argentino*. La Plata, 1904.

A. YVERT. *L'Identification par les empreintes digitales palmaires*. Thèse de Lyon, 1904.

VI. — Photographie judiciaire

A. BERTILLON. *La Photographie judiciaire*. Paris, 1890.

A. LONDE. *La Photographie médicale*. Paris, 1893.

A. BURAIS. *Application de la photographie à la médecine*. Thèse de Paris, 1896.

H.-I. GOSS. *La Photographie après décès*, dans la *Revue suisse de photographie*. Genève, 1897.

DENNSTEDT et SCHÖPFF. *Einiges über die Anwendung der Photo-graphie zur Entdeckung von Urkundenfälschungen*. Hambourg, 1898.

F. PAUL. *Handbuch der Kriminalistischen Photographie*. Ber-lin, 1900.

POPP. *Uber gerichtliche Photographie*, dans la *Photographische Korrespondenz*. 1901.

R.-A. REISS. *La Photographie judiciaire*. Paris, 1903.

LA DACTILOSCOPIA. *Sus resultados en el 3.er congreso científico latino-americano de Rio-Janeiro y en el convenio policial sud-americano en Buenos-Aires*, dans les *Archivos de psi-quiatria y criminologia*. Buenos-Aires, 1906.

DAKTYLOSCOPIE. *Neuestes System zur Wiedererkennung von Per-sonen*. Dresde, 1903, plaquette sans nom d'auteur, à l'usage du service de l'identité judiciaire de Dresde, dirigé par le Dr Becker.

VII. — Témoignages et Interrogatoire

Beiträge zur Psychologie der Aussage, revue dirigée par Stern. Leipzig.

A. BINET. *La Suggestibilité*. Paris, 1900.

STERN. *Zur Psychologie der Aussage*. Berlin, 1902.

BORST ET CLAPARÈDE. *La Fidélité et l'éducabilité du témoignage*, dans les *Archives des sciences physiques et naturelles*, 1904.

C. LOMBROSO. *La Psicologia dei testimoni nei processi penali*, dans la *Scuola positiva*, 1905.

LARGUIER. *La Psychologie judiciaire*, dans l'*Année psychologique*, 1906.

A. RENDA. *Psicologia legale*, dans la *Rivista di psicologia*, 1906.

VIII. — Empreintes

HUGOULIN. *De la solidification des empreintes de pas sur les terrains les plus meubles*, dans les *Annales d'hygiène et de médecine légale*, 1850.

S. CAUSSÉ (d'Albi). *Les Empreintes sanglantes des pieds*, etc., dans les *Annales d'hygiène et de médecine légale*, 1854.

HUGOULIN. *Reproduction des empreintes laissées sur la neige*, dans les *Annales d'hygiène et de médecine légale*, 1855.

ALIX. *Disposition des lignes papillaires de la main et du pied*, dans les *Annales des sciences naturelles*, 5e série. Zoologie, 1867.

HERSCHELL. *Skin furrows of the hand*, dans the *Nature*, 1880.

ROHMER. *Variations de forme normales et pathologiques de la plante du pied*. Paris, 1880.

DUMUR. *De l'empreinte des dents en médecine légale*. Lyon, 1883.

MASSON. *Rapport sur des empreintes*, etc., dans les *Annales de médecine légale*, 1886.

GILLES DE LA TOURETTE. *Etudes cliniques et pathologiques de la marche d'après les empreintes*. Thèse de Paris, 1886.

A. BIANCHI. *Studio clinico dell'impronta del piede*, dans le *Lo sperimentale*, 1889.

H. COUTAGNE et FLORENCE. *Les Empreintes dans les expertises judiciaires*, dans les *Archives de l'anthropologie criminelle*, etc. Lyon, 1889.

A. FRÉCON. *Des empreintes en général et de leur application dans la pratique de la médecine légale*. Thèse de Lyon, 1889.

H. DE VARIGNY. *Les Empreintes digitales d'après Galton*, dans la *Revue scientifique*, 1891.

R. FORGEOT. *Des empreintes digitales, étudiées au point de vue médico-judiciaire*. Thèse de Lyon, 1891.

CH. FÉRÉ. *Notes sur les empreintes des doigts et du gros orteil*, dans les *C. R. de la Société de biologie*, 1891.

MAREY. *La Photographie du mouvement*. Paris, 1892.

V. les chapitres : Locomotion, marche, course, etc., dans les traités de *Physique biologique* ou *médicale* de H. Bordier, Paris, 1899; d'André Broca, Paris, 1907, etc., et les pages dédiées à la locomotion dans l'ouvrage de E.-J. MAREY, *la Méthode graphique dans les sciences expérimentales*, etc., Paris, 1884, et dans celui de d'Arsonval, Gariel, Chauveau et Marey : *Traité de physique biologique*, tome Ier, Paris, 1901.

TABLE ANALYTIQUE

LISTE DES GRAVURES [1]

[1] Toutes les photographies de personnes, publiées dans cet ouvrage, sont celles de personnes décédées et dont les noms ont été supprimés ou changés.

TABLE DES MATIÈRE

ALENÇON-PARIS. — IMP. LECOQ ET MATHOREL.

Lightning Source UK Ltd.
Milton Keynes UK
UKHW03f0010260918
329461UK00011B/923/P

9 781293 308240